旅游服务与管理专业“十三五”规划系列教材

旅游礼仪

主　编　刘亚轩　王中雨
副主编　梅　华　赵　洁

中国商业出版社

图书在版编目(CIP)数据

旅游礼仪/刘亚轩,王中雨主编. —北京:
中国商业出版社,(2019.8 重印)

ISBN 978 - 7 - 5044 - 8485 - 7

Ⅰ.①旅… Ⅱ.①刘…②王… Ⅲ.①旅游业 - 礼仪
Ⅳ.①F590.63

中国版本图书馆 CIP 数据核字(2014)第 097555 号

责任编辑:蔡凯

中国商业出版社出版发行
010 - 63180647 www.c - cbook.com
(100053 北京广安门内报国寺 1 号)
新华书店经销
涿州市荣升新创印刷有限公司印刷

* * * * *

开本:787 × 1092 毫米 1/16 印张:12 字数:310 千字
2017 年 2 月第 1 版 2019 年 8 月第 3 次印刷
定价:30.00 元

* * * *

(如有印装质量问题可更换)

前　言

《旅游礼仪》是一门以理论为基础，以实际训练操作为重点的专业基础课。随着旅游业的快速发展，培养更多德智体美全面发展的、整体素质好、服务和管理能力强的中、高级服务和管理人员是旅游行业迫切的需要。《旅游礼仪》涵盖了世界主要国家或地区的风俗习惯和礼仪规范，对认识世界和国际交往来说都具有重要意义，对于指导学生的今后工作也有重要作用。

通过本课程的学习，可以领略国际通行的礼仪准则，了解不同国家和民族的不同风俗习惯。学生可以掌握世界主要客源国的风俗习惯和不同场所的礼节要领，理解在人际交往和服务接待中礼貌礼节的基本知识，树立良好的旅游服务意识，为提高优质服务打下良好的基础。

本书编写分工如下：

第一章由赵洁编写；

第二章由王中雨编写；

第三章、第七章由梅华编写；

第四章、第五章、第六章、第八章由刘亚轩编写。

本书涉及内容庞杂，在编写过程中作者参考了诸多文献，并在本书最后列有主要参考书目，对于相关作者，深表感谢。

由于编者水平有限，书中纰漏之处在所难免，敬请专家、学者批评指正。

编者

2019年8月

目 录

第一章　礼仪概述

第一节　礼仪的起源与发展

中国古代素以“礼义之邦”闻名于世。礼的精神、礼的原则，贯穿于中国古代社会政治、经济、军事、文化、宗教等各个方面。大而言之，礼是治国理民的根本大法；小而言之，礼是人人都必须遵守的行为规范。《左传》曰：“礼，经国家，定社稷，序民人，利后嗣者也。”

《礼记·礼运》曰：“礼者，君之大柄也，所以别嫌明微，傧鬼神，考制度，别仁义，所以治政安君也。”礼仪是中国传统文化的重要组成部分，不了解中国古代的礼仪，就不可能真正认识中国古代的社会。

一、中国礼仪的起源与发展

（一）中国礼仪的起源

“礼”是如何产生的？关于礼的起源，说法不一。归纳起来大致有五种：一是天神生礼仪；二是礼为天地人的统一体；三是礼产生于人的自然本性；四是礼为人性和环境矛盾的产物；五是礼生于理，起源于俗。

1. 从理论上说，礼的产生，是人类为了协调主客观矛盾的需要。

首先，礼的产生是为了维护自然的“人伦秩序”的需要。人类为了生存和发展，必须与大自然抗争，不得不以群居的形式相互依存，人类的群居性使得人与人之间相互依赖又相互制约。在群体生活中，男女有别，老少有异，既是一种天然的人伦秩序，又是一种需要被所有成员共同认定、保证和维护的社会秩序。人类面临着的内部关系必须妥善处理，因此，人们逐步积累和自然约定出一系列“人伦秩序”，这就是最初的礼。

其次，起源于人类寻求满足自身欲望与实现欲望的条件之间动态平衡的需要。人对欲望的追求是人的本能，人们在追寻实现欲望的过程中，人与人之间难免会发生矛盾和冲突，为了避免这些矛盾和冲突，就需要为“止欲制乱”而制礼。

2. 从具体的仪式上看，礼产生于原始宗教的祭祀活动。

原始宗教的祭祀活动都是最早也是最简单的以祭天、敬神为主要内容的“礼”。这些祭祀活动在历史发展中逐步完善了相应的规范和制度，正式形成为祭祀礼仪。随着人类对自然与社会各种关系认识的逐步深入，仅以祭祀天地鬼神祖先为礼，已经不能满足人类日益发展的精神需要和调节日益复杂的现实关系。于是，人们将事神致福活动中的一系列行为，从内容和形式扩展到了各种人际交往活动，从最初的祭祀之礼扩展到社会各个领域的各种各样的礼仪。

(二)中国礼仪的发展

礼仪在其传承沿袭的过程中不断发生着变革。从历史发展的角度来看，其演变过程可以分四个阶段。

1. 礼仪的起源时期：夏朝以前(公元前21世纪前)

礼仪起源于原始社会，在原始社会中、晚期(约旧石器时代)出现了早期礼仪的萌芽。整个原始社会是礼仪的萌芽时期，礼仪较为简单和虔诚，还不具有阶级性。内容包括：制定了明确血缘关系的婚嫁礼仪；区别部族内部尊卑等级的礼制；为祭天敬神而确定的一些祭典仪式；制定一些在人们的相互交往中表示礼节和表示恭敬的动作。

2. 礼仪的形成时期：夏、商、西周三代(公元前21世纪~前771年)

人类进入奴隶社会，统治阶级为了巩固自己的统治地位把原始的宗教礼仪发展成符合奴隶社会政治需要的礼制，礼被打上了阶级的烙印。在这个阶段，中国第一次形成了比较完整的国家礼仪与制度。如“五礼”就是一整套涉及社会生活各方面的礼仪规范和行为标准。古代的礼制典籍亦多撰修于这一时期，如周代的《周礼》《仪礼》《礼记》就是我国最早的礼仪学专著。在汉以后2000多年的历史中，它们一直是国家制定礼仪制度的经典著作，被称为礼经。

3. 礼仪的变革时期：春秋战国时期(公元前771~前221年)

这一时期，学术界形成了百家争鸣的局面，以孔子、孟子、荀子为代表的诸子百家对礼教给予了研究和发展，对礼仪的起源、本质和功能进行了系统阐述，第一次在理论上全面而深刻地论述了社会等级秩序划分及其意义。

孔子对礼仪非常重视，把“礼”看成是治国、安邦、平定天下的基础。他认为“不学，无以立”、“质胜文则野，文胜质则史。文质彬彬，然后君子”。他要求人们用礼的规范来约束自己的行为，要做到“非礼勿视，非礼勿听，非礼勿言，非礼勿动”。倡导“仁者爱人”，强调人与人之间要有同情心，要相互关心，彼此尊重。

孟子把礼解释为对尊长和宾客严肃而有礼貌，即“恭敬之心，礼也”，并把“礼”看做是人的善性的发端之一。

荀子把“礼”作为人生哲学思想的核心，把“礼”看作是做人的根本目的和最高理想，“礼者，人道之极也”。他认为“礼”既是目标、理想，又是行为过程。“人无礼则不生，事无礼则不成，国无礼则不宁。”

管仲把“礼”看作是人生的指导思想和维持国家的第一支柱，认为礼关系到国家的生死存亡。

4. 强化时期：秦汉到清末（公元前 221 ~ 公元 1911 年）

在我国长达 2000 多年的封建社会里，尽管在不同的朝代礼仪文化具有不同的社会政治、经济、文化特征，但却有一个共同点，就是一直为统治阶级所利用，礼仪是维护封建社会的等级秩序的工具。这一时期的礼仪的重要特点是尊君抑臣、尊夫抑妇、尊父抑子、尊神抑人。在漫长的历史演变过程中，它逐渐变成为妨碍人类个性自由发展、阻挠人类平等交往，窒息思想自由的精神枷锁。

纵观封建社会的礼仪，内容大致有涉及国家政治的礼制和家庭伦理两类。这一时期的礼仪构成中华传统礼仪的主体。

5. 现代礼仪的发展

辛亥革命以后，受西方资产阶级“自由、平等、民主、博爱”等思想的影响，中国的传统礼仪规范、制度，受到强烈冲击。“五四”新文化运动对腐朽、落后的礼教进行了清算，符合时代要求的礼仪被继承、完善、流传，那些繁文缛节逐渐被抛弃，同时接受了一些国际上通用的礼仪形式。新的礼仪标准、价值观念得到推广和传播。新中国成立后，逐渐确立以平等相处、友好往来、相互帮助、团结友爱为主要原则的具有中国特色的新型社会关系和人际关系。改革开放以来，随着中国与世界的交往日趋频繁，西方一些先进的礼仪、礼节陆续传入我国，同我国的传统礼仪一道融入社会生活的各个方面，构成了社会主义礼仪的基本框架。许多礼仪从内容到形式都在不断变革，现代礼仪的发展进入了全新的发展时期。大量的礼仪书籍相继出版，各行各业的礼仪规范纷纷出台，礼仪讲座、礼仪培训日趋火红。人们学习礼仪知识的热情空前高涨。讲文明、讲礼貌蔚然成风。今后，随着社会的进步、科技的发展和国际交往的增多，礼仪必将得到新的完善和发展。

三、东、西方礼仪的差异

东方礼仪主要指中国、日本、朝鲜、泰国、新加坡等为代表的亚洲国家所代表的具有东方民族特点的礼仪文化。西方礼仪主要指流传于欧洲、北美各国的礼仪文化。

1. 在对待血缘亲情方面

东方人非常重视家族和血缘关系，“血浓于水”的传统观念根深蒂固，人际关系中最稳定的是血缘关系。

西方人独立意识强，相比较而言，不很重视家庭血缘关系，而更看重利益关系。他们将责任、义务分得很清楚，责任必须尽到，义务则完全取决于实际能力，绝不勉为其难。处处强调个人拥有的自由，追求个人利益。

2. 在表达形式方面

西方礼仪强调实用，表达率直、坦诚。东方人以“让”为礼，凡事都要礼让三分，与西方人相比，常显得谦逊和含蓄。

在面对他人夸奖所采取的态度方面，东、西方人不相同。面对他人的夸奖，中国人常常会说“过奖了”、“惭愧”、“我还差得很远”等字眼，表示自己的谦虚；而西方人面对别人真诚的赞美或赞扬，往往会用“谢谢”来表示接受对方的美意。

3. 在礼品馈赠方面

在中国，人际交往特别讲究礼数，重视礼尚往来，往往将礼作为人际交往的媒介和桥梁。东方人送礼的名目繁多，除了重要节日互相拜访需要送礼外，平时的婚、丧、嫁、娶、生日、提职、加薪都可以作为送礼的理由。

西方礼仪强调交际务实，在讲究礼貌的基础上力求简洁便利，反对繁文缛节、过分客套造作。西方人一般不轻易送礼给别人，除非相互之间建立了较为稳固的人际关系。在送礼形式上也比东方人简单得多。一般情况下，他们既不送过于贵重的礼品，也不送廉价的物品，但却非常重视礼品的包装，特别讲究礼品的文化格调与艺术品位。

同时在送礼和接受礼品时，东西方也存在着差异。西方人送礼时，总是向受礼人直截了当地说明：“这是我精心为你挑选的礼物，希望你喜欢”，或者说“这是最好的礼物”之类的话；西方人一般不推辞别人的礼物，接受礼物时先对送礼者表示感谢，接过礼物后总是当面拆看礼物，并对礼物赞扬一番。而东方人则不同，中国人及日本人在送礼时也费尽心机、精心挑选，但在受礼人面前却总是谦虚而恭敬地说“微薄之礼不成敬意，请笑纳”之类的话。东方人在受礼时，通常会客气地推辞一番。接过礼品后，一般不当面拆看礼物，惟恐对方因礼物过轻或不尽如人意而难堪，或显得自己重利轻义，有失礼貌。

4. 在对待"老"的态度方面

东西方礼仪在对待人的身份地位和年龄上也有许多观念和表达上的差异。东方礼仪一般是老者、尊者优先，凡事讲究论资排辈。

西方礼仪崇尚自由平等，在礼仪中，等级的强调没有东方礼仪那么突出，而且西方人独立意识强，不愿老，不服老，特别忌讳"老"。

5. 在时间观念方面

西方人时间观念强，做事讲究效率。出门常带记事本，记录日程和安排，有约必须提前到达，至少要准时，且不应随意改动。西方人不仅惜时如金，而且常将交往方是否遵守时间当作判断其工作是否负责、是否值得与其合作的重要依据，在他们看来这直接反映了一个人的形象和素质。

遵守时间秩序，养成了西方人严谨的工作作风，办起事来井井有条。西方人工作时间和业余时间区别分明，休假时间不打电话谈论工作，甚至在休假期间断绝非生活范畴的交往。相对来讲，中国人使用时间比较随意，时间观念比较淡漠。包括改变原定的时间和先后顺序，中国人开会迟到，老师上课拖堂，开会作报告任意延长时间是经常的事。这在西方人看来是不可思议的，他们认为不尊重别人拥有的时间是最大的不敬。

6. 在对待隐私权方面

西方礼仪处处强调个人拥有的自由（在不违反法律的前提下），将个人的尊严看得神圣不可侵犯。在西方，冒犯对方"私人的"所有权利，是非常失礼的行为。因为西方人尊重别人的隐私权，同样也要求别人尊重他们的隐私权。

东方人非常注重共性拥有，强调群体，强调人际关系的和谐，邻里间的相互关心，问寒问暖，是一种富于人情味的表现。

四、礼的概念与内涵

（一）礼、礼貌、礼节与礼仪

1. 礼

礼的本意为敬神，后引申为表示敬意的通称。礼的含义比较丰富，它既可以指表示敬意和隆重而举行的仪式，也可泛指社会交往中的礼貌礼节，是人们在长期的生活实践中约定俗成、共同认可的行为规范。还特指奴隶社会、封建社会等级森严的社会规范和道德规范。在《中国礼仪大辞典》中，礼定义为特定的民族、人群或国家基于客观历史传统而形成的价值观念、道德规范以及与之相适应的典章制度和行为方式。礼的本质是“诚”，有敬重、友好、谦恭、关心、体贴之意。“礼”是人际间乃至国际交往中，相互表示尊重、亲善和友好的行为。

2. 礼貌

礼貌：人们在交往过程中相互表示敬意和友好的行为准则和精神风貌，是一个人在待人接物时的外在表现。它通过仪表及言谈举止来表示对交往对象的尊重。它反映了时代的风尚与道德水准，体现了人们的文化层次和文明程度。

3. 礼节

礼节：是指人们在日常生活中，特别是在交际场合中，相互表示问候、致意、祝愿、慰问以及给予必要的协助与照料的惯用形式。礼节是礼貌的具体表现，具有形式化的特点，主要指日常生活中的个体礼貌行为。

4. 礼仪

礼仪包括“礼”和“仪”两部分。“礼”，即礼貌、礼节；“仪”即“仪表”、“仪态”、“仪式”、“仪容”，是对礼节、仪式的统称。

礼仪是人们在各种社会的具体交往中，为了相互尊重，在仪表、仪态、仪式、仪容、言谈举止等方面约定俗成的、共同认可的规范和程序。

从广义的角度看，它泛指人们在社会交往中的行为规范和交际艺术。

狭义来说，礼仪通常是指在较大或隆重的正式场合，为表示敬意、尊重、重视等所举行的合乎社交规范和道德规范的仪式。

（二）礼、礼貌、礼节、礼仪之间的关系

礼是一种社会道德规范，是人们社会交际中的行为准则。礼、礼貌、礼节、礼仪都属于礼的范畴，礼貌时表示尊重的言行规范，礼节时表示尊重的惯用形式和具体要求，礼仪是由一系列具体表示礼貌的礼节所构成的完整过程。“礼貌”、“礼节”、“礼仪”三者尽管名称不同，但都是人们在相互交往中表示尊敬、友好的行为，其本质都是尊重人、关心人。三者相辅相成，密不可分。有礼貌而不懂礼节，往往容易失礼；谙熟礼节却流于形式，充其量只是客套。礼貌是礼仪的基础，礼节是礼仪的基本组成部分。礼是仪的本质，而仪则是礼的外在表现。礼仪在层次上要高于礼貌礼节，其内涵更深、更广，它是由一系列具体的礼貌礼节所构成；礼节只是一种具体的做法，而礼仪则是一个表示礼貌的系统、完整的过程。

五、礼仪的功能

1. 教育功能

礼仪是人类社会进步的产物，是传统文化的重要组成部分。礼仪蕴涵着丰富的文化内涵，体现着社会的要求与时代精神。礼仪通过评价、劝阻、示范等教育形式纠正人们不正确的行为习惯，指导人们按礼仪规范的要求去协调人际关系，维护社会正常生活。让国民都来接受礼仪教育，可以从整体上提高国民的综合素质。

2. 沟通功能

礼仪行为是一种信息性很强的行为，每一种礼仪行为都表达一种甚至多种信息。在人际交往中，交往双方只有按照礼仪的要求，才能更有效地向交往对象表达自己的尊敬、敬佩、善意和友好，人际交往才可以顺利进行和延续。热情的问候、友善的目光、亲切的微笑、文雅的谈吐、得体的举止等，不仅能唤起人们的沟通欲望，彼此建立起好感和信任，而且可以促成交流的成功和范围的扩大，进而有助于事业的发展。

3. 协调功能

在人际交往中，不论体现的是何种关系，维系人际之间沟通与交往的礼仪，都承担着十分重要的“润滑剂”作用。礼仪的原则和规范，约束着人们的动机，指导着人们立身处世的行为方式。如果交往的双方都能够按照礼仪的规范约束自己的言行，不仅可以避免某些不必要的感情对立与矛盾冲突，还有助于建立和加强人与人之间相互尊重、友好合作的新型关系，使人际关系更加和谐，社会秩序更加有序。

4. 塑造功能

礼仪讲究和谐，重视内在美和外在美的统一。礼仪在行为美学方面指导着人们不断地充实和完善自我并潜移默化地熏陶着人们的心灵。人们的谈吐变得越来越文明，人们的装饰打扮变得越来越富有个性，举止仪态越来越优雅，并符合大众的审美原则，体现出时代的特色和精神风貌。

5. 维护功能

礼仪作为社会行为规范，对人们的行为有很强的约束力。在维护社会秩序方面，礼仪起着法律所起不到的作用。社会的发展与稳定，家庭的和谐与安宁，邻里的和谐，同事之间的信任与合作，都依赖于人们共同遵守礼仪的规范与要求。社会上讲礼仪的人越多，社会便会更加和谐稳定。

第二节　旅游礼仪的特征与原则

旅游礼仪是在旅游接待服务过程中，对旅游者表示尊重和友好的一系列行为规范，是礼仪在旅游接待服务过程中的具体运用。旅游礼仪以礼仪为基础和内容，它与礼仪有着共同的基本原则：尊重、友好、真诚。

一、旅游礼仪的特征

1. 广泛性

现代旅游包含行、吃、住、游、购、娱六大环节，是综合性强、跨度大的服务性行业，其接待与服务工作涵盖面广。旅游的六大环节都需要按照一定的礼仪规范做好服务与接待工作，旅游礼仪贯穿整个旅游活动的全过程，任何一个环节工作出现差错，都会影响旅游业的整体形象。因此只有提高全行业的礼仪素养，每个环节都严格按照旅游礼仪的各种规范接待宾客，并注意各行业（部门）间的协调与衔接，才能适应旅游者的消费需求。

3. 实用性

旅游礼仪直接服务于旅游行业，是礼仪在旅游活动中的具体应用，具有很强的实用性和针对性。不同的旅游服务门类，各有其特点，接待程序、操作规范也不相同。因此不同的服务门类、不同的部门，甚至不同的岗位，都有自己针对性很强的礼仪规范。如酒店、旅行社都有自己一整套礼仪规范；在交通服务方面，飞机、火车、轮船和汽车的接待服务礼仪也各有区别。

4. 共同性

旅游礼仪的共同性是指它的一些规范要求，是人们在旅游接待过程中应该共同遵守的。尽管旅游业涉及的“六大要素”有接待程序和接待规范上的差异，但都是在旅游接待活动中调节客人与业者相互之间最一般关系的行为规范，礼仪基本内涵是一致的。“宾客至上”、“把尊贵让给客人”应该是旅游行业各个部门共同的行为准则，是旅游行业全体成员应该共同遵守的人际和社交的准则。

5. 灵活性

旅游礼仪的规范是具体的，但不是死板的教条，它是灵活的、可变的。旅游工作者应该在不同的场合下，根据交往对象的不同特点，灵活地处理各种情况。同时旅游工作者要特别注意了解来自不同国家、地区、民族的旅游者在文化背景、风俗习惯上的差异，充分尊重他们的礼俗禁忌，更加体贴周到地接待好每一位客人。

二、旅游礼仪的基本原则

1. 尊重原则

现代旅游业强调“宾客至上”，要求把宾客放在首位，一切为宾客着想，主动热情地去满足宾客的各种合理需求和愿望。而在宾客所有的需求和愿望中，求尊重的需求，是最强烈和最敏感的，同时也是正常的、合理的和起码的要求，是宾客的权利。

2. “一视同仁”原则

服务工作中的“一视同仁”指所有的客人都应该受到尊重，在这一点上决不能厚此薄彼。具体运用礼仪时，可以因人而异，根据不同的交往对象，采取不同的礼仪形式，但是在对客人表示恭敬和尊重态度上一定要一视同仁。

3. 热情原则

能否积极主动解决客人的各种要求、满足客人的各种心理需求，是衡量旅游服务质量的一个重要标准，因此旅游活动中的礼仪行为应该是积极主动的。

4. 合宜原则

现代礼仪强调人际之间的交往与沟通一定要把握适度性，注意社交距离，控制感情尺度，应牢记过犹不及的道理。因此礼仪行为要特别注意在不同情况下，礼仪程度、礼仪方式的区别，坚持因时、因地、因人的合宜原则。

5. 宽容原则

礼仪的宽容原则，指不过分计较对方礼仪上的差错过失。在旅游服务运用礼仪时，既要严于律己，更要宽以待人，要多理解他人、体谅他人，切不可求全责备、斤斤计较，甚至咄咄逼人。面对宾客提出的过分的甚至是失礼的要求，我们工作人员应冷静而耐心地解释，决不要穷追不放，把宾客逼至窘境，否则会使宾客产生逆反心理形成对抗，引起纠纷。当客人有过错时，我们要“得理也让人”，学会宽容对方，让宾客体面地下台阶，保全客人的面子。在客人对我们提出批评意见时，本着“有则改之，无则加勉”态度，认真倾听。

6. 自律原则

礼仪的最高境界是自律，即在没有任何监督的情况下，仍能自觉地按照礼仪规范约束自己的行为。旅游工作者不仅要了解和掌握具体的礼仪规范，而且要在内心树立起一种道德信念和行为修养，从而获得内在的力量。在对客服务中从自我约束入手，时时检查自己的行为是否符合礼仪规范，在工作中严格按照礼仪规范接待和服务宾客，而且做到有没有上级主管在场一个样，客前客后一个样，把礼仪的规范变成自觉的行为、内在的素质。

第三节 旅游工作者礼仪修养的意义、准则及培养途径

修养是指一个人在道德、学识、技艺等方面通过刻苦学习、自我磨练和不断熏陶，从而逐渐使自己具有某些素质和能力或者达到一定的境界。

礼仪修养指人们按照一定的礼仪规范要求自己，结合自己的实际情况，在礼仪品质、意识等方面进行的自我锻炼和自我修养。

一、旅游工作者礼仪修养的意义

1. 礼仪修养反映了一个国家的形象

来自五湖四海的旅游者，不可能有较长时间来了解某一地区或者国家，他们往往通过与其接触的旅游工作者来判断、评价一个国家或一个地区的文明程度和精神风貌。旅游工作者良好的礼仪修养会产生积极的宣传效果，能为其所在的企业、城市、国家树立良好的形象，赢得荣誉。

2. 礼仪修养是旅游优质服务的关键

在旅游活动中旅游者除了物质需求外，更重要的是精神上的满足。研究表明，在旅游企业硬件设施相同的情况下，影响旅游服务质量的主要因素是服务意识和服务态度。旅游工作者"宾客至上"的服务意识，热情友好、真诚和蔼的服务态度，优雅的举止，得体的言谈，会对旅游者的心理满意程度产生十分积极的效果，直接使客人在感官上、精神上产生尊重感和亲切感，给客人留下美好的印象。

3. 礼仪修养是解决旅游服务纠纷的润滑剂

旅游服务接待工作接触面广，不同国家、不同民族甚至不同个人的信仰与生活习惯都不相同，在旅游服务过程中，发生一些纠纷是不可避免的。要处理好纠纷，需要旅游工作人员有较高的礼仪修养水平。无论纠纷是物质性服务引起的还是精神性的服务引起的，也不管是我方的原因还是旅游者的问题，处理纠纷的第一原则是有理有节地进行处理。不管发生什么情况，都要发扬"礼让"的精神，以平息事态，不允许有任何与旅游者争吵、打斗的不礼貌言行。因为旅游工作人员的不礼貌行为只会激化矛盾，使事态进一步恶化。

4. 礼仪修养可以改善企业内部的经营环境

一个旅游企业往往由多个分工不同的部门组成，每个部门之间都存在着相互协作、相互支持的关系。要想建立良好的内部和外部环境，提高自身的知名度和美誉度，就需要企业人员之间、部门与部门之间都能够相互支援、相互体谅，遇事能够都从对方的角度着想，在沟通方面注意礼仪和分寸。这样不仅可以调节旅游职工之间、部门之间的关系，形成相互尊重、团结协作的风气，而且可以减少工作内耗，提高工作效率。

5. 礼仪修养利于员工的个人发展

礼仪修养反映出一个人的学识、修养、品格、风度，是一个人人格的外在体现。人格是人类社会地位和作用的统一，是一个人做人的价值和品格的总和，因而礼仪修养是个体人生发展的重要内容，不仅能够促进个体人生的发展，而且能够提升个体的人生价值。

礼仪也是现代社会的通行证。我们要顺利地步入社会、走向世界，求得个人发展，就必须有良好的礼仪修养，做一个有教养、有礼貌、受欢迎的现代人。

二、礼仪修养的基本准则

1. 遵守公德

公德是指一个社会的公民为了维护整个社会生活的正常秩序而共同遵循的最简单、最起码的公共生活准则。公德是日常生活中的道德，是人们普遍应该做到，又不难做到的最低限度的行为要求，是道德体系中的最低层次，是文明公民应该具备的最基本的品质。其内容包括尊重妇女、尊老爱幼、爱护公物、遵守公共秩序、救死扶伤等等。社会公德是礼仪的基础，是形成礼仪的前提，礼仪的内容基本涵盖了社会公德的全部。遵守公德，表现了人与人之间的互相尊重及对社会的责任感。所以遵守公德是文明公民应该具备的品质，也是礼仪修养的基本要求。

2. 遵时守信

遵时，就是要遵守规定的时间和约定的时间，不得违时，不可失约。守信，就是要讲信用，对自己的承诺认真负责。遵时守信是人际交往极为重要的礼貌。

在旅游接待服务中，与宾客约定的时间或作出的承诺，一般不要轻易变更，因发生人为不可抗拒的因素不得已改动时，应及早打招呼，做好说明解释工作，尽量避免给对方造成麻烦或令人产生误会。凡是需要承诺的事情，要量力而行，不要因为顾及面子答应不能做到的事情，一旦失约，不仅会对别人造成损失，也会给自己的形象和所在的部门的声誉造成损失。

3. 真诚友善

以诚待人，是礼仪的本质特征。在人际交往中礼仪不是虚伪的客套，而是表达对人的尊重和友好，需要诚心待人，表里如一。“尊重，还是贬低”是人际交往中最敏感的问题。从善良的愿望出发，以诚相待，才能赢得别人的依赖和尊重，保证交往顺利与成功。

4. 谦虚随和

谦虚随和的人，待人处事自然大方。这样的人，待人态度亲切，善于听取他人的意见，有事能与他人商量，表现出虚怀若谷的胸襟，容易同他人建立亲近的关系。社会生活中常可以见到越是博学多识、修养越好的人，越是平易近人，也更能得到人们的敬重；相反，若是自视高明，目中无人，或夸夸其谈，妄自尊大，卖弄学问，这种自以为是的言行，往往会被人视为傲慢无理，对其敬而远之。但是谦虚也要适度。

5. 理解宽容

理解，就是懂得别人的思想感情，意识到和理解别人的立场、观点和态度，能够根据具体的情况体谅别人、尊重别人，心领神会地理解别人心灵深处的喜、怒、哀、乐。在人际交往和旅游服务接待工作中，最怕的就是互相缺乏理解，甚至产生误解。缺乏理解就无法沟通感情，产生误解则往往容易导致失礼，在交往者之间产生妨碍交流思想的隔膜，甚至会使关系僵化。宽容就是大度、宽宏大量、能容人，尤其在非原则问题上，能够原谅别人的过失。如果你谅解了他人的过失，不仅可以化解矛盾，还能赢得他人的敬重，有利于大局的发展。

6. 热情有度

热情会使人感到亲切、温暖，从而拉近他人与你的感情距离，愿意与你接近、交往。但热情过分，会使人感到虚情假意，或别有用心，因而有所戒备，无意中筑起一道心理防线。

7. 注意小节

细节体现教养，细节展示素质，从小节可以看出一个人的修养水平。在注重礼仪的社会交往场合，不注意小节的人是不受欢迎的。作为旅游工作者，注意小节，彬彬有礼，是最起码的交往行为修养。

8. 风度高雅

风度是一个人的内在素质、修养及其外在行为的总和，是人们在社会生活中逐步形成的，是人们对于人的形态、举止、谈吐、装扮的一种衡量尺度。

风度不是单指人的某一个方面，而是指人的全部生活姿态所提供给人们的综合印象。风度不是表面上的穿着打扮，也不是简单地模仿别人的行为举止。风度是一个人深层次的精神状态、个性气质、品质修养、文化品位、生活情调的外在表现，它是以内在的气质为基础。

三、提高礼仪修养的途径

1. 加强道德修养

道德品质也称品德或德行，它是社会道德现象在个人身上的具体体现，是指一定的社会的道德原则和规范在个人思想行动中所表现出的某种比较稳定的特征和倾向。道德品质的修养和礼仪行为的养成有着密切的联系，二者是相辅相成的统一的过程。礼仪行为从广义上说就是一种道德行为，处处渗透和体现着一种道德精神。一个人想要在礼仪方面达到较高的造诣，离开了道德品质方面的修养是不可能的；一个人要形成一种高尚的道德品质，就应该从日常礼仪规范这一基础的层次做起。

2. 提高文化素质

礼仪学是一门综合性的专门学科，它和公共关系学、传播学、美学、民俗学、社会学等许多学科都有密切关系，一个人只有具备广博的文化知识，才能深刻理解礼仪的原则和规范。只有具备较高的文化层次，才能更加自如地在不同场合具体运用礼仪。因此要提高自己的礼仪修养，必须有意识地广泛涉猎多种科学文化知识，使自己具备见多识广的综合知识素养，提高文学、艺术欣赏能力，提高审美能力。这样，就会有意无意地按照美的规律来认识生活和改造周围的环境，同时，在人际交往中，自己的言行也更具美感。

3. 自觉学习礼仪知识，接受礼貌教育

世界各国的礼仪风俗千种万类，我国的各个民族礼节习俗也是各不相同。在涉外工作和旅游服务工作中，如对其他国家或某一具体活动的礼仪知识不了解，只凭以往的经验办事，轻则闹笑话，重则影响工作效果，甚至造成误解。我国几千年的文明，各个历史阶段都有浩繁的有关礼仪的知识，我们应该注意收集、学习和领会各种礼仪知识，以便在实践中运用，久而久之，不但自己在礼仪方面博闻多识，而且在礼仪修养的实践上也能提高到新的高度。

4. 积极参加礼仪实践

实践是动机和效果由此及彼的桥梁。对礼仪知识的学习，停留在仅仅从理论上弄清礼仪的含义和内容，而不去实践中运用是远远不够的。在提高礼仪修养时，要以积极的态度，坚持理论联系实际，将自己学到的礼仪知识积极运用于社会实践的各个方面。积极投身到实践之中，在文明气氛较浓的环境里去接受熏陶，对增强自己的文明意识、培养礼貌的行为、涤荡各种粗俗不雅的不良习惯、提高礼仪修养水平，是大有好处的。要在旅游职业岗位上，时时处处自觉从大处着眼、小处着手，以礼仪的规范来要求自己的言谈举止，在社交场所多听、多看、多学，通过各种人际交往的接触强化，不断提高自己的礼仪修养。

5. 养成良好的行为习惯

礼仪是人们交际活动中的一种行为模式。这种行为模式只有通过长期的自觉练习，变成自身一种自动的动作，形成习惯，才能在交际活动中更好地发挥作用。礼仪修养实际上就是人自觉用正确的思想战胜不正确的思想，用良好的行为习惯纠正不良行为习惯的过程。检验一个人的礼仪修养如何，很重要的一条标准就是看他是否已把交际礼仪规范变成自身个性中的稳定成分，是否能在各种交际场合自然而然地遵循交际礼仪要求。

☆ 本章思考题

1. 简述礼仪的起源。
2. 东、西方礼仪有什么差异？
3. 礼仪有哪些功能？
4. 礼貌、礼节、礼仪的含义是什么？它们之间的关系是怎样的？
5. 简述旅游礼仪的原则、特征。
6. 旅游工作者礼仪修养的意义是什么？
7. 什么是修养？养成良好礼仪修养有哪些途径？
8. 礼仪修养要遵循的原则是什么？

第二章 旅游基本礼仪

第一节 仪容仪表礼仪

仪容是指人的容貌，包括五官的搭配和适当的发型衬托。旅游服务人员在进行公关活动中，个人的仪容是最受公众注视的部位。旅游服务人员可以借助于大方得体的容貌反映自身的精神面貌、朝气与活力，从而传达给公众的最直接、最生动的第一信息。旅游服务人员要塑造良好的自我形象，首先应该考虑通过有效的手段，发挥自身容貌的优势，弥补自身的缺陷与不足。仪表是指人的外表，是一个人总体形象的统称，除容貌、发型之外，还包括个人的服饰、身材以及姿态等，是形体美、服饰美、发型美、仪容美的有机综合。仪容仪表是一个旅游服务人员精神面貌的外观体现，也是公关人员道德修养、文化水平、审美情趣和文明程度的综合表现。

一、服饰礼仪

服饰是一种文化，整洁、大方、美观的服饰有一种无形的魅力，恰当得体的服饰可以对旅游服务人员起到“画龙点睛”的作用。旅游公关活动具有礼仪礼节性极强的特点，因此对旅游服务人员的基本要求是:稳重、得体、端庄、恬静，能充分体现出服饰与环境、职业身份、身材、肤色、年龄以及审美情趣等方面的协调，符合本国的道德传统和常规做法，在整体上尽可能做到完美、和谐，体现着装的整体美，掌握着装的“TPO”原则。“TPO”是英文“Time”(时间)、“Place”(场合)、“Object”(目的)的缩写,是指人们的穿着打扮要兼顾时间、场合、目的并相互适应。旅游服务人员由于职业上的特点，其着装主要有西装和制服。

(1)西装礼仪规范。西装是一种国际性服装，是世界通行的正统服装，已成为现代公关活动中最得体的服装。西装七分在做，三分在穿，非常讲究礼仪，旅游服务人员在穿着西装时，需要注意一些基本问题：

讲究规格，注意搭配。男士西装有二件套、三件套之分，穿着时必须整洁、挺括。正式场合应穿同一面料、同一颜色的套装，搭配单色衬衫，系领带，带领夹，穿皮鞋。新西装第一次穿着前，要取下袖口的西装商标。裤管应盖在鞋面上，并使其后面略长，裤线应熨烫挺直。

穿好衬衫。衬衫的领子要有领座，领头硬扎挺括，衬衫下摆要塞进裤子里。领口、袖口要分别高于和长于西装1－2厘米。衬衣内一般不穿棉毛衫，正式场合，衬衫外面不加毛背心或毛衣，如果天气较冷，可在衬衣外面穿羊毛衫，以一件“V”字领羊毛衫为宜。

系好领带，夹好领夹。领带处于西装驳领间的V字区，是整套西装最为显眼的中心部位，因此领带的色彩、图纹要根据西装的色彩和质地进行合理的搭配。领带的领结要饱满，与衬衫的领口吻合要紧凑，领带的长度以系好后，垂到皮带扣处为宜，穿羊毛衫时，领带应放在羊毛衫内。领带夹一般夹在衬衫的第三和第四个纽扣之间。

用好口袋。西装上衣两侧的口袋只做装饰用，不可装物品，左上外侧衣带只可放装饰性手帕，手帕装入口袋三分之一，上衣内袋用于存放证件、名片、香烟等物品。背心的四个口袋用于存放怀表等珍贵小物件，左胸口袋可用于插放钢笔。西装裤袋用作插手，不可装物品，以求裤型美观，左后裤袋可放手帕，右后裤袋用于存放零钱或轻薄之物。

系好纽扣。西装有单排扣、双排扣之分。双排扣西装在正式场合应全部扣好纽扣。单排两粒扣只系第一粒或“风度扣”，也可全部不系，正式场合要求把第一粒纽扣系上，坐下可解开。单排三粒扣只系中间一粒或第一、二粒扣。

穿好皮鞋、袜子。穿西装一定要穿皮鞋，不能穿旅游鞋、轻便鞋、布鞋或凉鞋，皮鞋的颜色要与西装颜色协调。女士着西装时不宜穿高跟皮鞋，而应该穿中跟皮鞋。应穿深色袜子，不可穿白色或色彩鲜艳的花袜子。

（2）制服礼仪规范。制服是旅游服务人员职业性的标志，公关人员穿着得体的制服，不仅是对公众的尊重，也便于公众辨认，同时也使公关人员有一种职业的自豪感、责任感和可信度。旅游服务人员在穿着制服时的基本要求是：

整齐、大方。制服必须整齐、合身。款式简练、高雅，线条自然流畅，便于旅游服务人员从事公关活动。注意四长：即袖至手腕、衣至虎口、裤至脚面、裙至膝盖；四围：即领围以插入一指为宜，胸围、腰围及臀围以穿一套羊毛衣裤为宜。内衣不能外露；不挽袖卷裤；不漏扣、掉扣；领带领结与衬衣领口吻合紧凑、端正；名牌佩带在左胸正上方。

清洁、挺括。制服应该无污垢、油渍、异味；领口、袖口要勤洗，保持干净；制服穿前要烫平，穿后要挂好，做到上衣平整、裤线笔挺，不起皱。

讲究文明。根据旅游服务人员礼仪的基本要求，旅游服务人员身着制服时不仅要展示旅游企业的公众形象，还要显示出自身文明高雅的气质，因此在穿着制服时还应讲究文明。避免过分裸露，胸部、腹部、腋下、大腿是公认不准外露的四大禁区，尤其是女士穿着裙装时，更应注意。制服衣料不应过分透薄，以避免内衣透出，使人尴尬。制服尺寸避免过分肥大或瘦小，影响旅游服务人员的整体形象。

(3)饰品的选择与佩带。饰品是人们在穿着打扮时所使用的装饰物，它可在服饰中起到烘托主题和画龙点睛的作用。服装饰品包括两大类：一类是实用性为主的附件，如帽子、鞋子、眼镜等等；另一类是属于装饰性为主的饰物，如领带、项链、手镯、戒指等。旅游服务人员在饰品的选择和佩带上应该注意遵循以下原则：

符合身份。旅游服务人员的工作主要是面向旅游者和公众，因此一切要以服务对象为中心，在工作岗位上，选择和佩带饰品一定要符合公关人员的工作身份，摆正自己和顾客之间的相互关系，切忌在饰品佩带上和顾客攀比。

点到为止。旅游服务人员在工作中佩带饰品应该和生活中区分开，应该少而精、点到为止。一味的贪多求全，不仅起不到装饰作用，还会画蛇添足，破坏服装的整体美感。

区分种类。旅游服务人员因职业身份、工作性质的原因，在饰品的选戴时有局限性，所以应该对不同种类的饰品进行区别对待。一般来讲，可以选择佩带的饰品有以下种类：

1)领带和领结。旅游服务人员在穿着西装时，必须佩带领带或领结。在选择和佩带领带或领结时，应注意面料和颜色要与西装搭配。

2)胸花。又叫胸针，一般佩带在女士的上衣左侧胸前或衣领上。旅游服务人员在外出进行公关活动时可佩带，但是在工作时间若佩带有身份牌时，不宜同时佩带胸针。

3)首饰。旅游服务人员在工作中佩带的首饰较为简单，男士一般只允许在无名指上佩带结婚戒指，女士除戒指外，其他首饰如项链、耳环、手镯等要少带，或者酌情佩带。

4)发饰。常见的发饰有头花、发带、发箍、发卡等，旅游服务人员在佩带发饰时，更多的强调其实用性，头花以及其他鲜艳、花哨的发饰都不宜在工作中选用。

5)皮包。因工作和个人生活需要，旅游服务人员也需要携带皮包，尤其是外出工作时。男士一般可以选用款式大方的黑色皮包，女士皮包的颜色和款式应该注意与服装色彩、体型相协调。

(4)个人用品的选择。个人用品通常为服务人员的必备品，在旅游公关活动中往往是不可缺少的，惟有随身携带，方可有备无患。

工作用品。包括身份牌、书写笔、记事本等，方便工作中随时记录各种重要的信息资料。

形象用品。是旅游服务人员用以维护、修饰自我形象所必须的用品。包括纸巾、梳子、化装盒、擦鞋纸等，随时保持个人的自我形象。

二、仪容礼仪

在旅游公关活动中，公关人员的仪容会对公众产生一定的心理影响，端庄、秀丽的仪容会在公众心目中留下美好的印象，从而有利于公关活动的开展。因此旅游行业公关人员的仪容，是体现旅游企业整体形象的窗口。

(1)旅游服务人员仪容礼仪的基本要求

男士。注意面部整洁，勤洗脸，勤剃须;发不过耳，不染发;勤洗澡，勤换内衣，保持个人卫生;指甲常修，皮鞋应该常亮常光。

女士。需要注意面部皮肤的修饰和保养;掌握基本面部美容化装知识;注意头发的护理和保养。

(2)发型礼仪

发型是有关头发的造型艺术，是体现人的审美需求和性格情趣的直观形象，是自然美和装饰美的有机结合，大方、合适的发型会使旅游服务人员的精神面貌得以提升。旅游服务人员首先必须保持头发的清洁，每周必须清洗三次，必要时需每日清洗。半个月到一个月修剪一次头发，保持发型。常备一把梳子，经常梳理头发，保证头发顺滑，梳理头发时应避开外人，梳理的断发头屑不可随手乱扔。

女士发型要求美观、大方、整洁、实用为原则，旅游服务人员的发型基调是:活泼开朗、朝气蓬勃、干净利落、持重端庄。一般不宜留长发，发不遮脸，刘海儿不能过低，也不可染发，避免使用色彩鲜艳的发饰。另外，旅游服务人员的发型还应注意与脸型、体型、年龄相协调。

男士发型基本要求是:头发不能触及后衣领，不留鬓角，不烫发。发型要与脸型、体型和服装搭配。

(3)面部礼仪

1)面部修饰的原则

洁净。其标准是无灰尘、无污垢、无分泌物、无其他不洁之物。勤洗脸，洗脸时要耐心细致、完全彻底、面面俱到。

卫生。旅游服务人员在进行个人面部修饰时，要注意个人卫生健康状况，面部的卫生要兼顾讲究卫生和保持卫生两方面。面部出现明显的过敏症状、疖子、痤疮、疱疹等，必须及时治疗，避免与顾客进行正面接触。

自然。旅游服务人员面部修饰的关键是要做到“秀外慧中”，保持清新自然而不过分做作。

2)面部化装与修饰

对于旅游服务人员来说，面部化装要少而精，强调和突出自身所具有的自然气质，减弱或掩盖容貌上的某些缺陷，一般以淡妆为宜，避免使用气味浓烈的化妆品。面部化装要注意和肤色、脸型匹配。

眼部。眼睛是心灵的窗户，旅游服务人员在进行眼部修饰和化装时，首先应重视眼部的保洁，及时除去眼角分泌物，注意眼部卫生，预防眼病。旅游服务人员如果需要佩带眼镜，应选用质地优良、款式大方的眼镜，注意保持镜片清洁，定期清洗镜架。

鼻部。旅游服务人员要保持鼻部周围以及鼻腔清洁，经常清理鼻腔，修剪鼻毛，切忌在公众面前有挖鼻孔、拔鼻毛等不文雅行为。

口部。保持口腔清洁是旅游服务人员讲究礼仪的先决条件。要采用正确的刷牙方式，做到“三个三”即:每天刷牙三次，每次刷牙在餐后三分钟进行，刷牙时间不少于三分钟。公关人员在上班前不喝酒，忌吃大葱、大蒜、韭菜、虾酱等有刺激性气味的食物，进餐时应闭嘴咀嚼，不可发出声响，餐后保持唇部干净，避免唇边残留食物。平时注意呵护嘴唇，尤其是干燥严寒的冬季，可以用专用唇膏避免唇部干裂、爆皮。男士还应注意每日上班前剃须。

(4)肢体礼仪

上肢。上肢即手臂，是旅游工作中运用的最为频繁的身体部位，通常被视为公关人员的“第二脸面”，一双保养良好、干净秀美的手臂，会给工作增加美感和协调，因此，旅游服务人员应注意上肢的修饰和礼仪。一方面，旅游服务人员要注意手臂的保洁。保持手臂无污痕，无烟渍、油渍、墨水等污垢。务必做到“六洗”:工作之前要洗手;弄脏之后要洗手;接触特殊物品或入口之物之前洗手;去过卫生间之后要洗手;下班前要洗手;企业规定洗手之时要洗手。工作中不可乱用双手做诸如:揉眼睛、掏耳孔、抠鼻、剔牙、搔头发、抓痒、脱鞋、四处乱摸等不文雅行为。另一方面，旅游服务人员还要注意手臂的修饰。公关人员不许蓄长指甲，指甲不应长过指尖，要养成“三天一修剪，每天一检查”的良好习惯，及时清除指甲周围的死皮。女士要注意不能涂彩色指甲油，不穿露出肩膀的服装，某些场合需要露出肩膀时，要剃去腋毛和手臂上比较浓密的汗毛。

下肢。下肢即腿脚部，人际交往中有“远看头，近看脚”的习惯，旅游服务人员多数情况下都是直接和顾客面对，因此，必须讲究下肢的修饰和礼仪。要保持下肢的清洁，需要特别注意三个方面:勤洗脚;勤换袜子，不要穿不透气、易生异味的袜子;注意保持鞋面、鞋跟、鞋底的干净，定期擦油，使其一尘不染。注意下肢的礼仪，旅游服务人员不能光腿，女士穿裙子时必须选择接近肉色的长筒丝袜且袜口不得短于裙摆边；不光脚穿鞋，不穿露脚趾的凉鞋或拖鞋。

第二节　言行举止礼仪

一、礼貌用语

语言是社会交际的工具，是人们表达情感、意愿、思想的媒介。旅游公关工作离不开语言，只有使用礼貌的语言，才能和公众进行良好的沟通。礼貌用语是旅游服务人员用来向公众和宾客表达意愿、交流思想感情和沟通信息的重要交际工具，是一种对公众和宾客表示友好和尊敬的语言。旅游服务人员在使用礼貌用语时，应遵循目的性、对象性、诚实性、适应性原则，即在运用礼貌用语时，必须目的明确，言随旨意，避免信口开河；要根据特定的对象，因人而宜，切忌千篇一律；以诚为本，讲真话实话，在语言的表达上，力求表里如一；注意语言的特定环境和具体场景，兼顾和适应当时的具体语言环境以及双方的情绪变化。礼貌用语使用是否得当将直接影响旅游公关活动的结果，因此，旅游服务人员需要掌握礼貌用语的规范和礼仪。

（一）常用的礼貌用语

1. 称呼用语。称呼用语是在旅游公关活动中对宾客的尊称，要注意国内外不同的常用称呼，做到及时、准确、恰当。在工作中的称呼应该体现正式、规范而庄重。一般可用职务性称呼，如果加上姓氏表示关系更密切，连名带姓的用在极其正式的场合，如："张总"、"李克强总理"等；也可以用职称性称呼，如：教授、博士、工程师等；还可以用行业性称呼，如：医生、老师、教练等。

对外交往中称呼可根据不同对象采用不同的称呼。一般的成年人，男宾无论其年龄大小与婚否，可统称为"先生"；女宾若已婚可称"夫人"或"太太"，未婚可称"小姐"，婚姻状况不明可称"小姐"或"女士"，以上称呼还可冠以姓名或职务，如：张先生、王女士；对地位高的政府官员、外交使节、军队中的高级将领，按不同国家的习惯可称"阁下"，加军衔或先生，以示尊重，如："部长阁下"、"总统阁下"、"将军先生阁下"等，美国、墨西哥、德国等国家习惯称"先生"，不称"阁下"；对军人一般称军衔，或军衔加先生，知道姓名的可冠以姓名，如："上校先生"、"布朗少校"、"查尔斯中尉先生"；对宗教人士可称其神职，如："牧师先生”、“莫利神父”等;对君主制国家,国王和王后称“陛下”,王子、公主和亲王称“殿下”,有爵位的称爵位,如:“公爵先生”。

2. 问候用语。问候用语主要适用于旅游服务人员和顾客在相见之初,彼此向对方询问安好,致意或表达关切之意。旅游服务人员必须要根据时间、场合和对象的不同使用规范化用语,主要分为标准式用语和时效式用语两种。标准式用语是直截了当的向对方问候,其常规做法是问好之前加上适当的人称代词或尊称,如:“女士们,先生们,欢迎你们的光临”,“您好,见到您很高兴”等。时效性用语是在一定的时间范围内的问候用语,具有一定的时效性,问候时要体现当时的具体情况,加上具体时间:“您早”,“下午好”,“晚安”等。问候用语在使用过程中还应注意以下问题:

首先,要注意问候的次序。一般情况下,应由旅游服务人员向顾客问候,如果被问候者不只一人时,可采取以下三种方法:一是集中问候,不再一一具体到每个人,如“大家好”;二是采用由尊而卑的礼仪惯例,先问候身份高者,再问候身份低者;三是按照由近及远的次序进行问候,首先问候与本人距离近者,然后依次问候其他人。

其次,在举办旅游公关活动中,需要同时与许多顾客进行交流时,要注意“接一顾二招呼三”。在接待第一顾客时,招呼一下第二个,同时通过眼神或表情向第三个传递问候,从而使顾客感到被尊重。

最后,在使用问候语的时候,要简练而规范,根据具体情况灵活运用,不要采用单一呆板的问候。如“好久不见”,“很高兴又见到您”等,使语言富于变化。

3. 应答用语。应答用语是在工作中用来回应顾客的,或是答复其询问时所使用的礼貌用语。基本要求是:随听随答,有问必答,灵活应答,热情周到。旅游服务人员在实际工作中常用的应答用语有肯定式、谦恭式和谅解式三种类型。

肯定式的应答用语主要用来答复顾客的请求,如:“好的,听清楚了,请您放心”,“是的,我明白您的意思”;谦恭式的应答用语主要是在顾客对提供的服务表示满意,或直接对公关人员进行口头表扬、感谢时采用的语言,如:“谢谢,您过奖了”,“承蒙夸奖,这是我们应该做的”;谅解式的应答用语是当顾客向自己致以歉意时,公关人员予以接受并表示谅解时采用的语言,如:“没关系,这算不了什么”,“不要紧,我不介意”等。

4. 请托用语。请托用语是旅游服务人员向顾客提出某种要求或寻求帮助时使用的礼貌用语。标准式的请托用语是在向顾客提出具体要求前面加上“请”字,使对方很容易接受,如“请稍后”,“请让一下”等;求助式的请托用语是在寻求对方帮助时,通常在具体要求前加“劳驾”、“拜托”、“打扰”等词语,以显诚意。

5. 迎送用语。迎送用语是顾客光临或离开时,使用的礼貌用语。最为常见的欢送语言是“欢迎”，“再见”，“慢走”，“一路平安”。在使用欢迎语言时候，如果是初次见面，可以使用“欢迎光临”，“见到您很高兴”等；如果是再次见面，应在欢迎语前面加上对方的尊称，或其他专用词，以表示记得对方，给顾客以被重视的感觉，如：“张先生，很高兴又见到您”，“欢迎您再次光临”等。另外，在使用欢迎语言时，通常应一并使用问候语言，必要时需要向顾客施以点头、微笑、鞠躬、握手等见面礼。

6. 征询用语。征询用语是在旅游活动中，旅游服务人员为获得必要的信息对公众进行调查、了解公众需求、启发对方思路、征求对方意见时所使用的礼貌用语，在具体使用时务必把握好时机，兼顾对方，以获得真实有效的信息。可分为开放式征询用语，如：“您需要什么样的服务？”“我能为您做点什么？”封闭式征询用语，如：“您对我们的线路设计还满意吗？”

7. 赞赏用语。赞赏用语是旅游服务人员为了改善或促进双方之间的人际关系，对对方正面肯定，激励对方时所用的礼貌用语，使用赞赏语言时要恰到好处、少而精。旅游服务人员要在顾客发表见解的同时，及时给予正面的赞赏如：“您真有眼光”，“看来您是一位内行”，“没错，您说的对极了”等。

8. 祝贺用语。在旅游活动中，根据一些特殊的场合适时给予顾客一些祝贺用语，不仅是一种礼貌，也可以加强彼此的沟通和关系。祝贺用语时效性很强，主要用在节日、庆典等喜庆日子，如：“新年好”，“祝您福如东海，寿比南山”，“新婚快乐，百年好合”，“祝您生意兴隆”等。

9. 道歉用语。道歉用语是在工作中因某种原因给他人带来不便，或妨碍、打扰对方时，向对方表达自己的歉意所使用的礼貌用语。常用的道歉用语有：“抱歉”，“对不起”，“失礼了”，“不好意思，多多包涵”，“请原谅”等等。

（二）旅游服务人员用语规范

1. 文明用语规范。旅游服务人员在使用语言时，应该遵守文明用语规范，从而表现出良好的文化素养、待人处世的礼貌态度，令人产生高雅、脱俗之感。旅游服务人员的用语规范是：

声音优美、语言标准。旅游服务人员一般采用普通话和外语，特殊场合下，为方便与顾客的沟通可使用方言；咬字清晰，声音动听，以增加语言的感染力和吸引力；音量适度，以顾客听清楚为准，切忌大声喧哗；语调婉转、抑扬顿挫、富有情感；语速适中。

表达恰当、言简意赅。旅游服务人员在使用语言时，力求语言完整、准确、贴切，切忌喋喋不休、做不必要的解释；注意根据顾客的语言习惯、文化层次、地方习俗等选择合适的词句。

表情自然、举止文雅。旅游服务人员在面对顾客说话时，要距对方1米左右，面带笑容，目视客人眼鼻三角区，以示尊重；说话时举止文雅，避免指手画脚。

2. 行业用语规范。旅游行业用语是旅游行业所使用的专门用语，旅游服务人员恰到好处地使用必要的行业用语，不仅能说明某些专业性、技术性的问题，还能显示个人的业务能力，赢得顾客的理解和信任。旅游服务人员的专业用语规范是：

善用专业术语。由于专业术语的特殊性，旅游服务人员在运用专业术语时要注意时机和场合，交谈之前注意对顾客进行必要的观察了解，根据具体情况，因人而宜，善于根据具体情况的变化加以调整应变，当深则深，当浅则浅。

忌用服务忌语。旅游行业属于服务行业，其专业用语大多属于服务用语，因此旅游服务人员在使用专业用语时，忌用服务忌语。包括不尊重之语不友好之语、不耐烦之语、以及不客气之语。

3. 书面用语规范。书面用语是指使用文字、符号所书写出来的语言，旅游服务人员在从事公关活动中，经常需要书写一些函件、合同、书信、说明、告示等书面文件。为了保证书面用语能够准确传递信息，需要遵守书面用语规范：

正确无误。书面用语首先要正确无误，尤其是在写一些重要的合同、发票等文件的时候，一点笔误都会造成企业的重大损失；还要注意具体的行文规范，不同的行文都有不同的行文格式，做到语句完整、结构完整、表达准确；应使用标准的简化字，忌用繁体和不规范的字体，外文的书写要做到语法、拼写准确。

工整清晰。书面文件要注意正确的书写习惯，保持文件的整体美观，善于整体布局，力求字体的大小恰到好处。

二、举止礼仪

举止是指人的动作和表情，它是通过人的肢体、动作和表情来表达思想感情的语言，这种语言的表达效果比起有声的口头语言，有时候会更丰富、更生动，更能表达真实诚恳的心态。旅游服务人员可以通过文明优雅的举止向公众传达自身的个性、情趣、品质、修养，从而给公众留下深刻而美好的印象，提高与公众的沟通效果。

（一）站姿礼仪

站立是旅游服务人员最基本的举止，站姿是静力造型动作，体现的是静态美，又是训练其他优美体态的基础，其基本要求是：端正、自然、亲切、稳重，挺拔，即“站如松”。

1. 站姿的礼仪规范。立正站直，头、颈、身躯和双腿应与地面垂直，身体的重心在两腿之间；头正目平，面带微笑，双肩放松，双臂自然下垂，手指稍许弯曲，指尖朝下；腰部直立，挺胸、收腹、提臀；双腿相靠，双膝与双脚跟部紧靠一起，肌肉略有收缩感，双脚呈“V”型分开。站立太累时，可变换姿势，将重心移在左脚或者右脚上，切忌身躯歪斜、弯腰驼背、趴扶倚靠、半坐半立、全身乱动等不良站姿。正式场合还要避免做有失庄重的小动作，如：摆弄衣服、咬指甲等。

2. 站姿的种类。旅游服务人员的站姿有四种。侧放式是男女通用的站姿，要领是：脚掌分开呈“V”字型，脚跟靠拢，双膝并拢，双手放在腿部两侧，手指稍弯呈空心拳状；后背式是男士常用的站姿，要领是：双腿分开与肩同宽，双脚平行，双手轻握放在后腰处；前腹式是女士常用的站姿，要领是：脚掌分开呈“V”字型，脚跟靠拢，双膝并拢，右手搭在左手上，贴在小腹部；丁字式是女士专用的站姿，要领是：一脚在前，脚跟靠于另一脚内侧，双脚尖向外展开呈“丁”字，双手在腹前相交，重心在双脚上。

（二）坐姿礼仪

优雅的坐姿是体现旅游服务人员姿态美的主要内容，要求是：端正、稳重、亲切、自然，给人以舒适感，即“坐如钟”。

1. 坐姿的礼仪规范

入座与离座的礼仪要求。入座时，轻而缓，从座位的左侧走近座椅，背对其站立，右腿后退一点，以小腿确认座椅位置，顺势就座，女士入座时，要用手把裙子向前拢平再就座；要在他人之后入座，要坐在椅、凳等常规位置，不能坐在桌子、窗台、地板等处；与他人同时就座时，要注意座位的尊卑，上座留给客人；就座时，若有熟人，应主动打招呼，对陌生人点头示意；坐下后需要及时调整体位，使坐姿端正舒适。离座起身时，动作轻缓，避免弄响座椅，或将椅垫带到地上；身旁如有人在座，需以语言或动作示意以后，方可起身；与他人同时离座时，需注意起身先后次序，身份高者先起身；离开座椅后，站定从左侧离开。

坐下的礼仪要求。上身正直，头正目平，面带微笑，双手相交放在腹部或双腿上，双脚平落地面，男士双膝间距离一拳，女士双膝不可分开。切忌双腿叉开过大、架二郎腿、双腿过分伸张、腿部抖动摇晃等不雅的腿姿，以及不知所措的手姿，如以手触脚、手置于桌下、双肘支于桌上、双手抱腿手夹在腿间等。

2. 坐姿的种类。坐姿要根据有无扶手与靠背以及凳面的高低来调整，并注意双手、双腿、双脚的正确摆法。

双手摆法。有扶手时，双手轻搭或一搭一放；无扶手时，双手交叉或八字型置于腿上，或右手搭右腿，左手搭左腿。

双腿摆法。凳面高度适中时，双腿相靠或稍分，不能大于肩宽；凳面高时，一腿略搁于另一腿上，脚尖向下；凳面底时，双腿并拢，自然倾斜于一方。

双脚摆法。脚尖脚跟靠拢，或一靠一分，也可一前一后；或右腿放在左腿外侧。

(三)蹲姿礼仪

蹲姿是由站姿转变为双腿弯曲和身体高度下降而来的相对静止的姿态，是旅游服务人员在比较特殊情况下所采取的一种暂时性的姿态，时间不宜过久。如整理工作环境时、给予客人帮助时或捡拾地面物品时。

1. 蹲姿的礼仪规范。由于蹲姿是暂时性的姿态，因此下蹲时速度切勿过快，应与他人保持一定的距离；在他人身边下蹲时，不能面对他人或背对他人，应与之侧身相向；女士下蹲时，要注意保护隐私。

2. 蹲姿的种类。旅游服务人员常用的标准蹲姿有四种。

高低式蹲姿：基本特征是双膝一高一底。要求是：左脚在前，完全着地，小腿垂直于地面；右脚稍后，脚掌着地，右膝内侧靠于左小腿内侧，形成左膝高右膝底的姿态；臀部向下，以右腿支撑身体。

交叉式蹲姿：多为女士采用，基本特征是蹲下后双腿交叉在一起，造型优美典雅。要求是：右脚在前，全脚着地，右小腿垂直于地面；右腿在上，左腿在下，双腿交叉重叠；左膝由后下方伸向右侧，左脚在后，脚掌着地，左脚跟抬起；双腿前后靠近合力支撑身体，上身略前倾，臀部向下。

半蹲式蹲姿：多为行进中使用，基本特征是身体半立半蹲。要求是：上身稍许弯下，与下肢成钝角；双膝略微弯曲；臀部向下，重心在一条腿上。

单跪式蹲姿：是非正式蹲姿，多用于下蹲时间较长时，基本特征是双腿一蹲一跪。要求是：一腿单膝点地，脚尖着地，臀部坐在脚尖上；另一腿全脚着地，小腿垂直于地面；双膝同时向外，双腿尽力靠拢。

(四)行姿礼仪

行姿是在行走时所采取的一种动态姿势，以站姿为基础，是站姿的延伸动作，旅游服务人员在行走中要保持正确的节奏，才能体现优雅稳重的动态美。其基本要求是：上身挺直，头正肩平，双臂自然摆动，双腿直而不僵，步伐从容，即"行如风"。

行姿的礼仪规范。旅游服务人员在行走时，首先要方向明确，双眼平视，挺胸收腹，脚尖正对前方，使行走的路线呈一条直线；保持相对稳定的速度，一般每分钟走60到100步为宜；行进时注意步幅不要过大或过小，应与本人一只脚的长度相近，即男士每步40公分，女士每步36公分；注意重心，身体保持协调，行进中，脚跟先着地，膝盖伸直，使身体的重心随着脚步的移动，不断向前过度，落在前脚上。要避免一些错误的行进姿态如：横冲直撞，抢道先行，摇头晃脑，连蹦带跳，制造噪音，步态不雅等。

（五）手势礼仪

手势是旅游活动中富有表现力的一种动态语言，得体适度的手势可帮助旅游服务人员增强感情的表达，起到锦上添花的作用。其基本要求是：庄重含蓄、彬彬有礼、优雅自如，规范适度。

1. 手势的礼仪规范。手势是国际交往中用到较多的动态语言，因此在使用手势时，应符合国际规范、国情规范、大众规范和服务规范，才不会引起交往对象的误解；使用手势时候要注意区域性差异，在不同的地区，人们使用的"手语"会有很大差别；公关人员的手势宜少不宜多，动作幅度也不宜过大。旅游服务人员在使用手势时还应避免使用不恰当的手势，如：指指点点、随意摆手、端起双臂、双手抱头、摆弄手指、手插口袋、搔首弄姿、抚摩身体等。

2. 常用的手势。旅游服务人员常用的手势有以下几种。

引导手势。多用于介绍某人，或为宾客引路指示方向时。引导时，五指伸直并拢，掌心斜向上方，腕关节伸直，手与前臂形成直线，以肘关节为轴，弯曲140度左右，上身稍倾，面带微笑，以眼神关注目标方向，并兼顾宾客。

握手。握手是见面之初常用的手势。握手时首先走进对方，由地位高者向地位低者先伸手，右手向侧下方伸出，双方互握对方的手掌，目视对方，握手时力量适中，时间以3至6秒为宜，尤其是与女士握手时，更应注意时间不宜过长。

鼓掌。主要用于欢迎宾客到来，他人发言结束或观看比赛演出时。用右手手掌拍左右掌心，力度和时间视当时情况灵活变化。

递接物品。递送物品时，应用双手或右手递送，切忌用左手递接；递接过程中，应为对方留出便于接取物品的地方；带有文字的物品递交时，以正面朝向对方，方便对方阅读；带尖、刃或易于伤人的物品递接时，应使尖、刃朝向自己或别处。

展示物品。展示物品时，将被展示物品放在身体一侧，正面朝向观众，并举到一定高度，不能挡住本人头部，注意展示时间，观众多时，还应变换不同角度，方便观众观看。

举手致意。举手致意多在打招呼、道别、或引起他人注意时使用。举手致意时，目视对方，全身直立，面带微笑，手臂上伸，掌心向外，同时配以“您好”，“再见”等礼貌用语。

(六)表情礼仪

表情是指通过人的面部形态变化所表现出来的神情态度，来表达人的内心思想感情。其基本要求是:谦恭、友好、适时、真诚。旅游服务人员常通过眼神和微笑来表达内心丰富的情感。

1. 眼神。眼睛是心灵的窗户，因此，旅游服务人员应掌握眼神的有关礼仪，懂得合理、适当地运用不同眼神来帮助表达情感，促进人际沟通。

注视的部位。注视对方的双眼表示对对方全神贯注，或洗耳恭听;注视对方的面部常用于与对方长时间交谈时，最好是对方的眼鼻三角区，以散点柔视为宜;注视对方的全身适用于与对方距离较远时。

注视的角度。正视对方是一种基本礼貌，表示重视对方;平视对方表示双方地位平等，不卑不亢;仰视对方表示对对方尊重、信任。

旅游服务人员与宾客进行交流时，忌用冷漠、傲慢、轻视的眼神;不得左顾右盼、挤眉弄眼;不可白眼或斜眼看人;不可长时间盯着对方，尤其是女性;不可上下打量别人，含有轻视的意味;不可怀有敌意，带有挑衅性的盯视。

2. 微笑。微笑是旅游行业最基本的礼仪要求是运用最广、最具魅力的一种形式。美国喜剧演员博格说:“笑是两个人之间的最短距离”，美国沟通学家卡耐基的“被人喜爱的六个秘诀”之一就是“用微笑对待他人”。微笑在传达亲切温馨的情感、有效地缩短双方的心理距离、增强人际吸引力等方面的作用显著，因而在服务行业，微笑服务尤其受到推崇。在旅游工作中，微笑是最富有吸引力、最有价值的体态语。微笑能强化有声语言沟通的功能，增强交际效果;微笑还能与其他体语相结合，代替有声语言的沟通。

微笑作为一种表情，不仅是形象的外在表现，也是人的内在精神的反映。不仅有助于营造和谐、宽松的社会氛围，还有助于保持积极乐观的心态，进而利于身心健康。

(1)微笑语运用技巧

1)掌握微笑要领。面含笑意，嘴角微微翘起，嘴唇呈弧形，在不牵动鼻子、不发声、不露齿的前提下，轻轻一笑。还可借助于一些单词如:“茄子”，“Cheese”等，达到最佳的微笑效果。

2)注意整体配合。微笑是面部各部位的综合运动，整体协调的微笑应该是目光柔和发亮，双眼略微睁大，眉头自然舒展，眉毛微微翘起。

3)力求表里如一。微笑应该发自内心，需要和良好的心境与情绪相配合，才能表现出亲切、自然、大方、真诚的笑容。

4）兼顾具体场合。旅游服务人员在微笑时，还应注意具体的场合，不能任何时候都以微笑面对宾客，必须注意对方的具体情况。如宾客有某种缺陷时、宾客出洋相时、宾客满面哀愁时、或其他比较庄重严肃的场合，都不适宜微笑。

（2）微笑语的锻炼

1）微笑语的动作技术性练习

①一般微笑是嘴角挂着一丝笑容的状态，基本做法是面部肌肉放松，两边嘴角向上略微提起，不露齿，不出声。

②练习双颊肌肉向上抬，嘴角外拉上翘，口里默念普通话的"一"、"茄子"或英文单词"Cheese"、英文字母"g"等。

③训练眼睛的笑容。面对镜子，用一张厚纸遮住眼睛以下的脸部，想像美好的情境、回忆快乐的时光，使笑肌抬升收缩，嘴两角上翘，做出微笑的口型，然后面部肌肉放松，眼睛随之恢复原状。这样经常反复练习，达到自我感觉最佳的状态为止。

2）微笑内在情绪的自我调节

首先要培养敬业、乐业的思想，勤奋进取、勇于奉献的精神，热情助人、乐于服务的高尚职业情操，以积极进取的态度对待工作。其次自尊、自信，培养乐观开朗的处事态度。此外要加强心理素质的锻炼，增强自控力。每个人不可避免都会有烦恼和痛苦，但是这种情绪不要带到工作中去。

☆ 本章思考题

1. 服饰礼仪应注意哪些问题？

2. 仪容礼仪应注意哪些问题？

3. 旅游服务人员在言行举止礼仪中应注意哪些问题？

第三章　旅游社交礼仪

第一节　拜访礼仪

拜访是旅游公关活动中最常见的社交形式，拜访可分为正式拜访和非正式拜访。正式拜访是指有正当的拜访原因，通过事先预约，确定时间和地点，并按时赴约当面进行的拜访;非正式的拜访一般指朋友之间的往来，对朋友表示关心、感谢或者求助等。旅游公关活动中要特别注意正式拜访中的礼仪。

一、拜访前的礼仪

事前预约。旅游服务人员在进行正式拜访前，事先一定要与被拜访者取得联系，这样，双方都能有效的控制和利用时间，也可以使双方对拜访中要讨论的内容做好充分的准备工作，有利于沟通，提高拜访的效率。预约可以采用电话、书信、传真或当面等预约方式，预约时语言准确、肯定，语气要有礼貌，应注意倾听和尊重对方的时间和意见。约会时间一旦确定，双方都要严格遵守，不能失约或任意更改，因特殊原因不能赴约时，需要及时通知对方，说明原因，求得对方谅解并另约时间。

注意仪容仪表。注重拜访时的仪容仪表是对被访者的尊重，因此拜访前，旅游服务人员要对自己的仪容仪表做精心的准备，要着正装，保持干净、整洁、端庄、大方、稳重的形象，以便给被拜访者留下深刻的印象。

做好充分的准备工作。一方面对拜访时需要谈论的内容做好充分的准备，以免拜访时出现分歧;另一方面需要准备好名片，放在最容易取出的地方，男士可放在西装口袋里，女士放在皮包里容易取出的地方，另外，名片在印刷时，要注意简单、大方，只需要把有用的必要信息印上即可，切忌头衔过多过乱。

二、拜访中的礼仪

守时。是拜访中必须遵守的礼节，拜访时既不能去得过早，让对方措手不及，更不能迟到，应该严格遵守时间，掌握到达时机。

注重进门前后的礼仪。进门前应先轻声敲门或按门铃；进门后，主动向相识的人打招呼；对陌生人点头示意，若主人不主动介绍，不应过多询问；双方见面以后，如果是初次见面，应先做自我介绍，同时双手和对方交换名片；就座时，注意主、客位置。

注意行为礼仪规范。客人上茶时，应欠身双手相接并致谢，喝茶应该慢慢品饮；主人递烟时，如不抽烟也应致谢，如果抽烟，应将烟灰弹入烟灰缸，烟蒂应留 1 厘米为宜；控制拜访时间，掌握交流技巧，事情谈完之后，应适时告辞。

第二节　见面礼仪

一、见面礼节

1. 握手礼

握手，是人们见面时相互致意的最普遍的方式。握手作为一种礼节，应掌握以下几点：

（1）握手的正确姿态。握手要注意姿势，一般在距离对方约一米左右的地方站立，上身略微前倾，自然伸出右手，四指并拢，拇指张开，掌心向上或略微偏向左，手掌稍稍用力握住对方的手掌，握力适度，上下稍许晃动几下后松开。握手时要注视对方，面露笑容，以示真诚和热情，同时讲问候语或敬语。

（2）握手的顺序。握手时伸手的先后顺序遵循“尊者决定”的原则，由尊者先行伸手，对方予以响应。在公务场合，先后顺序主要取决于职位、身份，社交场合和休闲场合主要取决于年龄、性别和婚否。一般来说，握手的基本顺序是：主人与客人之间，客人抵达时主人应先伸手，客人告辞时由客人先伸手；年长者与年轻者之间，年长者应先伸手；身份、地位不同者之间，应由身份和地位高者先伸手；女士和男士之间，应由女士先伸手。

（3）握手的力度。握手的力度要因人而异，把握分寸，既不能有气无力，也不能过分用力，以不轻不重、适度为好。男士和女士握手一般不能握得太紧，但老朋友可以例外，但也不能握痛对方的手。

（4）握手的时间。握手的时间长短应根据双方的身份和关系来定，一般时间约为 1 ~ 3

秒。初次见面时，应该立刻握住对方伸出的手，稍稍用力一下，即可分开。朋友相逢，握手时间可以延长。但不管怎样，握手时间不宜过长或过短。时间过短，给人以应付、走过场的感觉;时间过长，尤其与异，性朋友或初次相识者握手时间过长，是失礼的表现。

(5)握手的禁忌。A. 握手时不要将左手插在裤袋里，不要边握手边拍人家的肩头，不要在握手时眼看着别处或与他人打招呼，无特殊原因不用左手握手，人在一起时避免交叉握手。B. 要站着而不能坐着握手，年老体弱或者有残疾人除外。C. 如果戴有手套，要把右手上的手套脱下，妇女有时可以不脱手套。D. 一般情况下不能拒绝别人伸出来的手，拒绝握手是非常失礼的，但如果是因为感冒或其他疾病，或者你的手脏，也可以谢绝握手。此时可以解释说:“很抱歉，我不方便握手。”

2. 鞠躬礼

(1)鞠躬的深度视受礼对象和场合而定。一般问候、打招呼时施 15 度左右的鞠躬礼，迎客与送客分别行 30 度与 45 度的鞠躬礼，90 度的大鞠躬常用于悔过、谢罪等特殊情况。

(2)行鞠躬礼必须脱帽。用右手握住帽前檐中央将帽取下，左手下垂行礼，用立正姿势。男士在鞠躬时，双手放在裤线稍前的地方，女士则将双手在身前下端轻轻搭在一起。注意头和颈部要梗住，以腰为轴上体前倾，视线随着鞠躬自然下垂，礼后起身迅速还原。敬礼时要面带微笑，施礼后如欲与对方谈话，脱下的帽子不用戴上。

(3)受礼者应以鞠躬礼还礼，若是长辈、女士和上级，还礼可以不鞠躬，而用欠身、点头、微笑示意以示还礼。

3. 拥抱礼

拥抱礼的标准做法是:两人正面对立，各自举起右臂，将右手搭在对方的左臂后面;左臂下垂，左手扶住对方的右后腰。首先向左侧拥抱，然后向右侧拥抱，最后再次向左侧拥抱，礼毕。拥抱时，还可以用右手掌拍打对方左臂的后侧，以示亲热。

4. 拱手礼

指两手抱拳致意。施礼时，一般以左手包握在右拳上，双臂屈肘拱手至胸前，自上而下，或自内而外有节奏地晃动二三下。

5. 合十礼

又称合掌礼，即把两个手掌在胸前对合，掌尖和鼻尖齐高，手掌向外倾斜，头略低，兼含敬意和谢意双重意义。合十礼通行于南亚与东南亚信奉佛教的国家。

6. 吻手礼

吻手礼是流行于欧美上层社会的一种礼节，起源于中世纪的欧洲。在社交场合中，同上层社会的贵族妇女见面时，如果女方先伸出手作下垂式，男方则可将其指尖轻轻提起吻之;若女方不伸手表示,不可行吻手礼。

7. 举手礼

这是世界各国军人见面时的专用礼节,起源于中世纪的欧洲。行举手礼时,要举右手,手指伸直并齐,指尖接触帽檐右侧,手掌微向外,右上臂与肩齐高,双目注视对方,待受礼者答礼后方可将手放下。

8. 点头礼

这是同级或平辈间的礼节,如在路上行走时相遇,可以在行进中点头示意。若在路上遇见上级或长者,必须立正行鞠躬。但上级对部下或长者对晚辈的答礼,可以在行进中进行,或伸右手示意。

二、介绍

1. 介绍的类型

(1)按照社交场合来分,有正式介绍和非正式介绍。正式介绍是指在较为正规的场合进行的介绍,而非正式介绍是指在一般非正规场合中进行的介绍。非正式介绍可不必过于拘泥礼节。

(2)按照介绍者在介绍中处于的位置不同来分,有自我介绍、他人介绍和为他人介绍。

(3)按照被介绍者的人数来分,有集体介绍和个别介绍。

(4)按照被介绍者的身份、地位来分,有重点介绍和一般介绍。如对于要人和贵宾,可作重点介绍。

2. 介绍的方法

在社交场合中使用较多的介绍方法有两种:为他人作介绍和自我介绍。

(1)为他人作介绍

为他人介绍,通常是介绍不相识的人相互认识,或者把一个人引见给其他人。介绍时要注意以下礼节:

1)掌握介绍的顺序

①先把男士介绍给女士;

②先把晚辈介绍给长辈;

③先把职位低者介绍给职位高者;

④把客人介绍给主人;

⑤将晚到者介绍给早到者。

2)讲究介绍的礼仪

①征求意见

②姿势:介绍别人时，手势动作要文雅，无论介绍哪一方，都要五指并拢，掌心向上，指向被介绍一方。切记不要手指尖朝下，因为朝下是矮化对方的肢体语言。同时，不要以单指指人。

(2)自我介绍

自我介绍，是指把自己介绍给对方。自我介绍时，应做到:

1)介绍内容要有针对性

自我介绍要根据不同场合、对象和实际需要有目的、有选择性地进行介绍，不能够千人一面。一般性的应酬，介绍要简单明了，通常介绍姓名就可以了。工作性的自我介绍还要介绍工作单位和具体从事的工作。社交性的自我介绍则还需进一步介绍兴趣、爱好、专长、籍贯、母校、经历及与交往对象某些熟人的关系等，以便进一步交流和沟通。

2)介绍内容要实事求是

自我介绍应当实事求是、态度真诚，既不要自吹自擂、夸夸其谈，谎报自己的职务，吹嘘自己的才能，胡诌认识许多社会名流等，也不要自我贬低，过分谦虚。恰如其分地介绍自己，才会给人诚恳、可以信任的印象。

3)把握介绍时机

自我介绍要寻找适当的机会，如，当对方正与人亲切交谈时，此时不宜走上前去进行自我介绍，以免打断别人的谈话，在对方有兴趣、有需要时适时介绍。而当对方一个人独处或者与人闲谈时，不妨见缝插针，抓住时机进行自我介绍。

4)讲究介绍艺术

开门见山:自我介绍要看场合，如与一人会见，问好后便可开门见山进行自我介绍;

进行自我介绍前，也可以引发对方先作自我介绍，诸如:“请问您贵姓”“您……”等，待对方回答后再顺水推舟地介绍自己;

与人相互认识后欲深交，还可以交换名片，以便日后联系。

三、交换名片的礼仪

1. 递送名片的礼节

(1)应事先把名片准备好，放在易于取出的地方。

(2)向对方递送名片时，要用双手的大拇指和食指拿住名片上端的两个角，名片的正面朝向对方，以便对方阅读，以恭敬的态度，眼睛友好地注视对方，并用诚挚的语调说道:“这是我的名片，请多联系”，或“这是我的名片，请以后多关照”。

(3)同时向多人递名片时，可按由尊而卑或者由近而远的顺序，依次递送。以独立身份参加活动的来宾，都应该递送名片，以免使人有厚此薄彼之感。要特别忌讳向一个人重复递送名片。

(4)初次相识，双方经介绍后，如果有名片则可取出名片送给对方。如果是事先约定好的面谈，或事先双方都有所了解，不一定忙着交名片，可在交际结束、临别之时取出名片递给对方，以加深印象，表示愿意保持联络的诚意。

2. 接受名片的礼仪

接受他人的名片时，应尽快起身或欠身，面带微笑，眼睛要友好地注视对方，并口称“谢谢”，使对方感受到你对他的尊重。接过名片后，应认真阅读一遍，最好将对方的姓名、职务轻声地念出来，以示敬重，看不明白的地方可以向对方请教。要将对方的名片郑重收藏于自己的名片夹或上衣口袋里，或者办公室显著的位置。妥善收好名片后，应随之递上自己的名片。如果自己没有名片或者没带名片，应当首先向对方表示歉意，再如实说明原因，如“很抱歉，我没有名片”、“对不起，今天我带的名片用完了”。如果接受了对方的名片，不递上自己的名片，也不解释一下原因，是非常失礼的。接受了对方的名片，不要看也不看一眼就放入口袋，或者随手放在一边，也不要将其他东西压在名片上，或拿在手里随便摆弄，这都是对对方的一种不恭。

第三节　接待礼仪

旅游企业经常会有上级领导、客户、顾客、以及各种团体到企业进行检查、参观、投诉和学习，因此，旅游服务人员会面临很多繁杂、琐碎的接待工作，稍有疏忽就会给企业形象带来不良影响，要使整个接待工作能够顺利圆满的完成，旅游服务人员必须做到礼节周到，细致入微。

一、准备接待礼仪

准备阶段是接待工作的重要环节，首先要了解客人的基本情况，客人名字、单位、接待级别、人数、来访目的、日程安排等;其次根据客人的基本情况确定接待方案，根据具体方案进行会场布置,包括:场地清洁，桌椅、茶具、鲜花，客人名牌等必要物品的摆放等，都需按接待的规格礼仪进行;最后接待人员要注意自身的仪容仪表。

若有客人需要住宿的，要在客人尚未抵达前就安排好食宿，根据客人的民族、习俗、身份及要求，本着交通便利、就近安排、吃住方便的原则来制订具体安排计划。并注意住宿布置是否整洁美观，通讯、卫生设施是否正常使用，宣传、介绍材料是否备齐送到，茶叶、报纸等细节问题也不可疏忽。

二、接待过程礼仪

（一）迎接客人

根据来宾的身份、地位、规格及本单位的具体情况制订接待规格。一般客人由普通工作人员迎接，只须安排好接见会面时间、地点及交换的资料等。如果是级别、规格较高的来宾，要陪同本单位高层领导或委托上级主管领导前往迎接来宾，与宾客见面时，应由接待方中级别地位最高者率先与来宾握手致意、表示欢迎。重要客人应安排有关领导前往迎接，外地客人，还要安排人员到机场、车站、码头等地迎接客人。

（二）乘车礼仪

请客人乘车，注意乘车礼仪，合理安排车内座次，接待人员先打开车门，请客人上车，以手挡住车门上框，提醒客人避免磕碰，待客人坐稳后关门开车，沿途介绍客人关心的相关事宜，车停后，接待人员先下车打开车门，在请客人下车。乘车时要注意座次礼仪，小轿车的接送时，如有司机驾驶时，以后排右侧为首位，左侧次之，中间座位再次之，前坐右侧殿后，前排中间为末席；如果由主人亲自驾驶，以驾驶座右侧为首位，后排右侧次之，左侧再次之，而后排中间座为末席，前排中间座则不宜再安排客人；旅行车接送客人时，旅行车以司机座后第一排，即前排为尊，后排依次为小，其座位的尊卑，依每排右侧往左侧递减。

（三）接待客人

客人抵达后，不论来访目的怎样，通常应先安置客人休息，如果是近路来客，可在单位会议室或接待室稍作休息，接待方应提供茶水、饮料等；如果是远道而来的客人，更要考虑到旅途劳累，安置客人住宿后再商议活动日程，接待人员在向宾客告别时应留下自己名片或通讯电话以备客人随时联系。然后，按照对等礼仪，于当天或次日安排身份相当的领导前往客人下榻处看望来宾，以便相互熟悉。

（四）引领礼仪

客人到达企业，旅游服务人员应该为客人引路，注意引领礼仪，二人并行，以右为上，拐弯时，应前行一步，伸手指引，同时口中做必要的提醒，三人并行，中间为上，右侧次之。乘电梯时，自己先行一步，挡住电梯门，待客人进入后，启动，出电梯应由客人先行。

到达门口，应主动为客人开门，并请客人进入，入室以后，请客人先坐下，在敬烟、献茶以后再坐下，接待过程中，注意行为礼仪。

（五）送别客人

接待工作结束后，征求客人对接待工作的意见，以便改进工作，安排送行人员和车辆送客。了解来访宾客的离程时间以后，要及早预订机票、车票或船票，安排送行人员和车辆，并通知对方人员安排接站。根据车次、航班的时刻，及时与负责行李的部门、人员约定提取行李的时间，并通报客人递交行李的时间，到达机场、车站后要安排好客人等候休息，办理好有关手续后要将有关票证、证件等一齐交给客人。规格较高的来宾，还要在机场或车站举行送行仪式，致简短欢送词。

三、接待礼仪的禁忌

接待活动，不论来访对象是谁、来访内容怎样，作为接待者都应表示欢迎的态度。迎接活动，一忌迎而不欢，既不欢迎，又不真诚，“不欢”而迎，不如不迎。二忌不分“迎来”对象，礼仪失节，不管什么人都鸣放礼炮。三忌不顾“来者”身份、规格。四忌不分相互关系而礼仪失态。五忌在接待过程中出风头，卖弄自己才华。

送别时也有很多禁忌，一般送别时要有一种离情别意，不奏乐、不鸣炮，所以一忌不分关系乱表感情；二忌过分缠绵依恋；三忌言语失态；四忌不顾亲疏关系乱抢镜头。

接待过程中，不仅要十分注意接待的规格和场面、规模，当客人与接待人员见面时，接待人员应主动热情地走上去握手欢迎，并主动介绍前来欢迎的主要人员，但要忌戴手套，忌为客人代提随身小包或随身物。接待方的领导或官员忌为客人代提行李箱包，以免有失身份和尊严。忌大声喧哗或打闹说笑。

在安排出面接待的主人时，最好要安排周到一些，宜固定为好，切忌经常更换，接待工作不连续，容易使客人感到陌生拘谨。在安排接待人员时，人数要比较适当，人员过少显得不热情、不礼貌，忙得不可开交还疏漏百出，人员过多，既浪费又容易使客人产生一种紧张感，感觉不自在。

第四节　电话礼仪

一、打电话礼仪

打电话最基本的原则是以不影响对方休息和工作为前提，这样才是合乎礼节的。

（一）打电话前准备礼仪

选择合适的时间，白天应该在早 8 点以后，节假日 9 点以后，晚间应该在 22 点以前，午休时间也不宜打电话，如果打国际长途，应该注意不同国家的时差。

选择合适的通话地点，通话内容具有保密性的，不宜使用公用电话或他人电话，工作中不宜打私人电话。

打电话前，要对电话内容心中有数，拟好谈话要点和顺序，切忌语无伦次，耽误时间。

确认电话号码，必要时应准备好联络对方的其他有效方式，注意拨打对象，不同的对象要用不同的口气。

（二）打电话中礼仪

电话接通后，主动自报家门，同时确认接听对象。打错电话时，要向对方道歉："对不起，打错了"、"打扰您了"等，切忌不做解释直接挂断电话。

注意自身形象，姿态正确。通话时听筒靠近耳部 1 厘米处，话筒距离口部 1 厘米左右，应该坐正或站好，不能随意走动，或兼做其他工作，更不能依靠桌子或墙壁等。

通话时，注意语言和内容。要求咬字准确、音量适中、语句简短、语速适中。通话内容紧凑，主次分明，必要时重复重点，积极呼应以示关注。

掌握通话时间。拨打电话时切忌电话时间过长，长话短说，不能煲电话粥，出于对对方的尊重，每次通话时间以 3～5 分钟为宜。

（三）通话结束礼仪

通话需要结束时，应由打电话者首先发出结束通话的暗示，如"您还有什么吩咐"，"那么就这样吧"。

通话结束前，拨打电话者在必要时可将通话内容再次重复，同时感谢对方，道别。

电话要轻轻挂上。一般应由拨打电话一方先挂断，挂电话前先向对方说明，然后双手轻轻挂断电话，挂电话时切忌一言不发，随手猛摔。

二、接电话礼仪

接听电话前注意保持电话畅通，尤其是旅游企业的对外电话需要经常检查，发现故障及时检修，更改号码后及时公告。接听电话前还需要做好记录准备，便于保存重要的电话内容。

电话铃声响时，应尽快接听，一般在铃响三声之内。电话接通后，问好并报出单位名称，以便对方确认是否要对了电话，如遇到对方拨错号码时，应礼貌提醒。

接听电话时，若电话是找其他人，应请对方稍后，轻放电话后，通知受话人。

电话内容比较重要时，应做好详细记录，并及时向有关部门转达，不得延误。

第五节　宴请礼仪

宴请是旅游公关活动中最为常见的礼仪形式之一，以国际交往、情感联络和信息沟通为主要内容，成为旅游企业树立形象，与公众进行直接沟通的重要手段。宴请因接待规格、参加对象、举办方式等不同而表现出不同的形式，不同形式的宴请活动在礼仪规范、个人行为举止、仪容仪表等都有不同要求。

一、宴请的组织礼仪

（一）宴请前做好充分准备

明确宴会目的，确定宴会举办者以及邀请对象；合理安排宴会时间和地点，提前3～7天发出邀请请柬，请柬按规范要求写明目的、着装要求、被邀请人名字、时间、地点等；请柬发出后，及时核实出席者情况，以便安排席位。

（二）安排桌次

宴会可以用圆桌、长桌或方桌，桌次高低以离主桌位置远近而定，右高左低。一桌以上的宴会，要摆桌次牌，桌子之间的距离要适当。定位的原则，以背对宴会厅或礼堂为正位，以右旁为上，左旁为下，如场地排有三桌，则以中间为上，右旁次之，左旁为下。

（三）安排宴会座次

宴会座次主要是根据出席人员礼宾次序安排的，同时还要综合考虑政治关系、语言使用、宗教信仰和专业等诸因素。一般情况下，按我国习惯，面朝入口的座位为主人，主人对面是副主人，主人右边为主宾，左边为第三主宾，副主人右边为第二主宾，左边为第四主宾，其他依次为陪同；按国外习惯，主宾在主人右边，主宾夫人在主人左边，男女穿插安排；具体安排时，还应考虑客人之间关系、身份大小，语言沟通等具体情况灵活安排。

（四）菜单拟定与酒水搭配

根据客人习俗、口味安排菜单，注重营养、荤素搭配，根据客人要求选择酒水，印制精美菜单供客人留念。

(五)宴会气氛调节与控制

根据宴会的具体要求选择合适的色彩布置宴会厅，注意运用灯光调节气氛，选择合适的背景音乐烘托气氛。

二、出席宴会的礼仪

(一)接受邀请礼仪

收到请柬后，确认是否能够按时参加，如有变动及时通知组织者；参加宴会要守时；赴宴时严格按照请柬上注明的着装要求进行着装。

(二)迎客礼仪

主人和少数其他主要官员在门口迎宾线(位于客人进门存衣之后进入休息厅之前)排列成行，迎接客人；客人握手后，由工作人员引进休息厅并由有相应身份的人照料客人，招待员送饮料；主宾到达后，由主人陪同进入休息厅与其他客人见面。如其他客人尚未到齐，由迎宾线上其他官员代表主人在门口迎接；宾主双方在会客室稍事叙谈。如休息厅较少或宴会规模大，可请主桌以外的客人先进宴会厅。期间，视情况分发桌次卡片，将宴会桌次通知每一个出席者。主客入席，即可开席。

(三)入席礼仪

入席时，按座位卡就坐，同时了解主人及其他宾客位置，方便交流；入席后，注意姿态，椅子应坐2/3位置，身体轻靠椅背，双手放于膝部，不得趴在桌沿或摆弄衣物等。入座后姿式端正，脚踏在本人座位下，不可任意伸直，手肘不得靠桌缘，或将手放在邻座椅背上。

(四)进餐礼仪

进餐前餐巾展开放膝盖上，中途起身时，放在椅子上；进餐时，动作文雅，不可将胳膊肘放在桌上；不慎碰掉餐具时，应交由服务人员处理；不知食用方法的菜肴，要等别人食用后，依样而为；进餐时，细嚼慢咽避免发出声响，嘴里有食物时不可说话；在餐桌上不能只顾自己，也要关心别人，尤其要招呼两侧的女宾；送食物入口时，两肘应向内靠，不直向两旁张开，碰及邻座；避免在餐桌上咳嗽、打喷嚏、嗝气，万一不禁，应说声“对不起”；喝酒宜各自随意，敬酒以礼到为止，切忌劝酒、猜拳、吆喝；如欲取用摆在同桌其他客人面前之调味品，应请邻座客人帮忙传递，不可伸手横越，长驱取物；进餐的速度，宜与男女主人同步，不宜太快，亦不宜太慢；主食进行中，不宜抽烟，如需抽烟，必须先征得邻座的同意；食毕，餐具务必摆放整齐，不可凌乱放置。餐巾亦应折好，放在桌上。

（五）祝酒礼仪

主人或主宾致祝酒辞时，应停止进餐，注意倾听；碰杯时，主人和主宾先碰，人多时举杯示意即可；与他人碰杯时，为显示对对方尊重，将酒杯边缘低于对方酒杯边缘碰杯。

（六）宴会结束礼仪

主人把餐巾放在桌上，并从餐桌旁站起，表明宴会结束；离席时应让身份高者、年长者和女士先走；离开餐桌时应将椅子推回原处，男士应帮身边女士移开座椅；一般情况下，由主宾先行告辞，离开时要对主人表示感谢；主人应主动相送，与客人话别，并邀请客人再来。

三、不同形式宴会的具体礼仪要求

（一）国宴礼仪要求

由国家元首或政府首脑亲自主持；座次按照礼宾次序排列；场地布置隆重、热烈，主席台设有大型鲜花花台；宴会厅内悬挂宾主两国国旗；宾主入席后，演奏两国国歌；主人和主宾先后发表祝酒辞；乐队席间穿插演奏两国民族音乐作品；参加宴会人员着正装；国宴席卡、菜单上均印有国徽，代表国家最高规格。

（二）中餐宴会礼仪要求

有正式的请柬，注名宴会日期、时间、地点、着装要求等内容；排座按照礼宾要求，与宴者按席位卡对号入座；宴会进行中配有背景音乐或文艺表演。

（三）西餐宴会礼仪要求

餐台按长台形布置，简洁明快；按照西餐用餐方式摆台；注意西餐上菜程序以及酒水、酒具搭配；西餐进餐讲究文雅而有风度，席间不宜大声谈笑，进餐不发出声响。

（四）鸡尾酒会礼仪要求

一般采取站立姿势，仅设桌子、茶几便于客人走动、交流；供应以酒水为主，配有多种小食品;请柬上注明起讫时间，客人可在此期间来去自由，不受限制;酒水及小食品由服务人员托送，客人按需自取。

第六节　舞会礼仪

一、舞会组织礼仪

(一)确定适当时间

舞会时间一般安排在周末、节假日或开幕式、闭幕式的晚上举行，此时气氛活跃，便于大家尽情娱乐，而不影响工作。

(二)选择好场地

舞会的场地要考虑人数的多少，大小适中，场地地面清洁平整，光线柔和，要有彩灯、彩条装饰，准备休息的椅子，必要时可准备茶点。

(三)发出邀请

正式隆重的舞会，应该向每一位来宾发出邀请，同时注意邀请客人的男女比例合适，避免同性共舞。

二、参加舞会礼仪

(一)着装礼仪

参加舞会服装要整洁、大方，时尚，注意整理发型，女士必须化妆，男士也可洒些淡味香水。

(二)邀舞礼仪

正式舞会，第一曲为主人、主宾夫妇首先共舞，第二曲主、宾夫妇交换共舞，第三曲开始自由邀舞;一般情况下，由男士邀请女士，男士应选择没有舞伴的女士，女士邀请男士时，男士不应拒绝;邀舞时，男士应走到女士面前，微微躬身，彬彬有礼地摊开右手，不需言语;邀舞者表情应谦恭自然，不紧张做作，不能叼着香烟邀请，也不能在邀舞时兼做其他事情。

（三）拒绝邀舞礼仪

若女士不想跳舞时，应礼貌谢绝，态度和蔼，表情亲切，一曲终了以后不应马上同其他男士共舞；如果女士已经答应和别人跳舞时，应向男士表示歉意，说明原因，并表示可以等下一次；当女士拒绝男士邀请后，如果男士再次邀请，无特殊情况，应答应共舞；两位男士同时邀请时，可都礼貌拒绝，也可接受其一邀请，并对另一位表示歉意。

（四）跳舞礼仪

跳舞时，姿态端正，身体正直、平稳，切勿轻浮，也不能过于严肃，双方眼睛自然平视，目光从对方右上方通过；不可面面相向，不能摇摆身体，不要把头伸到对方肩上；男士握女士手时，要注意以力量大小变化带舞，不可握得太紧；跳舞时，应注意前后左右，尽量避免碰撞；踩到对方或者碰到其他人时应道歉；一曲终了，男士应该向女士致意，并将女士送回原处；休息时，不要大声说话，不在场内来回走动。

第七节　公务礼仪

公务礼仪是指公务活动中，应遵循的礼仪规范，包括公务文书礼仪、公务迎来送往的礼仪、公务会见会谈的礼仪、公务宴请招待的礼仪、迎送礼仪、会谈会见礼仪和宴请礼仪。

一、书信礼仪

文字是人际沟通的基本手段之一。掌握各种文书的规范格式和写信要求，明确写作的语言表达和词语运用，能够很好地交流感情、传递信息、沟通联络、联系事物。书信是人们生活中最为普通、最为古老的一种沟通方式。掌握书信的格式和要求，有助于更好地发挥书信的功能。书信和格式:信文由称谓、正文、敬语、落款及时间四部分组成。信封书写也要符合礼仪。

（一）称谓

应在第一行顶格写，后加冒号，以示尊敬。称谓应遵循长幼有序、礼貌待人的原则，选择得体的称呼。

（二）正文

正文是信函的主体。可根据对象和所述内容的不同，灵活地采用不同的文笔和风格。

1. 问候语。问候语要单独成行，以示礼貌。有“你好”、“近好”、“节日好”等。

2. 先询问对方近况和谈与对方有关的情况，以表示对对方的重视和关切。

3. 回答对方的问题或谈自己的事情和打算。

4. 简短地写出自己的希望、意愿或再联系之事。

敬语。写信人在书信结束时对对方表达祝愿、勉慰之情的短语。多用“此致、即颂、顺祝”等词紧接正文末尾。下一行顶格处，用“敬礼、安康”等词与前面呼应。

落款及时间。在信文的最后，写上写信人的姓名和写信日期。署名应写在敬语后另起一行靠右位置。一般写给领导或不太熟悉的人，要署上全名以示庄重、严肃；如果写给亲朋好友，可只写名而不写姓；署名后面可酌情加启禀词，对长辈用“奉、拜上”，对同辈用“谨启、上”，对晚辈用“字、白、谕”等词。

（三）信封

信封上应依次写上收信人的邮政编码、地址、姓名及寄信人的地址、姓名和邮政编码。

1. 邮政编码要填写在信封左上方的方格内，收信人的地址要写得详细无误，字迹工整清晰。发给机关、团体或单位的信，要先写地址，再写单位名称。收信人的姓名应写在信封的中间，字体要略大一些。在姓名后空二三字处写上“同志、先生、女士”等称呼，后加“收、启、鉴”等字。

2. 寄信人地址、姓名要写在信封下方靠右的地方，并尽量写得详细周全一些。最后填写好寄信人的邮政编码。

二、请柬礼仪

请柬是私人和公务场合中广泛使用的一种文书形式。是人们举行吉庆活动或某种聚会时，为表示对客人的尊重和邀请者的郑重态度，专门向邀请对象发出的邀请文书。请柬的内容由标题、正文、结尾及落款和时间几部分组成。

标题写在封面上，如“请柬、请贴”。

正文是请柬的主体，要写明受邀请人的姓名，拟举行的活动名称，活动的时间、地点及注意事项等。要尽量做到用词准确、精练、恳切、得体。

结尾处空两格写上“敬请、恭候”等字样，再另起一行写上“光临、莅临”字样。落款写在下方由发柬者署名。再另起一行注明日期。

请柬写好后，最好提前一段时间发出，以便受邀者安排时间的余地。

第八节　馈赠礼仪

一、送礼礼仪

1. 礼品的选择

(1)了解馈赠对象的有关情况。送礼的对象多种多样，由于各自的阅历、爱好不同，对物品的喜好也各不相同，因此在送礼前必须了解受礼者的年龄、性格特征、身份地位、民族习惯等情况，并针对不同对象的不同情况，选择不同的礼品，满足各自不同的需求。

(2)明确送礼的目的。送礼前，要了解因何事送礼，以便选择合适的礼品取得良好的效果。不同的目的，选择的礼品是不一样的。

(3)尊重禁忌。由于各国的历史、文化、风格习惯及宗教信仰方面的影响，不同国家、不同民族的人对同一礼品的态度是不同的，或喜爱或忌讳或厌恶。

2. 礼品的包装

精美的包装是礼品的组成部分，它使礼品外观更具有艺术性和高雅情调，也显示了赠礼人的情趣和心意。

3. 赠礼的时机

送礼要特别注意及时、准确。生日礼物，结婚礼品，过年贺礼，最好赶在当日;看望病人，最好是病人在医院期间。

4. 赠礼的场合

一般来说，在大庭广众之下，可以送大方、得体的书籍、鲜花一类的礼物。与衣食住行有关的生活用品不宜在公开场合相赠，否则会产生受贿的嫌疑。

5. 赠送时的礼仪

礼品最好亲自赠送。如果因故不能亲自赠送，要委托他人转交或邮寄时，应附上一份礼笺，注上姓名，并说明赠礼原由。

赠礼时，态度要平和友善，举止大方，双手把礼物送给受礼者，并简短、热情、得体地加以说明，表明送礼的原因和态度。

二、受礼礼仪

作为受礼人，双手接过礼品时要表达谢意，而不能显得无动于衷，或随手放在一旁。如果条件允许，受赠者还可当面打开欣赏一番。这样做符合国际惯例，它表示看重对方，也很重视对方赠送的礼品。

“礼尚往来”是我们中国人世代相传的传统美德。接受别人的馈赠后，除办丧事等特殊情况不宜立即还礼，一般都要尽快还礼，或等适当机会给予回赠。

☆ 本章思考题

1. 拜访时应注意哪些礼仪？
2. 见面与介绍礼仪有哪些？
3. 接待礼仪中应注意哪些问题？
4. 接打电话有哪些礼仪？
5. 出席宴会时有哪些礼仪？
6. 舞会礼仪有哪些？
7. 书信、请柬礼仪有哪些？
8. 送礼、受礼有哪些礼仪？

第四章 酒店服务礼仪

第一节 前厅接待服务礼貌礼仪

一、服务流程中的礼貌礼仪要点

前厅是酒店中十分重要的部门之一。其业务包括为客人提供登记、接待、订房、分房、换房、问讯、电话、订票、留言、行李、退房等各项服务。前厅往往在某种程度上也体现了酒店的整体形象，可以称作是酒店的“门面”或“窗口”。因此，前厅接待工作对服务人员的素质和礼貌礼仪服务有很高的要求。

（一）大厅接待服务礼貌礼仪要点

1. 热情迎宾服务

（1）见到宾客光临，不应以貌取人，而要一视同仁。应主动上前亲切问候，表示对宾客到来的热忱欢迎；同时用手示意客人进入酒店在厅，如非自动门或旋转门，要为客人拉开酒店正门。拉门时应精力集中，以防出现意外；如果客人行李较多，门卫应帮助客人提拿行要，待进入大厅后，再以手势示意行李员过来。

（2）要注意疏导车辆，保持酒店大门前交通畅通。宾客乘坐的车辆抵达酒店时，要热情相迎。待车辆停稳后，如是大客车，应主动上前招呼，并站在车门一侧维持交通秩序；如是出租小汽车，应待客人付完车款后，协助拉开车门，必要时将另一手遮挡车门框上沿，为客人护顶，以免客人下车时头部碰撞到车顶门框。但要注意，凡是信仰佛教和信仰伊斯兰教的客人，因教规习俗，不能为其护顶。判断这两种客人的依据，主要靠观察客人的着装、言行举止、外貌以及自己积累的工作经验等。如一时无法确定，则可将手抬起而不护顶，但应做好防范的准备。

（3）如客人属于老、弱、病、残、幼之列，应先问候，征得同意后予以必要的扶助，以示格外关心。如果有的客人不愿接受特殊关照，则不必勉强。

（4）对宾客的各种行李物品要轻拿轻放，对团队行要集中摆放，以免丢失或错拿。要及时核准数目，切忌只顾图快而野蛮装卸，对易碎和贵重的物品尤其要加以爱护。

（5）当团体宾客抵店时，应主动向各位宾客点头致意，或是躬身施礼，不可只顾前不顾后，给人造成厚此薄彼的印象。遇到有的宾客先致意时，应及时还礼。

（6）为表达对每一位宾客的诚意，尽量要不厌其烦地对同行的宾客都致问候语。问候时精神要集中，注视宾客，不要左顾右盼。

（7）遇天气不好如逢下雨雪时，应主动为抵店客人撑伞遮挡。

（8）要主动帮助客人提携行李物品，但当有的客人要自己提物品而不愿意接受帮助时，要适可而止，尊重客人个人意愿，不要硬性与客人争夺物品。

2. 领宾入店服务

（1）陪同宾客到总服务台办理住宿时，如不是特殊需要，迎接人员不要在客人身边指指点点，而应距客人稍远一些，在一旁侍立，随时准备提供服务。

（2）行李员陪送客人登乘电梯时，如是自动电梯，应先侍立一旁，以手挡住梯门边框，以免夹挤客人，并礼让客人先行入梯，不得慌慌张张自己捷足先登。在电梯内，行李员应尽量靠边侧站立，并将行李尽量靠边放置，以免碰撞客人或妨碍客人通行。到达楼层时，应示意请客人先步出电梯，不要抢先或与客人并肩挤出。

（3）如需陪同进入楼层时，应先与楼层服务人员打好招呼。在引领客人时，应走在客人斜前方边侧2~3步左右处，将中间位置让给客人。若对面来人时，应停下脚步，侧身礼让对方先行，决不可与客人争先抢行。进入客房时，应先打开灯，并扫视一下房内，待确认是所订房后，再请客人入内。进入客房，将行李物品按规程摆放在行李架上并核对行李件数。不要借故逗留与客人聊天，不准暗示或硬性向客人索取小费，而应道别后及时退出。离开房间时，应轻轻将房门带上，避免因用力过猛发出大声响。

3. 送客离店服务

（1）询问宾客行李物品件数并认真清点后，及时稳妥地运送安放到车上。如是团队行李，应按客人入房间的分房名单收取，行李员应核对每个房间入出店行李件数，装车后应与陪同核对行李数量，并在团体行李进出店登记簿上签名备查。

（2）对于散客的行李物品放置好后，不要急于离去，而应向客人作好交代。

（3）待宾客准备启程时，应致“祝您旅途愉快”，“欢迎再次光临”等欢送词与宾客道别，并将车门以适度力量关好，注意不要夹住客人的衣、物等。

(4)待车辆启动，应向客人挥手告别，面带微笑目送客人离去。

(二)总台接待服务礼貌礼仪要点

1. 接待问讯服务

(1)要站立服务，清神饱满，举止自然大方，精力集中，做好随时接待客人的准备。

(2)热情主动，微笑相迎，有问必答，百问不烦，口齿清楚，用词得当。总台接待问讯人员要熟悉业务，从国内国际航班、铁路等交通最新时刻表和票价表，到酒店所在地的风景名胜和日常生活、学习、工作等主要场所的特点、地点以及电话号码等要心中有数，以便届时能以快捷的方式为客人回答清楚。切忌向客人轻易说“不知道”，使客人产生失望感；切忌采用“也许”、“大概”、“可能”、“差不多”等模棱两可、似是而非的语句来回答客人。

(3)回答客人询问时，遇到自己确实不清楚的疑难问题，不要不懂装懂，以免闹出笑话或是耽误了客人的时间，而应该诚挚地向客人表示歉意，请客人稍候，然后迅速查阅有关资料或向有关部门人员请教，再给客人满意的答复。

(4)当遇到客人犹豫不决、拿不定主意时，可以通过察言观色等适时介入，应客人要求，热心为客人提供信息，当好参谋。但要注意热情适度，只能当参谋，不要参与决策，更不要干涉客人私生活。

(5)作为接待问讯人员，在任何情况下都不得讽刺、挖苦和讥笑客人。即使是由于客人态度引起纠纷或是接待人员有理，也不得与客人争辩，更不允许举止鲁莽、语言粗俗。

(6)当有住店客人的来访者前来询问，接待人员不应简单回答说“他不在”，那样一般很难使来访者相信。碰到这种情况时，如有可能，还是给客房打个电话，必要时再请人在酒店内找一下，让来访者感到客人确实不在，说明总服务台该做的都已经做了。

2. 接待住宿服务

(1)要热情问候每一位来店宾客，应停下手中事情，双目正视对方，以“您好，欢迎光临！”“请问，您预订过房间吗?”等欢迎宾客的到来。

(2)听清宾客的要求后，请其填写住宿登记单，并根据客人要求和客房实际控制情况，尽量满足客人的需求，为其安排好房间。如客人的要求无法得到满足，不能简单地以“不行”了事，应向客人致歉，再向人提出有益的建议，供客人参考。

(3)按照有关规定，在接待宾客住宿时，应仔细验看宾客的有关证件。当确认无误后，应有礼貌地迅速将证件还给宾客，并予以致谢，不能将证件一声不吭地扔给宾客或是放在柜台上。

(4)对于临时来店住宿的宾客，如遇当天已无空房，要向客人做出解释，并主动推荐其他酒店。如有可能，可协同客人联系出租车送行，还应热情欢迎客人以后再来，使客人没有被冷落感。

(5)为体现对宾客的尊重，即使是向客人分发钥匙这样细小的动作，也不应等闲视之。如要需要将钥匙交给客人本人时，不能把钥匙一扔了之。

(6)当重要宾客进客房后，按照惯例，应予特殊关照。总服务台接待人员可在部门经理授意下，用电话征询宾客的意见，并致“祝您愉快”、“有事请尽管吩咐”之类客气的问候，以表示酒店对贵宾的重视和关心。

3. 其他服务

(1)如果有客人的邮件，特别是快件，应立即送给客人，不得无故拖延。如果客人外出不在店内，应把邮件放在钥匙箱内，等客人回来时连同钥匙一起交给客人。不能把邮件随意乱塞或漫不经心地扔在柜台上。无论是收取还是发放邮件，一定要迅速、准确。

(2)为客人代购各种机票、船票、车票等代办业务。凡是承揽了这项业务的，应尽力按客人的需求去办，如有困难或情况发生变化，酒店虽尽了力仍不能保证客人按计划拿票，就必须及时向客人说明情况，征求客人的意见，要由客人自行作主决定，服务人员不得擅自改变客人初衷，自行其事。如果仍然确实不能满足客人要求，应实事求是地告诉客人，致歉态度要诚恳，不要随随便便编造来搪塞客人。

(3)总台接待人员每天都要接到住店客人因各种事宜打来的电话，接电话时要注意使用敬语，如:“您好，这里是总服务台，请问有什么事我能服务吗?”等，而不要用“喂，谁呀?”“您找谁?”“干什么?”等不礼貌的词句。在电话中应答时，要用普通声调对准话筒说话，声音不要太小，以免客人听不清。

4. 结账离店服务

宾客离店前来总台付款时，应该从尊重客人出发，热情、周到、迅速、准确地尽快办理，不耽误客人的时间，以满足客人的愿望。

宾客结账完毕，要向宾客致谢，欢迎再次光临。致谢时一定要满怀诚意，不必声调高扬，应面带微笑，发音时有一定的节奏。也不必总是说“谢谢”这样单一的词语，可以适时变换一下致谢用语，如“××先生，我们很高兴与您相处”、“下次旅行时，欢迎再次光临”等，以此给宾客留下这里确实热情好客的深刻印象。

三、前厅接待服务礼仪规范

(一)总台接待服务礼仪

1. 预订客人入住接待

客人来柜台前，主动问候，表示欢迎，礼貌问客人有无预订，查阅与核对预订后，进行分配房间。然后请客人填写入住登记卡、欢迎卡，检查客人身份证或有效证件，同时检查客人登记卡、欢迎卡填写有无差错，并询问客人付费方式，检查与验证客人信用。保证客人入住登记的准确性。客人入住后，前台应立刻将有关信息传送到相关部门。

2. 团队客人入住接待

(1)团队客人到店前，查阅团队预订单，核对团队预订表，制定预分方案，事先准备好登记卡、欢迎卡、行李条、客房钥匙等，整齐放在柜台上。

(2)客人到达后，接待员将客人引导到团队接待室。然后，同领队导游核实客人实到店名单，若是到人数与预期有出入，则迅速调整所分房间的具体安排。若采用团队集体登记，则告诉房间从××号到××号。与此同时，请行李员按照客人所填写的分房号拴好行李卡。接待员检查客人身份证或有效证件。若是集体签证，则需同导游、领队核实团队名称、实到人数、证件号码等，入住登记后送客人房间。

客人进房的同时，接待员同团队导游、领队协商客人用餐安排(用餐时间、地点、标准、人数)，叫醒服务及收取行李时间等。作好记录，并办理团队客人账户手续。若团队中有客人自我消费，则应办理团员个人账户，以便准确记录客人费用。上述入住服务过程中要做到热情、礼貌、快速、准确。

3. 重要客人入住接待

(1)常客、贵宾或重要客人入住，客务关系人员(或大堂副理、柜台接待员，根据前厅机构与分工确定)事先取得重要客人预订名单，准备迎接客人到达。

(2)客人到达由客务关系人员(或大堂副理、柜台接待员)到门口迎接客人(必要时请总经理或有关部门经理到门口迎接)。

(3)表示热情欢迎，请行李员帮提行李，并将客人直接引入房间办理入住登记(也有的酒店在前厅柜台办理)。填写欢迎卡，然后返回前厅柜台做好账务登记、处理入住信息资料。

(4)重要客人入住接待过程，要根据接待规格在接待安排、房间准备和分配、加摆鲜花、水果或饮料、办理入住手续等方面给予特别照顾，并向客人介绍酒店对他们的特别照顾或适当优惠，以使客人亲身感受到贵宾服务的亲切感、自豪感。

4. 无预订客人入住接待

客人到来后接待员表示热情欢迎的问候，询问客人有无预订。然后根据客人的身份地位的需求，主动推销房间，有针对性地介绍客房设备、位置、酒店连带服务，突出优点，并报告房价，供客人选择。待客人同意后，选定房号，请客人填写入住登记卡、欢迎卡、分发钥匙，请行李员陪送客人进入房间。

5. 换房与入住变更处理

(1)客人住下后要求换房，先询问原因，在房间允许、不和预订冲突的情况下应同意客人换房。

(2)换房时柜台接待员应填写客人换房单。写清新旧房间号码、房费变动日期和数量，请客房服务员帮助客人换房。

(3)如酒店因房间维修、预订冲突、超额订房等要求客人换房，应先耐心向客人解释原因，选定一个合适的房间并介绍其优点，待客人同意后再做换房手续，其操作规范与客人要求换房相同。但所选房间一般应比原房间好一些。若因客观原因等级高于客人原住客房，第一天的房价应适当优惠，并向客人事先说明。

(4)客人住下后若有提前离店、延期住宿、人数变化或客人要求降低房租等入住变更，应区别情况，根据客房有无和客人要求是否合理及实际关系分别处理。每次处理时都要办理完善的手续。其中，降低房租，应同客人协商，经主管部门审批后方可办理。

(二)问询服务礼仪

1. 问询与会客服务

(1)客人前来询问，要主动迎接问好，面带微笑，两眼注视客人，听清客人问询内容于要求，简明扼要回答客人。自己不清楚或需要向有关部门查询的问题，请客人稍等，请教或查询有关人员后回答。

(2)带有敏感性政治问题或超出业务范围不方便回答的问题，应表示歉意。服务中不能推托、怠慢、不理睬客人或简单回答“不行”、“不知道”。

(3)客人前来会客，要主动问好、问清所会客人姓名、房号或本店有关部门，请客人填写会客单，电话同被会见人联系，然后按照被会见人提出的时间、地点指引客人前去。若被会见人不在，应向客人表示歉意，征询是否需要留言，若留言则按操作规范处理。

2. 留言与查询服务

(1)客人要求留言，要主动问好，在留言簿上记录客人留言内容或请客人填写留言条。

掌握客人留言转交人姓名、房号。然后按时或按要求将留言转交给接收人，服务热情周到。

（2）客人前来查询，要礼貌接待，问清查询客人姓名或房号，然后按客人提供线索操作查询计算机或查询控制盘，得出查询结果，礼貌回答客人。

3. 代客沟通与联系

客人前来请求帮助联系店内服务或联系有关人员，报告设备损坏等，应主动问好，礼貌问清客人需要联系的事项、内容、要求和人员，请客人稍等，然后迅速同有关部门和人员沟通，转达客人要求，并将结果告诉客人或引导客人会见有关人员，满足客人要求。

4. 钥匙管理服务

（1）服务员每天保管客人的钥匙，随时清点，保证摆放整齐准确，客人进住应将所分房间钥匙交柜台接待员处理。

（2）客人外出，提醒客人交回钥匙，按房号插好。客人回店，凭住房卡发放钥匙。客人离店时要及时收回钥匙，所有钥匙不得随意放在柜台上。客人钥匙丢失，通知安全部门和客房，办理钥匙丢失登记手续，按饭店规定处理并补配钥匙。

5. 邮件服务

问询处每天收到的信件、邮件，应先分类，电报、电传、快件等打上收到时间，做好登记。凡属挂号、电报、电传快件等邮件，迅速请行李员送入客人房间签收。其他邮件插入该房号钥匙保管架，请客人来取或送入客房。

（三）行李服务礼仪

1. 客人入住行李服务

（1）客人到达饭店门前，行李员要主动迎接和问候客人，态度热情友好。帮助客人卸下和提取行李、清点件数，然后引导客人到柜台办理入住登记手续。客人办完入住登记，将行李卡拴在客人行李上，领取开房单，陪送客人去房间。

（2）行李较少时随同客人去房间，沿途向客人介绍酒店设施与服务项目。如行李较多，推行李车走通道，进入房间先敲门，将客人行李放好，主动向客人介绍入住须知（或由客房服务员介绍），然后礼貌退出客房，向客人告别，返回柜台填写行李登记表。

（3）若是贵宾、常客或 VIP 客人，派专人提送行李，特别照顾。入住时行李服务做到快速、准确、安全。

2. 客人离店行李服务

（1）客人离店，查离店分析表或根据客房人员电话通知，到客人房间报到。

（2）进房时先敲门，经允许后进入客房，帮助客人整理或提送行李回到前厅。客人办理退房手续，交回钥匙后，请客人清点行李件数，送客人离店，帮助客人将行李装车，然后礼貌地同客人告别，祝“旅途愉快，欢迎再次光临”。

3. 团队行李服务

（1）团队客人到达，就同旅行社行李员一起清点客人行李件数，填写“团队行李交接登记表”。双方签字后将行李送到大厅。团队客人办理入住登记时，准确核对客人行李，按房号将行李卡拴在客人行李上。再将行李送到客房分发，要快速准确，装车卸车时注意客人行李安全。

（2）团队客人离店，要按柜台通知的收取行李时间到楼层将客人行李集中送到大厅放好。客人办理退房手续后，请客人清理行李件数，再送到门口装车，并和旅行社行李员或领队办理交接手续，主动同客人告别。

4. 客人行李寄存服务

（1）客人短期外出或休假要求暂时寄存行李，寄存处服务员应主动迎接客人，清点行李件数，请客人填写“暂存行李单”，并检查客人签名、寄存件数、期限、存单号码，然后将客人行李整齐地放入库房行李架上安全保管。

（2）客人或客人委托的代理人来领取行李，要逐一核对寄存单和客人所持副本，审核客人签字和行李件数，然后将行李交给客人或按客人要求送入客房。若是委托代理人领取则填写“客人移交物品登记表”，请被委托人签字，并逐一清点后发放。

（3）寄存行李超过期限，应按酒店规定收取寄存费。寄存中做到客人行李分别集中存放、摆放整齐，不发生损坏、丢失和差错。

（四）电话总机服务礼仪

1. 电话接转服务

熟悉常用电话号码，电话铃3响内接听（若因业务太忙应请客人稍候），主动问好，自报店名或岗位，听清客人要求后迅速准确接转电话，无人接听时迅速转告来电人，服务细致周到。

2. 长途电话服务

客人打国际或国内长途电话，主动提供国家或地区电话号码，问清客人姓名、房号和具体要求，及时拨通长途台通报本机号码、分机号码、话务员代号和长途台话务员代号，做好记录或输入电脑。电话接通后请客人讲话，若客人直接拨通长途电话，亦做好记录或开通电脑。通话后准确及时地通报客人计话时间，办理客人挂账或收款手续。若客人用信用卡结账，应问清客人姓名、房号和信用卡号码，准确办理挂账手续。

3. 代客留言与叫醒服务

（1）客人来电找不到受话人请求留言，应问清留言人和受话人姓名、房号、电话号码和留言内容，做好记录，并向客人复述一遍。受言人回来后及时转告。

（2）客人要求叫醒服务（包括柜台问询处接受的叫醒服务），要问清客人姓名、房号、叫醒时间，将信号输入电脑或做好记录。若是贵宾、重要客人，则派专人叫醒或提前5分钟电话催请叫醒。

（五）前厅收款服务礼仪

1. 客账准备

掌握当日离店客人名单和房号，审核客户住期，每日房费、餐费、电话、洗衣等各项费用记录、票据和应收款，并催收客人账单，准确无误后，准备客人前来结账。

2. 收款服务

（1）收款。主动迎接客人，表示问候，问清客人姓名、房号，并询问客人当天是否打电话、用餐或用客房酒水等，然后取出客人账卡，逐一核对，开出账单，请客人审核，准确无误后请客人交款，钱款当面点清，然后向客人表示感谢，祝客人旅途愉快。

（2）信用卡结账。如客人离店使用信用卡结账，应主动问好，请客人出示信用卡，然后审核每日账目，结出总账，请客人过目。收款员审核客人信用卡号码是否属本店可以接收范围。然后填写数额，使用信用卡压机作收款凭证处理，请客人签字。准确无误后向客人表示感谢，欢迎再次光临。

（3）旅行支票结账。如客人用旅行支票结账，应主动问好，检查本店是否接收该种旅行支票，然后按信用卡结账才做规范处理。但要和接收银行联系，准确无误后方可办理。

（六）商务中心服务礼仪

商务中心是现代饭店的标志，肩负着为宾客传递各种信息、提供秘书服务和其他帮助的任务。大多数饭店为了方便客人，吸引更多的商务客人，都设立了功能不等的商务中心。

1. 电传与传真服务

客人前来发电传与传真，主动迎接问好，并询问客人姓名、发往国家或地区，请客人出示文稿，填写电传、传发送登记表。审核文稿后开通机器，查询线路是否畅通，然后迅速发出；若线路不通，请客人稍等或办理挂账收款手续，事后按客人要求时间发出。

收到客人电传或传真，要做好登记，及时转交给客人或请客人来取。

2. 电脑打字服务

客人前来打字，应主动接待问好，审核文稿，确认字迹是否清楚，问清打字格式、字型、校稿时间，并做好登记，然后熟练上机打字，控制错字率。打好后请客人校对，修改版面，然后按客人要求装订。若客人自带软盘，先做病毒检查，凡有病毒者不能收，并礼貌地向客人表示歉意。打字服务要快速、准确，登记、收款或挂账手续要完善。

3. 复印服务

客人要求复印文件，应主动迎接，审核文件字迹，并问清所需纸型、份数及装订要求，做好登记，然后操纵复印机按客人要求复印，检查复印效果，装订好后交给客人或请客人来取，准确收费。

4. 寄送快件服务

客人要求通过外贸部门寄送快递文件、物品，要主动迎接，按外贸部门限定种类检查内容或物品，审核发往国家或地区的地址、收件人、邮政编码填写是否清楚准确，填写登记表，然后按时发出。

5. 通信电码与长途电话引导服务

商务中心备有各种商务机构名录，客人来查询或查阅有关商务机构的通信电话号码，要主迎接，帮助客人查找或请客人自查;收到与本店客人有业务往来的海外或国内机构通信号码变动信息要及时分类，转告客人或留档备查。店外客人打来 IDD 或 DDD，应迎接主动，及时接通总机，引导客人，并做好登记和收款服务，手续完善。

第二节　餐饮接待服务礼貌礼仪

餐厅是酒店宾客用膳的主要场所，是酒店的重要服务部门。餐厅不仅是客人就餐的固定场所，也是客人进行人际交往的重要场所之一。这就要求餐厅服务人员，必须全面了解和遵守服务中的各种礼貌礼仪。在服务中做到热情、亲切、周到、细致而又富有情趣，以实际行动提供给客人多种享受。

一、餐前准备服务礼貌礼仪

1. 坚持做到岗前洗澡，岗位服装干净、整洁，头发清洁，无头屑，发型大方、简单、易梳理。厨师要戴工作帽。饮食区不许吸烟，不许嚼口香糖。不得在食品服务区梳理头发，修剪指甲。不能面对食品咳嗽或打喷嚏，来不及躲避时，应用卫生纸遮住口鼻，用后立即扔掉。不能在洗碗池里洗手。应用香皂、肥皂、热水或流动水洗手。要备用专用擦手巾。员工就餐后，必须洗手，才能上岗。

2. 仪容仪表。着装整齐，颜色明快鲜明。男服务人员着西装、系领带；女服务员着西装或西服裙及肉色丝袜，穿皮鞋；迎宾小姐一般身着中式旗袍，斜挎欢迎彩带；女服务员着淡妆，不可戴饰物。

二、餐厅领位服务礼貌礼仪

餐厅领位是餐厅服务流程中的第一个环节，同时兼有服务和礼仪两种职能。餐厅领位员在餐厅门口负责迎接、引座和告别客人服务，基本要求是：着装整洁、仪容美观、仪表大方、微笑服务、热情待客。

（一）主动迎接客人

餐厅营业时领位员站在餐厅门口一侧，客人前来用餐时，主动上前迎接，面带微笑向客人微微点头致意并热情打招呼问好："先生/小姐"、"午安"、"晚上好"。在迎接客人时要注意三个问题：

1. 坚持一视同仁。不管客人的肤色、年龄，是内宾还是外宾，熟客或第一次来用餐的客人，都要主动热情地迎接，不可厚此薄彼。

2. 迎客时候要主动接过衣帽，在征得客人同意后将客人衣帽放好。

3. 如果餐厅座位已满或有的客人需要等人聚齐时，可以先请客人在门口休息室或沙发上等候。若客人有急事，一般不要安排客人拼桌就餐，以免引起双方难堪，可安排客人到附近餐厅就餐。

（二）问清客人基本情况

客人前来用餐，一般情况下要说："请问先生/小姐，一共几位？"或问："先生/小姐，您有订餐吗？""您已订位了吗？"然后根据客人具体情况安排餐位，引导客人入座。对有订餐、定位的客人，直接将客人引导到已经预订的座位上用餐。如果是男女宾客一起进来，领台员应先问候女宾，然后再问候男宾。

（三）引送客人到餐位

"迎宾走在前、送客走在后、可过要让路、同走不抢道"，这是餐厅服务人员迎送宾客时应掌握的礼貌常识。

1. 宾客初来，对餐厅环境不熟悉，引座员应礼貌迎客走在前，目的是为客人引路入座。引座时，应对宾客招呼"请跟我来"，同时伴之以手势。手势要求规范适度。在给客人指引大致方向时，应将手臂自然弯曲，手指并拢，手掌心向上，以肘关节为轴，指向目标，动作幅度不要过大过猛，同时眼睛要引导宾客向目标望去。这里切忌用一个手指指指点点，显得很不庄重。

2. 引座员领宾客时，应在宾客左前方1米左右的距离行走，并不时回头示意宾客。

3. 引送客人时要帮助客人选择合适的餐位。

(1)考虑客人人数，尽量利用餐位，方便客人用餐。除团体客人外，多人一起前来用餐，要尽可能安排在同一餐厅里。

(2)尊重客人意愿，安排合适的餐位。如情侣或谈生意的客人，要安排靠边角比较清静的餐位；聚会客人要安排在中间的大餐桌上；对年老体弱的宾客用餐，其座位应尽可能安排在行走路线较短，出入比较方便并且较为安静的位置。当贵宾光临时，要把他们安排在本餐厅最好的位置就座。带小孩的客人，要把小孩安排在靠墙角、不易随便下位乱跑的餐位上，等等。

(3)注意餐厅各区域的忙闲程度，合理调配客人。一般餐厅时划片区分提供服务的，引领客人时就要注意各区域的忙闲程度，不可过分集中，特别是翻台率较高时更要注意，以提高餐位利用率。

(4)讲究礼仪，尊重客人风俗习惯，迎接引送客人应坚持先来后到的原则。多人一起前来用餐，迎接引送客人都是坚持先女宾后男宾、先主宾后随从，以尊重客人的风俗习惯。

(四)为客人拉椅让座

引导客人来到餐位后，领位员先问："这个位子您满意吗?"然后在拉椅让座。其具体做法是：双手将椅子拉出来，右腿在前，膝盖顶住椅子后部，待宾客曲腿入座的同时，顺势将椅子推向前方。推椅子动作要自然、适度，注意与客人的默契合作，使客坐稳。如有多位客人就餐，应首先照顾年长或女宾入座。这时要注意三个问题：

1. 拉椅子让座同样要坚持先女宾后男宾、先主宾后随从的原则。一般情况下，应将女宾让到面向餐厅门口的餐位上。

2. 如同批客人人数多时，可示意性的为1~2位客人拉椅让座。

3. 客人入座后，领位员应把客人介绍给桌面服务员。如果桌面服务员正在忙着接待别的客人，课请客人稍等，给客人倒上茶水，然后将点菜单递送给客人。回到餐厅门口去迎接别的客人时，应主动向客人打招呼说："希望您吃得满意。"

三、客人用餐服务礼貌礼仪

(一)斟茶服务

待宾客入座后，应为宾客斟茶递香巾。上茶时将茶杯放在托盘里，轻轻放置在餐桌上。放茶杯时，切忌一手指接触茶杯杯口。需要续茶时，应右手握壶把，左手按壶盖，将茶水徐徐倒入杯内，注意不要将水倒得太满，以免外溢，约占水杯的3/4即可。分发香巾时要放在小碟内，用夹钳递给宾客。

(二)点菜服务

1. 菜单服务。值台员要随时注意宾客要菜单的示意，适时地递上菜单。递送的菜单应干净无污损。

(1)递送菜单时要注意态度恭敬，不可将菜单往桌上衣扔或是随便塞给客人，或不待客人问话即一走了之。

(2)如男女客人一起用餐时，应将菜单先给女士，如很多人一起用餐，最好将菜单递给主宾，然后按逆时针方向绕桌送上菜单。

(3)客人考虑点菜时，值台员不要催促，或是以动作(如敲敲打打等)来显示不耐烦，课站在旁边，站立姿势要端正，距离要适度，不要双手环抱于胸前或叉腰，也不要手扶桌面或椅背，脚不能蹬在椅子上，切忌受搭在椅子上直摇、脚蹬在椅子上直晃，使客人有如坐针毡之感。

2. 推销菜点服务，观看客人嗜好，了解客人就餐目的，向客人重点介绍各种特色的菜点。

(1)观察客人嗜好。餐厅客人情况复杂，来自不同国家、地区，生活环境各不相同，消费水平也不一样。因此，只有认真观察客人嗜好、禁忌后，才能有针对性地帮助客人选菜配菜，做好迎合服务。

(2)介绍饮食产品。餐厅服务过程就是饮食产品的推销过程，一个餐厅的菜单一般有40~50种产品，客人具体需要哪些菜点，是由多种因素决定的。对有身份地位的客人，可先介绍高档的产品；专家学者，多介绍清淡食品；不同季节推销时令产品等。在点菜过程中，尽量突出不同产品的风味特点、吃法，刺激客人需求。

(3)注意客人需求。要尊重客人的民间习俗和自身特点，尽量满足他们的特殊需求。当回答客人、征询意见、介绍和推荐本餐厅的特色和时令菜时，要顺便介绍一下所点菜肴的烹制时间，以免客人因久等而不耐烦。同时要注意观察揣摩客人的心情和反映，既要察颜观色，不要勉强或硬性推荐。

等待宾客点菜时，服务人员要精力集中，随时准备记录。同宾客谈话时，上半身略微前倾，始终保持面带微笑，客人点的每一道菜和饮料等，都要认真记录。如果宾客点的菜今日没有现货供应时，要礼貌致歉，求得宾客谅解。在岗服务人员最好与厨房及时沟通，了解今日菜肴供应情况。如果宾客点出菜单上没有的菜时，服务人员也不要不假思索立即予以回绝。可以说“对不起，这道菜目前菜单上没有，请允许我马上与厨师长商量一下，看能否尽可能满足您要求”等，这样，既不失礼貌，又可以体现出餐厅想客人之所想，满足客人特殊要求的良好服务特色来。

（三）席间服务

1. 斟酒服务。服务人员在位客人斟酒水时，要先征得宾客同意，讲究规格和操作程序。

（1）凡是客人点用的酒水，开瓶前，服务员应左手托瓶底，右手扶瓶颈，商标向客人，请其辨认。这主要包含着三层意思：一是表示对客人的尊重，二是核对选酒有无差错，三是证明商品质量可靠。斟酒多少的程度，要根据各类酒的类别和要求进行。斟酒时手指不要触摸酒杯杯口或将酒滴到宾客身上。

（2）斟酒时应先给主宾、再给主人斟酒，然后按顺时针方向依次绕台斟酒。如果是两名服务员服务时，应一个从主宾开始，另一个从副主宾起，依次绕台斟酒。

2. 上菜服务。餐厅服务要讲究效率，节约客人时间。一般来说，客人点菜以后10分钟内凉菜要摆上台，热菜不超过20分钟。

（1）传菜时要使用托盘取菜，要做到菜点的拼摆图案不因经历送菜一段过程到桌而受到破坏，并注意托盘内热菜必须热上，凉菜必须凉上。

（2）酒店餐厅服务员对于厨师做出的菜肴要做到“五不取”：即数量不足不取；温度不够不取；颜色不正不取；配料、调料不齐不取；器皿不洁、破损和不合乎规格不取。

（3）服务人员在餐厅服务时，应做到“三轻”：即走路轻、说话轻、操作轻。取菜时要做的端平走稳，汤汁不洒，走菜及时，不拖不压。从餐厅到厨房要力求做到忙而不乱，靠右行走，不冲不跑，不在同事中穿来穿去。走菜时要保持身体平衡，注意观察周围的情况，保证菜点和汤汁不洒、不滴。将菜盘端上来放到餐桌时不能放下后推盘，撤菜时应直接端起而不能拉盘。餐厅操作要按规程要求，斟酒水在客人的右侧，上菜从客人的右侧，分菜从客人的左侧，而餐中撤盘则从客人的右侧。

(4)上菜时要选择操作位置，上菜的位置要在陪坐之间，一般不要在主宾和主人之间。上菜前，在菜盘中放一副大号的叉、匙，服务与双手将菜放在餐桌的中央，同时报上菜名，必要时建议介绍所上菜肴的特色掌故、食用方法、风味特点等，然后请宾客品尝。但要注意说话时切不可唾沫四溅，以免有煞风景。有的风味食品如需要较为详细介绍，应事先征得客人的同意。

(5)服务人员每上一道新菜，须将前一道菜移至副主人一侧，将新菜放在主宾、主人面前，以示尊重。餐台上菜一般只留下两道，当第三道菜上桌时，餐台上原有的两道菜就应撤下一道。上菜和撤菜前，要事先打招呼，征询宾客的意见，待宾客应允后方可操作，以免失礼。撤菜的位置与上菜的位置相同。掌握正确的上菜和撤菜的方法，能为宾主之间创造良好而和谐的气氛，不致于中断或影响进餐的正常进行。

3. 派菜服务。派菜时由服务员使用派菜用的叉、匙，依次将热菜分派给宾客。

(1)顺序是先客人，后主人;先女宾，后男宾;先主要宾客，后一般宾客。如果是一个人服务，可以从主宾开始，按顺时针的顺序逐次派菜。

(2)派菜服务员用左手垫上布将热菜盘托起，右手拿派菜用的叉、匙进行分派。服务员要站在宾客左侧，站立要稳，身子不能倾斜在宾客身上，腰部稍微弯曲。派菜时呼吸要均匀，可以边派菜边向客人讲明菜点的名称，但要注意说话时头不要距离宾客太近。边讲边派菜时，一定要注意力集中，熟练地掌握叉、匙夹菜的技巧，在宾客面前操作自如。

(3)派菜时要掌握好数量，做到分让均匀，特别是主菜。派菜要做到一勺准，不允许把一勺菜分让给两位宾客，更不允许从宾客的盘中往外拨菜。

4. 撤盘服务。撤换餐具要等整桌的宾客把刀、叉并放在盘子里，汤匙放在汤盘里，表示已经用餐完毕。但目前也有一些外宾不是很注重此种表示方法，遇到这种情况时，服务员可上前有礼貌地询问一下，征得客人同意后撤下盘子，不要贸然行事。

(1)撤餐具时应按逆时针方向进行，从宾客的左侧用左手将盘子撤下(如果是西餐宴会服务撤餐具时，要从宾客右侧撤，要用右手撤盘，左手接盘)。

(2)如果餐桌上有女宾，则从女宾开始撤盘。撤盘时不要一次过多，以免发生意外事故。

(3)撤下的餐具要放到就近的服务桌上的托盘里，不要当着宾客的面刮盘子内的剩菜或把盘子在餐桌上堆起很高再撤掉。

5. 其他服务

(1)有的外宾对中餐餐具有新奇感，虽然不会用，也愿意自己试试，例如用筷子夹饺子等。当遇到他因使用方法不当，夹不上东西时，服务员应主动上前询问:“我能帮助您吗?”在宾客同意后，去用一双备用筷，为其做正确使用的示范动作。但要注意，示范时让客人自己夹菜，服务员不要用筷子来回摆弄客人盘中的菜肴。

(2)如果宾客不慎将餐具掉落到地上，服务员应迅速上前取走，马上为其更换干净餐具，绝不可在客人面前用布擦一下再拿给客人继续使用。

(3)如果有宾客的电话，服务员应轻轻走到客人身边，轻声告诉客人，不可图省事而大声呼唤，以免引得餐厅内其他客人注目。

(4)宾客有意吸烟时，应及时主动上前帮忙点火，将烟灰缸及时递到台上客人执烟手一边。用火柴给客人点烟时，划火后要稍等，待火柴气味散发后再给客人点烟。点烟时要掌握好时机，点后立即将火灭掉。为礼貌起见，一根火柴只给一位客人点烟，不要一火给两位或更多客人重复点烟。烟缸内如已有二三个烟头应及时更换，更换时单手将干净的烟缸压在用过的烟缸上，将两个烟缸同时拿走，放在托盘上，然后将干净的烟缸放在台上，把用过的烟缸端走刷洗干净。

四、送客服务礼貌礼仪

餐后服务是饮食优质服务的最后一个环节，其服务质量如何，直接影响客人从餐厅带走的印象。

(一)询问客人，征求意见

客人用餐结束后，服务员要主动询问客人，征求客人意见和反馈。如问:“先生/小姐，您觉得满意吗”、“欢迎您提出宝贵意见”、“欢迎您下次光临”等。

(二)收款结账，告别客人

客人用餐将要结束时，服务员要准备好账单，请客人过目，请求付款。账单核实无误后，不要用手直接把账单递给宾客，应将其放在收款盘或收款夹内，账单正面朝下，反面朝上，送至宾客面前，表示礼貌和敬意。

如果是住店客人签字，服务员要立即送上笔，同时有礼貌地请宾客出示酒店欢迎卡(Hotel. I. D)或房间钥匙，检查要认真，过目要迅速。不论是签字还是付现金，服务员都应向客人道谢。宾客起身离去时，服务员及时为宾客拉开座椅，方便其行走。宾客出门前，服务员应注意观察并提醒客人不要遗忘随身携带的物品。要礼貌地将宾客送至餐厅门口，可以说“再见”，“欢迎您再来”等，并可视情况躬身施礼，目送客人离去。

第三节　客房接待服务礼貌礼仪

客房是宾客主要的休息场所，是客人临时的家。宾客希望在酒店住宿期间能拥有个人空间，受到尊重，感受到自在、舒适、方便、安全。因此，注重礼仪的客房服务，应在提供优质服务的同时，尽量避免与宾客过多接触，以免打扰宾客。

客房服务工作人员应保持仪表整洁自然，举止端庄大方，礼貌周到，尊重宾客，精神饱满地为客人提供优质服务。

（一）楼层接待服务礼仪

1. 在客人抵达前，要整理好房间，检查设备用品是否完好、充足，调节好房间的温度和湿度，为客人提供清洁、整洁、卫生、舒适、安全的客房。

2. 楼层服务员接到来客通知，要在电梯口迎接，主动问候客人："先生（小姐）您好，一路辛苦了，欢迎光临！"如果是常客，要称呼客人的姓氏。

3. 引导客人出电梯，主动帮助客人，征得同意后帮助提携行李。

4. 引领客人到客房，到达房间门口时先开门、开灯，侧身一旁，敬请客人进房，然后放置好客人的行李物品。

5. 客人进房后，根据人数和要求，灵活递送香巾和茶水，递送时必须使用托盘和毛巾夹，做到送物不离盘。

6. 根据客人实际情况，礼貌介绍房间设备及其使用方法，简要介绍饭店内的主要服务设施及其位置、主要服务项目及服务时间，帮助客人熟悉环境。对房内需要收费的饮料食品和其他物品，要婉转地说明。

7. 接待服务要以客人的需要为准，体现为客人着想的宗旨。若客人不想被打扰，需要安静的休息时，服务人员应随机应变，简化某些服务环节。

8. 在问清客人没有其他需求后，应向客人告别，立即离开。可说"请好好休息，有事尽管吩咐，请打电话到服务台"，并祝客人住宿愉快。退出房间后，轻手将门关上。

（二）日常服务礼仪

宾客住店期间的日常服务范围广、项目多，劳动强度大、服务繁重琐碎，需要工作人员有良好的身体素质、较强的责任感和动手能力，工作要细致耐心。

1. 客房清洁服务礼仪

（1）客人一旦入住，客房即成为其私人空间，服务人员不能随意进出该房间。整理房间应尽量避免打扰客人的休息与工作，最好在客人外出时进行；动用客房内的任何一样东西，都应事先征得客人同意。

(2)有事需要进入客房时，必须讲究礼貌。先按门铃两下，未见动静，再用中指关节有节奏地轻敲房门，每次为三下，一般为两次，同时自报“Housekeeping”，在听到客人肯定的答复或确信房间内无人后方可进入。进入客房，不论客人是否在房间，都应将房门敞开。

(3)敲门时，对可能出现的各种情况应该灵活处理：敲门时，门已经打开或客人来开门，要有礼貌地向客人问好，并征得客人允许，方可进入客房服务。

(4)敲门时，房间内无人答应，进房后发现客人在房间或在卫生间，若客人穿戴整齐，要立即向客人问好，并征询客人意见，是否可以开始工作；若客人衣冠不整，应马上道歉，退出房间并把门关好。

(5)打扫客房时，不得擅自翻阅客人的文件物品，打扫完后物品应放在原处，不能随意扔掉客人的东西，如便签、纸条等；不可在客人房间看电视、听音乐；不可用客人的卫生间洗澡；不可取食客人的食品；不得接听客人的电话。

(6)清扫时，如宾客在交谈，不要插话，更不能趋近旁听，不向客人打听私事；如客人挡道，应礼貌打招呼，请求协助。

(7)客房清洁过程中，遇到客人回来，服务员要礼貌地请客人出示房间钥匙或房卡，确定是该房间的客人，并询问客人是否可继续整理。如果客人需要整理，应尽快完成，以便客人休息。

(8)打扫完毕，不要在客房逗留。如客人在房间，离开时应轻声说：“对不起，打扰了，谢谢！”然后礼貌地后退一步，再转身走出房间，轻轻关上门。

(9)清扫时，遇到宾客外出或回房间，都要点头微笑问候，切勿视而不见，不予理睬。在楼道中遇到客人，在离客人 3 米远处开始注视客人，放慢脚步，1 米远时向客人致以问候，楼道狭窄时要侧身礼让客人。

(10)工作时，不能与他人闲聊或大声说话，做到说话轻、走路轻、操作轻。在过道内行走，不要并行，不得超越同方向行走的客人。遇事不要奔跑，以免造成紧张气氛，如有急事需要超越客人应表示歉意。

2. 访客接待礼仪

(1)尽量记住住宿客人的姓名、特征等，并注意保守客人的秘密，不将客人的房号、携带物品及活动规律等告诉无关人员，不要给客人引见不认识的人员。

(2)访客来访时，应礼貌问好，询问拜访哪位客人，核对被访者姓名、房号是否一致。

在征得客人同意后，请访客办理登记手续，才能指引访客到客人房间。未经客人允许，不要将来访者带入客人房间。

(3)访客不愿意办理来访登记手续，应礼貌耐心地解释，并注意说话技巧，打消来访者的顾虑，求得对方配合；如访客执意不登记，应根据来访者与被访者的身份、来访目的与时间，酌情处理。

(4)若住客不愿见访客时，要礼貌委婉说明住客不方便接待客人，不要将责任推给住客，同时不能让访客在楼层停留等待，应请访客到大堂问询处，为其提供留言服务。

(5)住客不在，若有访客带有客房钥匙要进房取物时，服务人员要礼貌了解访客对住客资料的掌握程度及与住客的关系；若有访客带有住客签名的便条但无客房钥匙时，服务员应将便条拿到总台核对签名。确认无误后办理访客登记手续，然后陪访客到客房取物品。住客回店后，服务员应向住客说明。

(6)客人外出，交待来访者可以在房内等待，服务员应仔细询问来访者的姓名及特征，经过辨别确认后，请来访者办理访客登记。如访客要带物品外出，服务员应及时询问，并作好记录。

(7)宾客接待来访者时，要按客人的要求，备足茶杯、供应茶水。

(8)服务员在岗时要保持相应警觉，对可疑来访者应上前有礼貌地询问清楚，坚持原则、刚柔相济，杜绝不良人员制造事端。

3. 其他服务礼仪

(1)客人需要送洗衣物时，应认真核对件数、质料、送洗项目和时间，检查口袋里有无物件、纽扣有无脱落、衣物有无破损或严重污点等。

(2)客人委托代订、代购和代修的事项要询问清楚，详细登记并重复确认，及时为客人服务。客人合理的随机服务要求，要快捷高效完成，不可无故拖延。

(3)服务员不得先伸手与客人握手，不抱玩客人的孩子，不与客人过分亲热；与客人接触，应注意文明礼貌，有礼有节，不卑不亢。

(三)离店服务礼仪

1. 得知客人离店的日期后，服务员要热情关照客人，仔细检查客人委托代办的项目是否已经办妥，主动询问是否需要提供用餐、叫醒、出租车等服务，主动询问客人意见，认真记录，并衷心感谢，但不要强求或过多耽误客人时间。

2. 客人离房要送至电梯口，礼貌道别，并欢迎客人下次光临。对重要客人和老弱病残者要送至前厅，并给予特别照顾。

3. 客人离房后要迅速检查房间，查看有无遗忘遗留物品，房间内的各种配备用品有无损坏或缺失，各种需要收费的饮料食品和物品有无消耗。如果发现遗留物品应尽可能归还原主，如果客人已走，则按酒店的遗留物品处理规定保管和处理。如果发现物品缺失或损坏，应立即打电话与总台联系，机智灵活处理，不可伤害客人的感情和自尊心。

(四)特殊情况服务礼仪

1. 宾客在住宿期间生病，服务员应主动询问是否需要到医院就诊，并给予热情关照，切不可自行给客人用药或代客买药。若客人患突发性疾病，应立即报告上司与大堂副理，联系急救站或附近医院，不可拖延时间。

2. 宾客住店期间，若发生酗酒现象，服务员应理智、机警地处理，尽量安置酗酒客人回房休息，并注意房内动静，必要时应采取措施。对醉酒吵闹的客人，要留意其动静，避免出现损坏客房设备、卧床吸烟而引起火灾、扰乱其他住客或自伤等事件，必要时通知上司和保安部人员。

对醉酒酣睡的客人，要同保安人员一起扶客人进房，同时报告上司，切不可单独搀扶客人进房或为客人解衣就寝，以防客人醒后产生不必要的误会。

3. 客人称钥匙遗忘在客房，要求服务员为其开房门时，应请客人出示住房卡，核对日期、房号、姓名等无误后，方可为其开门。若客人没有住房卡，应请客人到总台核对身份无误后，方可为其开门。

4. 客人在客房内丢失财物，服务员应安慰并帮助客人回忆财物丢失的过程，同时向上司和保安部报告，协助有关人员进行调查，不能隐情不报或者自行其是。

☆ 本章思考题

1. 前厅服务流程中有哪些礼貌礼仪要求？

2. 前厅接待服务有哪些常用敬语？

3. 前厅门卫礼仪有哪些规范？

4. 前厅总台服务礼仪有哪些规范？

5. 前厅行李服务礼仪有哪些规范？

6. 简要介绍餐饮接待服务流程中的礼貌礼仪要求。

7. 餐饮接待服务有哪些常用敬语？

8. 楼层接待服务中应注意哪些礼仪？

第五章 导游服务礼仪

导游是旅游业的灵魂，是旅游服务中的重要环节，是一个国家、地区和旅游企业的“友谊代表”与形象大使，而导游服务则是旅行社或旅游接待单位为旅游者所提供的专项服务。所以，导游人员的服务礼仪水平，将直接影响到本国、本地区以及旅游企业在游客心目中的形象，每个导游人员都应该学习礼仪，懂得礼仪、讲究礼仪和实施礼仪。

导游服务礼仪是多方面的。具体来说，主要体现在形象设计、语言运用、接待服务等方面。

第一节 概述

一、导游人员的形象设计

（一）仪容仪表

仪容仪表即人的外表，它通常包括人的容貌、服饰等方面。对于导游人员来说，仪容仪表是不可忽视的因素，良好的仪容仪表不仅能够给游客留下良好的第一印象，同时还能增强导游的自信与自律。

总的说来，导游人员为自己进行职业形象设计时，要考虑到其“服务于人”职业特点，必须恪守本分，以朴素、大方、端庄、美观为第一要旨。具体可以分为以下几个要求：

1. 容貌要求

容貌反映了一个人的精神面貌，对于导游人员来说，端庄大方是其从业的基本要求。因此，导游人员应该适度地注重自己的容貌修饰，以给游客留下较好的印象。

●应该保持面部干净清爽，无汗渍和油污等不洁之物。

●勤于洗脸，午休、用餐、出汗、劳动或者外出之后，都应即刻洗脸。

●牙齿洁白，口腔无异味，应坚持每天早、中、晚刷三次牙。尤其是不要食用葱、韭菜、腐乳等让口腔发出刺鼻气味的东西。

●整洁的头发配以大方的发型，往往能给人留下神清气爽的良好印象。健康、秀美、干净、清爽、卫生、整齐是对头发最基本的要求。

导游人员，头发以短为宜。男士头发的具体标准为:前不覆额，侧不掩耳，后不及领，面不留须;女士最好剪短发，头发长度不宜超过肩部。如果是长发，可将其挽束起来，不适合任意披散。女士应该淡妆上岗。

2. 服饰要求

在导游服务过程中，导游人员自身也是游客的审美对象。因此，导游的服饰应该整洁、大方、得体，与自己的年龄和身份相匹配。导游服饰不可过分华丽、时髦甚至怪异，否则会给游客以炫耀轻浮的感觉，容易使游客产生距离感甚至会感到有压力。另一方面，游客也会因为导游员过于注重服饰，而对他的责任心产生怀疑。

导游员服饰也不可过于庄重。游客来旅游度假就是要寻找轻松、休闲的感觉，如果导游员穿得过于庄重，旅游者就会感到紧张和不自在，特别是对经常要在自然景区跋山涉水的导游员来说，过于庄重的服饰还会给活动和工作造成不便。

(二)举止仪态

举止仪态，泛指人们的身体所呈现出来的各种姿势，亦即身体的具体造型。在人际交往中，人们特定的举止仪态可以在无声中向他人传递一定的信息，所以它也被称为人的体态语，无声的语言或有形的语言。美国心理学家梅拉比安曾经提出过一个非常著名的公式：

人类全部的信息表达 = 7% 词语 + 38% 语调 + 55% 体态语

除此之外，一个人的仪态还直接展示着他的气质与风度。气质是指人的相对稳定的个性特点，风度则是指人的优雅的举止体态。显而易见，每个人的气质与风度如何，都与平日的体态直接相关。

1. 站姿

基本站姿，实际上指的是人们在自然直立时所采取的正确姿势。它的标准做法是:头部抬起(一般不应站得高于自己的交往对象)，面部朝向正前方，双眼平视，下颌微微内收，颈部挺直。双肩放松，呼吸自然，腰部直立。双臂自然下垂，处于身体两侧，手部虎口向前，手指稍许弯曲，指尖朝下。两腿立正并拢，双膝与双脚的跟部紧靠于一起。两脚呈

"V"状分开，二者之间相距约一个拳头的宽度。注意提起臀部，身体的重量应当平均分布在两条腿上。

采取基本站姿后，从其正面来看，主要的特点是头正，肩平，身直。如果从侧面去看，其主要轮廓线则为含颌、挺胸、收腹、直腿。总的来讲，采取这种站姿，全使人看起来稳重、大方、俊美、挺拔。它的好处还有：可以帮助呼吸，改善血液循环，并在一定程度上减缓身体的疲劳。

2. 行进姿势

指的是一个人在行走之时所采取的具体姿势。在许多时候，行进姿势又被人们叫作行姿或走姿。正确的走姿需要注意以下几点：

(1)方向明确。在行走时，必须要保持明确的行进方向，尽可能地使自己犹如在一条直线之上行走。做到此点，往往会给人以稳重之感。具体的方法是，行走时应以脚尖正对着前方，形成一条虚拟的直线，每行进一步，脚跟都应当落在这一条直线上。

(2)步幅适中。步幅是人们每走一步时，两脚之间的正常距离。通俗地讲，步幅就是人们在行进时脚步的大小。步幅适中：在行进中，最佳的步幅应为本人的一脚之长，即男子每步约 40 厘米，女子每步约 36 厘米。

(3)速度均匀。特定的场合，服务人员的步速应当相对稳定，较为均匀，正常情况下，每分钟之内走上 60 ~ 100 步都是比较正常的。

(4)重心放准。起步之时，身体须向前微倾，身体的重量要落在前脚掌上。在行进的整个过程之中，应注意使自己身体的中心随着脚步的移动不断地向前过渡，而且勿使身体的重心停留在自己的后脚上。

(5)身体协调。走动时要以脚跟首先着地，膝盖在脚步落地时应当伸直，腰部要成为重心移动的轴线，双臂要在身体两侧一前一后自然摆动。

(6)造型优美。要使自己在行进之中保持优美的身体造型，就一定要做到昂首挺胸、步伐轻松而矫健。其中最为重要的是，行走时应面对前方，两眼平视，挺胸收腹，直起腰、背，伸直腿部，使自己的全身从正面看上去犹如一条直线一般。

此外，男女有别，男性服务人员在行进时，通常速度较快，脚步较大，步伐奔放而有力，充分展示着男性的阳刚之美。女性行进时速度较慢，脚步较小，步伐轻快飘逸，得体地表现了女性的阴柔之美。

(三)面部表情

在人际交往中，表情真实可信地反映着人们的思想、情感及其心理活动变化。而且，表情传达的感情信息要比语方来得巧得多。在导游服务过程中，表情的作用更是不容小觑。导游人员的基本表情应为大方、自然、专注、友好。具体而言，在面对他人时，应表现为：面含微笑，注视对方，并且适度互动，不亢不卑。这方面内容前面章节已详细论述，不再多说。

二、导游服务礼的技巧

（一）礼仪要求

导游担负着传播知识、增进友谊、帮助国内外旅游者了解自己的祖国、提供生活服务和沟通语言等方面的光荣任务。因此，导游工作既是一门科学，又是一门艺术，它兼有科学性和艺术性。

1. 导游工作人员的职责

周密的计划安排，细心的照顾，生动的讲解，应是导游这一职业角色最基本的要求。

（1）接受导游任务后，应该认真进行必要的准备，以避免工作中的盲目性或出现由于考虑不周带来的差错。本着“客人第一”的原则，接待前除了必要的物质准备，还应对接待对象进行心理预测，然后制定接待计划。

（2）迎客服务。迎客是导游工作的开端，它给旅游者的首次印象，这在心理上的影响是极为重要的。因此，必须十分注意自己的仪容、神态、语言和举止。例如，礼让游客上车，敬老扶幼，关心病弱。在前往宾馆的途中，在致欢迎辞介绍司机的时候，要使游客感到亲切热情，自然大方。

（3）当好游览活动中的向导。在游览活动中做好导游工作，能使游客的身心获得美好的享受，留下难忘的印象。因而，导游人员首先要根据游客的兴趣特点组织活动；其次，要随时观察游客的情绪反映，并采取调节游客消极情绪的对策；最后，应注意游客生理因素引起的心理状态，掌握好活动的节奏。

2. 对导游工作人员礼仪的要求

在旅游界，“导游是最好的大使”。导游通过自己的工作，宣传祖国悠久的历史和文化，使游客了解我国的风土人情和人民的生活，使他们感受到风光的秀丽，物品的精美和人民的好客。因此，导游人员也被誉为是祖国的代表和友谊的建筑师。如此职业角色，必然有一定的礼仪要求。

（1）始终以热情、愉快、积极的态度对待游客，与他们保持融洽、无拘无束而又合乎礼仪的气氛。

(2)关心游客，尽力满足游客的各种正常的需要，对游客提出的合理要求，应该努力去解决，尽量不让其失望。

(3)对导游工作具有崇高的使命感和责任感。爱憎分明、谦虚谨慎，以高尚、健康的情感去从事导游工作。

(4)语言不仅要生动形象，而且要亲切感人，并和神态表情、手势及声调和谐一致，充分体现语言的生动性、针对性和科学性完整地统一，使导游语言具有真善美的魅力，以便更好地吸引游客的注意，激发旅游者的游兴，在游客心理上留下美好的印象。

(二)善于倾听

在导游过程中，旅游者之间、旅游者与导游之间，旅游者与他人之间，难免有这样那样的矛盾。作为导游，如何妥善地处理和解决矛盾呢？倾听就是很重要的一方面。倾听绝对是要讲究技巧的。那么，如何做一个高明的倾听者呢？下面是“三要”事项，看看你是否都做到了。

1. 要积极互动

有时，听者东张西望，心不在焉会使讲解者化繁为简，草草收场，失却大量信息；有时，听者一言不发，只记录或倾听，不做任何反映，会使讲解者只按自己的思路一味讲下去，以致偏离你所需要的话题和信息，使你获得有用的信息量极为有限。因此，听对方讲话，应适当做出积极的反映，或点头表示赞同，伴以“嗯”、“对”等短语，或适当插话，如“对，您讲的这点很重要”等，促使对方兴致极浓地讲下去，对方自然会着重加以阐发。

2. 要换位思考

从对方的角度来看问题，要努力领会对方所说的内容和言辞间所传达的感受和情绪。有时，他也许会直接把他的感受告诉你，如“我太生气了”。有时，他不一定会直接说出来，这就需要你从他说话的内容、语调或者他的举止中获得线索。如果你不敢肯定他的情感，也可以直接问：“你感觉怎样？”询问对方的体验不但能够更明确地把握住对方的情绪，缓和紧张感，也容易引出其他的相关话题，避免冷场。

当你理解了对方当时的情绪后，可以直接向他表明，肯定并承认他的感受：“那的确让人生气”、“真是太不值得了”等。让对方感觉你能够完全体会他的感受并与他建立共同的感情。

3. 要准确理解

语言交际是复杂的，有时讲者的言语直言不讳，言明意显，这种“显性言语”令人一听即懂。但在实际交往中，不少人常使用“隐性言语”，即词面不直接表露本意，而是将本意深深隐含在言语之中，话中有话，让人较难理解。为此，作为听者，应联系讲话人的背景和自身掌握的知识，悉心揣摩分析，要透过词面，领悟对方言语的内在含义，听出其言外之意，弦外之音。

此外，倾听过程中应做到“五不要”：

1. 不要过多讲话

在倾听别人讲话时，自己的任务是听而不是说，因此，除了很少的几句询问外，一般尽量不要过多地讲话，以免喧宾夺主。而且，过多说话就要变成你在说、别人在听了。

2. 不要扯远话题

用相关的话题向讲话者提问会鼓励对方说下去，也表明你在倾听对方的说话。但如果用不相关的提问来打扰别人说话，甚至把话题扯远了，会使对方感到没有得到诚恳的尊重和认真的对待。同时，也妨碍了别人完整地表达自己的思想。

3. 不要妄加评判

记住在听别人说话时，你惟一的任务是理解他的体验、感受、态度或观点。在倾听时，你的观点是不相关也是不重要的。如果你愿意的话，可以在别人说完之后，发表一下自己的看法。但切记，千万不要评判别人说得对不对。尤其是不要随意评价别人说得，可说：“这里我不大明白，麻烦您给我再解释一下吧。”倘若对方讲得有些离题，可说：“刚才您谈的那一点很好，后来呢？”就又会使讲者转回正题。另外，还要排除各种干扰，如听者自身的烦恼和心事，讲解者口头或吐字不清，以及周围嘈杂的环境等等。

4. 不要乱提建议

倾听，只是为了让对方说出他想说的东西，让对方把他的思想、观念发泄出来，与人分担。但有的人总是试图去为别人解决问题，而不是专心聆听。很多时候，倾诉者并不需要解决问题，他只想要个倾听者。当然，这并不意味着你要完全放弃提供建议，如果能够提出切实可行的建议，也是很不错的，但关键是要先仔细地听，让对方把自己的想法、苦恼宣泄出来。

5. 不要随便插嘴

在别人开口说话以后，不要随便插嘴。人人都不希望自己在说话时莫名其妙地被别人打断。一方面，一个人在说话时如果被无关的话题打断后，就可能难以有心情再继续说下去，而且话头一旦打断，也许就再也想不起来了；另一方面，据心理学家们的研究发现，人人都有“完型”的倾向，即我们都喜欢把某一件事情做完，再接着做其他事。说话也是如此，人非要把心中想表述的东西讲完了，才会觉得舒服。因此，打断别人说话，就阻碍了别的诉说，这是相当不礼貌的，也是令人讨厌的。

第二节　导游服务语言礼仪

导游是代表旅行社直接与游客接触的人员，有人说导游也是靠“嘴”吃饭，这一说法虽然有失偏颇，但是可以看出语言对于导游来说是十分重要的。作为一名导游，是否能够掌握一定的语言艺术，使用得体的礼貌用语，决定了导游工作的成败。

一、导游服务语言的要求

导游语言，从广义上来说，是导游员在导游服务过程中，掌屋和运用的所有具有一定意义并能引起互动的一种符号，它不仅包括口头语言，还包括书面语言和体态语言。从狭义上说，导游语言是指导游人员用于同旅游者进行交流、传播知识、介绍景点、实现沟通的一种生动形象的口头语言。导游所使用的语言必须具有职业特点。作为一名优秀的导游员，必须能够灵活地运用准确、高雅、悦耳的语言，生动形象地进行导游讲解，还要配以适当的体态礼仪。

口头语言是指导游员在接待工作中所使用的具有丰富表达力的、生动形象的语言。导游活动时直接面对景点的游客，导游员往往没有时间字斟句酌，所以导游语言又具有“快、急、难、杂”等特点。即使如此，导游人员也不能信口开河，无中生有，而必须做到准确清晰、生动传神、通俗幽默。具体要求如下：

（一）准确清晰

准确是指导游人员的口头语言必须以客观事实为依据，在讲解时使用规范化的语言，内容准确无误，逻辑性强。具体要求如下：

1. 言之有据

导游员要有责任心，对自己所讲的话要负责，切忌弄虚作假；导游员的讲解必须有根有据，令人信服。遇到旅游者提问，要客观回答，实事求是，不得胡编乱造，张冠李戴。

2. 言之有规

导游讲解就是以语言为媒介向旅游者传递信息，因此，传播者必须遵循一定的规范，例如应该讲普通话，语音语法正确等。

（二）生动传神

旅游活动是一个寻找美、发现美、享受美的过程，在这个过程中，应该有一种轻松、愉快的气氛。要营造这样一种氛围，离不开导游生动传神的讲解。俗话说："看景不如听景"，要想产生良好的听觉效果，导游应该自觉加强口头语言的锤炼，使其既生动又传神，富有强烈的感染力，从而打动旅游者，引起他们的共鸣，使他们获得美的享受。当然，生动传神的语言不等于空洞无物、夸夸其谈。具体要求是：

1. 言之有物

导游讲解的内容要充实，有说服力，切忌空洞，夸夸其谈；导游员的语言应该是客观事物的观念化，具有鲜明的思想性；语言的表达要平实，不玩弄美丽的词藻。

2. 言之有情

导游员的讲解不单是信息的交流，同时也是与旅游者情感的交流。优秀的导游员首先在讲解时应投入感情，言语要友好，富有人情味，要让听者感到亲切、温暖。

3. 言之有神

成功的导游员在讲解时要能够牢牢抓住所有游客的"神"，首先应言者有神，言必传神。导游员必须精神饱满，声音传神，要多用形象化的语言，引人入胜。

（三）通俗幽默

口头语言与书面语言相比，其特点是转瞬即逝，不能反复阅读，所以导游人员不仅要语音标准、口齿清楚，而且要力求语言的通俗易懂。同时，通俗的语言不是淡而无味的大白话，应该在通俗中体现出风趣幽默，以趣逗人。这样，不仅可以使导游的讲解锦上添花，使游客游兴大发，而且可以起到缓解矛盾，摆脱尴尬局面的作用。具体要求是：

1. 言之易懂

无论是在与游客的交谈中还是平时的讲解中，导游应力求口头语言短句化，避免使用冷僻、晦涩的字句，充分考虑旅游者文化上的差异，使自己的语言清晰自然、浅显易懂，不能卖弄学问、咬文嚼字。

2. 言之有趣

列宁说过："幽默是一种优美的、健康的品质。"讲话诙谐风趣是导游语言艺术性的重要体现，它使导游讲解锦上添花，使听者欢笑，轻松愉快，使气氛活跃，能提高旅游者的游兴。

二、导游迎送词礼仪

（一）欢迎词

欢迎词是导游员与旅行团第一次见面时，为表达欢迎的祝愿以及自我介绍时所做的简短的口头演说。欢迎词好比一场戏的序幕，一篇文章的序言，一次演讲的开场白。导游员在接团时，有准备地致一篇像样的欢迎词，很容易突破旅游者的心理防线，使自己与旅游团各成员的关系变得很亲密，同时使自己处于有利地位。具有专业水平的欢迎词，一般需包括下面几个要素：

(1)首先问候客人，并代表单位表示热烈欢迎之意。

(2)介绍自己的姓名和职务，介绍参加接待人员的姓名和职务。如在游览车上，还应介绍司机的姓名及他所驾车的牌号。

(3)简单介绍当地风土人情和游览目的地的基本情况以及接团后的大致安排，使旅游者心中有底。

(4)表示自己工作的态度，即愿努力工作并解答大家的问题。

(5)祝愿客人旅行愉快，并希望得到客人的合作和谅解。

欢迎词内容应根据团体、时间、地点、成员身份的不同而有所区别，不可千篇一律。总之，要是使客人感到真挚、热情，又符合导游自己的身份。

(二)欢送词

欢送词是旅行游览过程结束后，导游员为表示惜别、感谢合作、征求意见、期待重逢所作的口头演说。一段发的欢送词，能给游客留下永久的怀念与美好的回忆。欢送词主要内容包括以下几个方面：

1. 富有感情

致欢送词时，不少游客都成了导游的朋友，多天的相处使大家变得依依惜别。此时，一篇饱含感表的欢送词能给旅游者以心灵上的震撼，给他们留下永久的记忆，有时甚至可以激发他们“故地重游”的愿望，要注意千万不要给旅游者留下“人走茶凉”的感觉。

2. 表示谢意

欢送词里应当小结一下整个旅程，要称颂旅行是成功的、有趣的、值得怀念的。一次成功的旅游活动是旅游者与导游员双方共同合作，共同努力的结果。导游员提供的优质导游服务，旅游者会心存感激。同样，旅游者在旅游活动中的积极配合也给导游员的工作莫大的支持，所以欢送词中，导游员应对旅游者充分表示深深的感谢。

3. 欢迎批评

导游员不但在导游过程中对自己某些不当的言行表示抱歉，争得旅游者的谅解，而且在致欢送词时，也应表示出“欢迎批评”的意思。征求意见，欢迎批评往往给游客留下非常好的印象。人们在交往中十分注重真诚，而这样做，恰能表明我们的诚意和信心。

4. 期待重逢

引用些名言、谚语等有“文采”的语言，要表达的是一种情感，“愿意再见”的情感，这是欢送词的另一重要要素。对于外宾，千万别说“Good - Bye”，它是“告别”之意，要说“再见(See you again)”。

第三节 导游接待礼仪

一、团队接待礼仪

(一)接待礼仪

(1)导游接团前，要认真阅读接待计划，熟悉所陪团的基本情况，包括人数、姓名、性别、年龄、国籍、民族及领队情况等，了解该团的费用标准和住房情况，掌握团队的游览日程和行程计划，牢记抵离时间、航班车次，接站地点等。

(2)熟悉景点介绍以及沿途城市有关历史、地理、人口、风土人情等多方面的情况。旅游团如有专业交流、考察、参观、座谈、访问活动安排，须认真阅读有关中外文专业活动资料。

(3)学习对外宣传材料，掌握国家有关法律、政策方面的规定，了解旅游团所在国近期政治、经济文化方面的情况。

(4)地陪要适时核对接待车辆、就餐安排、交通购票等落实情况。要确定与接待车辆司机的接头时间和地点。

(5)地陪要做好接团的物质准备。如领取和备齐各种票证、导游图，导游胸卡、导游证、喇叭、导游旗、接站牌等。

(二)接站服务

(1)提前2个小时向机场(火车上、码头)问讯处询问旅游团所乘航班(班次)准确抵达时间。然后提前半个小时抵达接站地，再次核实旅游团所乘航班(班次)准确抵达时间以及车辆停放位置。地陪接站要佩戴导游胸卡、打社旗和接待站牌。客人抵达后要立即与行李员取得联系，共同核对客人所住酒店、全团人数等。

(2)客人抵站后，陪同要主动持接站牌上前迎接，要和客人共同核对团号、国别、组团社和所住饭店，以免出错。尽快核实到人数、游客特殊要求、旅游计划有无变更等。对乘飞机抵达的旅游团，要协助客人集中交运行李，对乘火车抵达的旅游团，地陪应向全陪索取行李托运单，交付行李员后离开。

(3)地陪举导游旗，引导游客前往登车处。地陪在车门一侧，面带微笑，招呼客人上车。对老弱病残者给予必要的帮助。上车后，检查行李架，礼貌清点人数，最后招呼司机开车。

(4)在客人上车坐稳后，导游要向客人进行自我介绍，并介绍全陪、司机等。随后要向客人致欢迎词。欢迎词要力求简短、精彩，不可千篇一律。要视不同国家、不同旅游团而有所区别，但欢迎要热情，用词要适当，不可过于拘谨，也不可夸夸其谈，给人以不信任感。

(5)在前往酒店的路上，导游除要介绍沿途景观外，还要主动向客人发放导游图，介绍日程安排，游览项目等。在向客人宣布日程安排前，应主动与领队交换意见，并询问客人有无其他要求等。

(三)入住服务

(1)入住酒店后，地陪要协助客人办理住房登记手续，请领队分发房卡。导游应掌握游客的房间号，并将游客的房间号留给饭店和行李员，将自己的联系方式告知领队与全陪。

(2)介绍饭店的设施和注意事项。包括餐厅、娱乐设施、商店、客房内服务指南以及有关注意事项。

(3)行李到达后，要核对客人行李件数，协助将其送至客人房间，同时查问客房情况，如设备是否完整、无损，房间是否洁净等。如行李出现丢失、被盗、破损现象，要与有关方面交涉，及时处理。

(4)向客人收取要确认的机、车票和所需办理的签证、护照等，并向客人询问有无其他委托办理事项。根据客人要求，要尽力提供帮助，须转交内勤办理的事宜，要做到转交及时，交代清楚。

(四)特殊团队接待礼仪

1. 大型团队接待礼仪

接待大型团队的旅游活动，其难度及要求比一般旅游团队都要高。接待人员必须同时具备较高业务水平、宏观的控制能力与严密的工作作风，才能够圆满完成接待任务。应注意：

(1)与各有关单位确认活动日程和确切的时间。

(2)检查接待人员的精神准备和物质准备，通知每人车号、客人数、房号。

(3)部门经理亲临机场或码头察看迎接团队的场地、乐队站立的位置、停车点。

(4)事先安排专人赴下榻饭店，与酒店客房部经理等共同检查房间内各种设施是否完好可用。

(5)与车队联系好出车顺序，车上贴好醒目车号和标志。

2. 新闻记者或旅游代理商接待礼仪

旅行社组织代理商或新闻记者参与旅游，目的是介绍自己组合的旅游线路，使其通过观察、了解并熟悉本社的业务和旅游目的地的旅游业基本情况，产生组团消费本社旅游产品的愿望，宣传并介绍本社的旅游业务。因而，旅行社需注意：

(1)精心设计最佳旅游线路。旅行社应派专人预先按线路采访一下，并落实各地的准备工作。每个地方突出什么，活动、交通、住宿、膳食怎样安排等，要反复检查确认。

(2)邀请团在考察过程的活动，尤其是交通、食宿、参观游览、文娱活动等，应与将来旅行社组团的活动基本一致。

(3)配备最佳导游。选择好导游，是邀请团活动成功与否的关键。要选择有经验而又学识丰富的导游，讲解既深入浅出，又诙谐动听，妙趣横生，让代理商或记者们感到是一次很好的艺术享受，回去后有助于更好的宣传，起到扩大影响、吸引游客的作用。

3. 残疾人团队接待礼仪

接待残疾人旅游团队，最重要的是要满腔热忱，随时注意保持其自尊心。在生活服务方面，一定要细心周到，想方设法为他们提供方便;在导游工作方面，应尽量满足他们的要求;在日程安排方面，要考虑到他们的身体条件和特殊需要，时间应宽松些，所去景点应便于残疾人活动。

二、安全服务礼仪

(一)客人乘车安全服务

(1)上下车时照顾好客人，客人到齐坐稳后再示意司机开车。汽车行驶中，不得停车让无关人员乘车，遇有不明身份者拦车，不得停车。

(2)提醒司机注意行车安全。如发现司机身体欠佳、情绪不好或酒后开车时，要及时予以劝阻，并调换司机。如遇雨、雪、雾天或路况太差、路窄、坡度较大时，要劝告减速慢行，保证行车安全。

(3)待汽车停稳后，再招呼客人下车，向客人讲清下次乘车的时间和地点，向司机交代好下次活动的乘车时间、地点和日程安排。

（二）客人住宿安全服务

（1）导游要了解客人所住房间的位置、领队的房号和酒店的安全紧急通道位置等，一旦发生情况，要能组织客人迅速、安全地撤离现场，尽量避免发生不必要的伤亡事故。

（2）要提醒客人锁好房门。不明身份者来访时，切不可贸然开门让对方闯入房间。要提醒客人晚上外出注意安全，要看管好自己的财物，防止发生被盗和人身安全问题。

（3）发生意外情况时，导游要冷静，采取果断措施处理。如客人突发疾病，要迅速将其送往医院救治；如客人发生意外伤亡，要在做好客人救护工作的同时，保护好现场，并及时向接团社和公安部门报告情况，寻求处理办法等。

（4）全陪要与客人同住一个酒店，如有事需离开，必须通知领队、地陪或客人。

（三）客人就餐安全服务

（1）由于种种原因，客人提出特殊用餐要求，如果协议中有明确规定，要不折不扣地兑现；若旅游团抵达后提出，导游在尽可能的情况下给予满足。

（2）进餐过程中，导游要检查菜肴质量和标准。如发现有饭菜有不洁、发霉情况，要主动与餐厅主管进行交涉，要求其按标准重新提供，并向客人赔礼道歉。

（3）如发现客人就餐后出现头晕、头痛、恶心、呕吐等不适症状，导游除立即劝告客人停止进餐外，迅速护送客人前往医院就诊，同时尽快报告接团社和卫生检疫部门，妥善安排善后处理事宜。

（四）客人活动安全服务

（1）不让与本团无关的人随团活动。导游要始终跟随客人一起活动，要注意维持好活动秩序，经常清点人数，防止客人走失迷路。

（2）客人在参加游览、购物、观看文娱节目活动时，导游要适时提醒客人看管好财物，防止被抢被盗以至造成人身伤亡事故；导游要随时提醒客人注意行路安全，特别在游览登山时，要格外照顾好年老体弱者，要随同这些客人一道活动，给予充分关怀，热情提供帮助。

（3）导游每天要向客人公布当日或翌日的天气预报，提醒客人增减衣服，防止客人患病。天气不好时，要及时了解前往地点是否安全。如遇刮风、下雨、下雪造成路况危险，要当即请示领导，变更活动计划，同时向客人做好解释工作。

（4）陪客人活动中一旦发生意外情况，导游要立即带领客人迅速撤离现场。如遇坏人威胁或伤害客人，导游应挺身而出，保护客人安全；如客人发现财物被抢被盗，导游应立即报告所在地管理部门或公安机关，配合开展侦破；如客人突发疾病，导游应将客人迅速送往医院救治，同样应向接团社汇报所发生的情况，请求派人前往医院看护病人并处理有关事宜，导游不得轻易给客人用药。

三、带客游览服务礼仪

1. 出发前服务

①导游员应提前到达集合地点，并督促司机做好出发前的各项准备工作。

②核对、商定活动安排。在带客游览之前，导游员应与领队商定本地活动安排并及时通知客人。

③出发前，导游员应在客人就餐时向客人表示问候，向客人报告当天天气情况，并了解客人身体状况，重申出发时间，乘车或集合地点，提醒客人加带衣服、换鞋，带好必备用品如手提包、摄像机、照相机及贵重物品等。

④客人上车后，导游员应及时清点人数，若发现有人未到，应向领队或其他团员问清原因，并将不参加活动的客人人数、姓名、原因及房号通知旅行社；若有有病不能参加活动的客人，须交待清楚是否需要医生治疗等；若出发时间已过，又不知未到者在何处，则应征求领队意见决定是否继续等候，若决定不等，导游员必须将情况通知旅行社内勤处理。

2. 乘车服务

①出发乘车时，导游员应站在车门口照顾好客人上车，要主动帮助客人提拿物品，并轻轻放在车上。对客人中的老幼弱残者，要特别细心地予以照顾，上下车时，应主动照顾搀一把或扶一程。客人中有男有女时，应照顾女士先上车。

②引导客人乘车，要注意位次。若乘小轿车，应安排年长或位尊者坐在车后排右边位置，导游员坐在后排左手位置或司机旁边。乘面包车，其座位，以司机之后车门开启处第一排座位为尊，后排次之，司机座位前排座位为小；中型或大型巴士，以司机座后第一排，即前排为尊，后排依次为小。其座位的尊卑大小，依每排右侧往左侧递减。

3. 途中服务

①在去旅游点的路上，导游员切忌沉默不语，要向客人介绍本地的风土人情、自然景观，特别是沿途的景象，回答客人提出的问题。

②抵达景点前，应向客人简要介绍景点的概况，尤其是景点的历史、价值和特色。还可根据客人特点、兴趣、要求穿插一些历史典故、社会风貌等，以增加客人的游兴。

③到达景点时，应告诉客人该景点停留的时间、集合的时间和地点以及有关注意事项，如卫生间位置、旅游车车号以及保管好钱物等。

4. 游览服务

①带客游览过程中，导游员要认真组织好客人活动。应保证在计划的时间与费用内让客人充分地游览、观赏，做到讲解与引导游览相结合、适当集中与分散相结合、劳逸适度，并特别照顾老、弱、病、残的客人。导游过程中要照顾全体客人，不可只和一两个人说话而冷落了其他人。

②游览过程中，导游员的讲解要力求准确，应包括该景点的历史背景、特色、地位、价值等方面的内容，做到条理清楚、繁简适度。语言要生动形象，富于表现力。

③导游讲解时，表情要自然大方，声音大小要适中，使用话筒音量、距离要适当，讲解时可适当做些手势，但动作幅度不宜过大，不得手舞足蹈、指手画脚。

④游览途中，导游员要特别注意客人的安全，要自始至终与客人在一起并随时清点人数，以防客人走失。要提醒客人看管好所带财物，防止发生丢失、被盗现象。对于行走困难的地方，要陪伴照顾好年老体弱者，以防发生意外，客人提出要求需要帮助时，应尽可能使客人满意。

⑤与客人交谈时，一般不要涉及疾病、死亡等不愉快的话题；不谈荒诞离奇、耸人听闻、黄色淫秽的事情；对方不愿回答的问题，不要追问；遇到客人反感或回避的话题，应表示歉意，立即转移话题；与外宾交谈，一般不议论对方国家的内政；不批评、议论团内任何人；不随便议论宗教问题；与女宾交谈要谨慎，不要开玩笑；对宾客不要询问对方收入、婚姻状况、年龄、家庭、个人履历等私人问题。

5. 返回途中服务

①全天活动结束后，返回途中，导游员要向客人宣布第二天的活动日程，早餐的时间与地点以及出发时间、地点等。

②抵达饭店后，导游员要主动向领队征求意见，了解客人对当天活动安排的反映，对当天遇到的问题要与领队和客人共同协商解决。

③与客人告别时，要表达良好的祝愿。

④向饭店前台确认叫早服务时间。

四、带客购物服务礼仪

1. 根据旅游团客人的要求，合理安排客人购物。如无此要求，不得强加于人。

2. 去购物途中，要向客人介绍本地商品的特色，教客人鉴别商品的知识，当好客人的购物顾问。下车前，要交代清楚停留时间及有关购物的注意事项。

3. 注意前后态度要一致，不能介绍景点时简单、敷衍，讲到购物就热情高涨，这样，会引起客人的猜疑和不信任。

4. 导游员应严格遵守导购职业道德，应将客人带到商品质量好、价格公平合理的商店，而不应该唯利是图，为了一点“好处费”，昧着良心违背职业道德，与不法经营者相互勾结，从而损害旅游者的利益。

5. 如遇小贩强拉强卖，导游员有责任提醒客人不要上当受骗，导游本人不得向客人直接销售商品，不能要求客人为自己选购商品。

五、突发事件处理礼仪

1. 路线与日程变更

(1) 旅游计划和活动日程一旦商定，各方面都应严格执行，一般不轻易更改。但是有时一些天气突变、交通问题等不可预料的因素迫使旅游计划、线路和活动日程变更。

(2) 如遇接团社没有订上规定的航班、车次的机车票，而更改了航班车次或日期，应向客人做好解释，并提醒接团社，及时通知下站。

(3) 如遇天气或其他原因，临时取消航班，不能离开所在城市时，应注意争取领队合作，稳定客人情绪，并立即与内勤联系，配合民航安排好客人的用餐和休息问题。

(4) 如遇景点关闭等特殊情况，不得不改变活动项目，导游员应该以精彩的介绍、新奇的内容和最佳的安排激起客人的游兴，让他们高兴地随导游员去游览替代的景点。

2. 行李丢失和损坏

(1) 当在机场发现行李丢失，应凭机票及行李牌在机场行李查询处挂失，并保存好挂失单和行李单，将失者所下榻的饭店的名称、房间号、电话号码告诉查询处，并记下查询处的电话、联系人和航空公司办事处的地址、电话，以便联系。

(2) 如行李在接团后丢失，应冷静分析情况，先设法寻找。若未找到，应把详细情况向旅行社领导汇报，由旅行社安排内勤、外勤和其他工作人员帮助寻找丢失的行李。

(3) 行李损坏，应掌握谁损坏谁赔偿的原则。一时查不清责任，应答应给受损失者修理或赔偿，费用掌握在规定标准内，请客人留下书面说明，发票由地陪签字，以便向保险公司办理索赔。

3. 旅游者病危或死亡

(1) 旅游者病危时，导游员要及时向接团社汇报，积极组织抢救。

(2) 尽快与旅行社取得联系，报告情况，并请社里派人到医院照料病人。

(3) 如患者病危而其亲属又不在中国者，应请领队迅速与患者所属国家的驻华使、领馆联系，请其做主或电告病人家属，凡事听他们的意见，导游人员从旁协助。

(4)患者需要住院动手术时，应征得患者亲属、领队或使、领馆代表同意并签字后方可进行。

(5)如在医院抢救无效死亡，由参加抢救的医师向死者亲友、领队、当地旅行社代表详细报告抢救经过，并写出《抢救经过报告》及《死亡诊断证明》，由主治医师签字盖章后交领队或死者亲属，同时复制三份交给有关部门和人员收存。

(6)如果是非正常死亡，导游员要保护好现场，立即向公安局和旅行社报告，协助查明死因。

(7)导游员应协助领队清理死者遗物，开列清单，各方签字，让亲属或领队带回。

4. 旅游者财物被盗

(1)旅游者如丢失护照，导游人员应首先详细了解丢失情况，找出有关线索，努力寻觅。

(2)如发现客人财物短缺，应迅速了解物品丢失前后经过，作出正确判断，是失主不慎丢失，还是被盗。

5. 交通事故

(1)立即组织抢救。电话呼叫救护车或立即拦车将伤员送往距出事地点最近的医院抢救，并立即向接团社和组团社汇报，请示事后处理意见。

(2)保护现场。保护现场肇事痕迹，不要在忙乱中破坏现场，尽可能防止肇事者逃跑，以便交通警察和治安部门调查处理。如果有两个以上导游员在场，可由一个指挥抢救，一个留下保护现场。

(3)迅速报告交通、公安部门(交通事故报警电话122)，让其派人前来调查处理，同时，向旅行社报告事故的发生和伤亡情况，请求派人前来指挥事故的处理，并要求派车前来把未受伤和轻伤者接送至饭店。

(4)做好全团人员的安定工作。事故发生后，除有关人员留在医院外，应尽可能使其他团员继续按原定活动计划参观游览。

(5)做好事故善后工作。交通事故的善后工作将由交通、公安部门和旅行社出面处理，导游人员应照顾好受伤游客，写好事后情况报告，请医院开具诊断和治疗书，请公安局开出交通事故证明书，以供客人向保险公司索赔。

(6)交通事故处理就绪或该团接待工作结束后，导游员应写出书面报告，详细报告事故发生的时间、地点、性质、原因、处理经过、最后结论，司机的姓名、车型、车号、伤亡情况、医生诊断结论、治疗情况等。

6. 其他特殊情况

如发现客人就餐后出现头晕、头痛、恶心、呕吐等不适症状，导游人员除立即劝阻客人停止进餐外，应迅速护送客人前往医院就诊，同时尽快报告接团社和卫生检疫部门，妥善安排善后处理事宜。

☆ 本章思考题

1. 导游员在形象设计方面有哪些要求？
2. 导游服务礼仪的技巧表现在哪些方面？
3. 导游应该注意哪些语言方面的礼仪规范？
4. 客人团队服务礼仪规范有哪些？
5. 带客游览服务礼仪规范有哪些？

第六章 宗教礼仪

宗教在世界各国、各民族的历史和现实中，是一种社会意识形态，是对客观世界的一种虚幻的反映。是人类社会发展到一定阶段出现的历史现象，宗教信仰、宗教感情以及与这种信仰和感情有关的宗教仪式和宗教组织，都是社会的、历史的产物。目前，世界上信奉各种宗教的教徒人数约占全世界人口的60%以上，其中，影响最大的是基督教、伊斯兰教、佛教。我国是一个多种宗教并存的国家，主要有佛教、道教、伊斯兰教、基督教等。特别是佛教和道教，在长期传播过程中对我国历史、文化、艺术的发展都有较深的影响。在我国总人口中，宗教信徒约占1/10，职业人员有8万余人，宗教活动场所4万多座(所)，全国性的爱国宗教组织有8个。

了解宗教的一般知识、礼仪和禁忌，是在旅游公关活动中，帮助我们了解世界各国人民精神生活和日常生活习俗的一把钥匙，也是交往活动中对客人尊重和友好的表示。宗教礼仪是宗教信仰者为表达对崇拜对象的尊敬和崇拜而举行的各种仪式和活动，是巩固和发展宗教信仰、宗教组织、宗教感情的重要手段。宗教礼仪担负着满足大众心理需要的社会功能。对于大多数信徒来说，其宗教观念往往都是从实际、直观的宗教礼仪以及充满宗教色彩的风俗习惯中得到的。因此，我们必须重视对宗教习俗的了解。

第一节 佛教礼仪

佛教是世界三大宗教中创立最早的，也是传入我国最早的一个。迄今已有两千多年的历史。

一、佛教的起源

1. 佛教的创立

佛教起源于公元前6世纪至5世纪的古印度迦毗罗卫国(今尼泊尔南部)，相当于我国的春秋时代，距今已有2 500多年的历史。佛教的创始人释迦牟尼，原姓乔达摩，名悉达多，佛教徒尊称其为释迦牟尼，意为“释迦族的圣人”。他大约生于公元前565至公元前563年之间，差不多与我国的孔子是同时代人。相传他是北印度迦毗罗卫国净饭王的王子，在29岁时出家修行，35岁悟道成佛，创立佛教。

佛教的发展分为四个阶段，即原始佛教时期（公元前6世纪中叶至公元前4世纪中叶）、部派佛教时期（约公元前4世纪中叶至公元前1世纪中叶）、大乘锦教时期（约公元1世纪至公元7世纪）和密乘佛教时期（约公元7世纪至12世纪）。

2. 佛教的传播

公元2世纪，佛教开始由古印度向境外传播。它的传播线路主要分为三条。

（1）南传佛教

以小乘佛教为主的佛教教派从古印度向南传入斯里兰卡、缅甸、泰国、老挝、柬埔寨等南亚、东南亚各国，并进入中国云南傣族等少数民族地区，主要影响了中国的傣族、布朗族等少数民族。因其经典属巴利语，所以又称巴利语系佛教。该派拒绝小乘之名，仍自称为上座部佛教。南传的上座部佛教至今保持着精进修学等早期佛教传统，重视禅定并遵守早期佛教的戒律；崇拜佛牙、佛塔、菩提树等佛祖纪念物。

（2）藏传佛教

藏传佛教于公元7世纪传入西藏，因其经典属于藏语，故又称藏语系佛教。藏传佛教源于印度，是印度密乘佛教与藏族本教融合而成的具有浓郁地方色彩的佛教。它主要影响我国西藏、青海及内蒙古地区。

① 藏传佛教的主要教派：藏传佛教现在有四大教派，即宁玛派、萨迦派、噶举派和格鲁派。格鲁派15世纪初由青海湟中宗喀巴所创立，因为该派的僧人戴黄色僧帽，故称为黄宗喀巴教。后世弟子形成了达赖和班禅两大活佛转世系统。由于清朝政府的册封和扶持，格鲁派成为西藏地区执掌政权、势力最大的教派。

② 藏传佛教的活佛转世制度：藏传佛教早期大小活佛的继承均采取世袭制。13世纪宁玛派首先设立转世制度。格鲁派创立后，规定喇嘛不许娶妻，所以，活佛转世制度更为流行。按照藏传佛教的说法，活佛圆寂后，其灵魂转移，化身为另一肉体的人，即转世灵童。17世纪中叶，清政府正式册封宗咯巴的再传弟子为达赖喇嘛和班禅额尔德尼，从此正式形成两大活佛转世制度。活佛的地位无比崇高，他不仅是藏传佛教的精神领袖，而且也是西藏地方行政的最高长官，一度形成政教合一的政治体制。

此外，藏传佛教信奉咒术，而且对喇嘛异常地尊崇，这些都是藏传佛教的重要特点。

（3）北传佛教

北传佛教以大乘佛教为主，也包括密宗佛教，从古印度向北经过中亚细亚陆路传入中国，再由中国传入朝鲜、日本、越南等国。它是中国佛教的主体部分，因其经典主要属于汉语，亦称为汉语系佛教。

佛教传入中国的时间，一般认为是在西汉哀帝元寿元年(即公元前2年)，西域大月氏王使臣伊存向中国的博士弟子景卢口授《浮屠经》，从此，佛教开始传入中国，史称“伊存授经”。

汉族地区佛教的传播与发展大致经历了译传阶段(西汉至魏晋南北朝时期)、创立阶段(隋唐时期)和融合阶段(宋元明清时期)三个阶段，形成了众多的教派。近代汉地的佛教，除少数律寺(律宗)和讲寺(天台宗)外，几乎都是禅宗丛林。在修持方面，禅僧又都“禅净双修”，禅宗和净土宗的界限已十分模糊。

从佛教在中国各地的传播和发展可以看出，中国的佛教包容了北传佛教、南传佛教和藏传佛教三大体系，全面地继承了佛教在印度发展三个时期的成果。可以说，世界上最完整的佛教在中国，世界上完整的佛教经典也在中国。因此，佛教诞生在印度，而真正发扬光大却在中国。

二、佛教常识

1. 教义

释迦牟尼出家的目的，就是为了寻求解脱生老病死等痛苦之道。佛教教义的基本内容简单地说起来，就是说世间的苦(苦谛)和苦的原因(集谛)，说苦的消灭(灭谛)和灭苦的方法(道谛)。佛教的经典非常繁多，其实不超过这四圣谛，而四谛所依据的根本原理则是缘起论。佛教的所有教义都是从缘起论这个源泉流出来的。佛教的基本教义主要有：

(1)三法印

印就是印玺。国王的印玺是可以证明文件的真实(有通行无阻的作用)，借以比喻佛教的主要教义，也以符合“法印”而证明其为真正佛法(掌握了它，便能对一切法通达无碍)，所以称为法印。“诸行无常，诸法无我，涅槃寂静”，并称三法印。或者加上“有漏皆苦”，亦称四法印。

(2)四圣谛

佛教的基本教义主要是“四谛说”，它是佛教各派共同承认的基础教义。释迦牟尼用缘起论来观察人生，得出“四谛”、“八正道”。谛：是真理的意思。四谛指苦谛、集谛、灭谛和道谛。四谛被称为佛教教义的总纲，又称为佛学的“四个真理”。

① 苦谛：是对社会人生以及外部环境所作的价值判断。认为世俗世界本性是苦。

② 集谛：解释人生充满痛苦的原因。

③ 灭谛:指解除痛苦，也就是佛教徒追求的最终归宿。佛教认为最高的理想境界就是涅槃。

④ 道谛:指超脱“苦”、“集”的世间因果关系而达到出世间之涅槃寂静的一切理论说教和修习方法。

(3)八正道

佛教8种通向涅槃解脱的正确方法或途径。包括① 正见:对佛教教义的正确理解;② 正思维:对佛教教义的正确思考;③ 正语:说话要符合教义，不说一切非佛理之语;④ 正业:从事清静之身业，按佛教教义采取正确的行动;⑤ 正命:符合佛教戒律规定的正当合法的生活;⑥ 正精进:按照佛教教义努力学习和修行;⑦ 正念:铭记四谛等佛教真理;⑧ 正定:集中精力，专心致志修行。

(4)十二因缘

亦称“十二缘起”。包括:① 无明，即愚痴无知;② 行，为由无明而产生的善不善行为;③ 识，即托胎之时的心识;④ 名色，为胎中的精神和物质状态;⑤ 六入，即眼、耳、鼻、舌、身、意生长完备等;⑥ 触，为出胎后开始接触事物;⑦ 受，即感受苦乐等;⑧ 爱，为贪等欲望;⑨ 取，即追求取着;⑩ 有，由贪等欲望引起有善不善等行为;⑪生，即来世之生;⑫老死。其中① ②是过去因，感现在果;③至⑦是现在果;⑧ 至⑩是现在因，感未来果;⑪⑫为未来果。

2. 经典

佛教的经典总集称大藏经。“大”这里是一种褒义，表示佛经的经典穷天地之极至，无所不包。它由三大部分组成，即经、律、论三藏，故又称“三藏经”。其中，经藏是以佛祖释迦牟尼的语气叙述的典籍;律藏是佛祖为约束佛教徒的言行而制定的种种清规戒律;论藏则是历代佛教学者阐释佛经和阐发各宗各派学说的论著。主要佛经有《大般若波罗蜜多经》《金刚经》《妙法莲华经》《观音经》《大方广佛华严经》。

3. 标记

佛教的旗帜或佛像的胸间，一个是表示吉祥万德的标记。武则天将其定名为“万”，以为太阳光芒四射和燃烧的火，表示吉祥万德。另一个是法轮，以为佛之法轮如车轮转动不息，可催破终生烦恼。

4. 供奉对象

佛教供奉的对象较多，其基本类型分为佛、菩萨、罗汉和护法天神四种。

(1) 佛:佛指自觉、觉他、觉行圆满者，是佛教的最高尊神。佛不仅能够自我解脱、教化他人，而且法力无边。大乘佛教宣称三世十方处处有佛。佛教经典和佛寺中主要有三身佛、三方佛、三世佛、华严三圣等。

① 三身佛：佛教天台宗有“佛具三身”的说法。佛具三身，即法身佛、报身佛、应身佛。三身佛的中尊为“法身佛”，梵音名为毗卢遮那，它是佛教真理凝聚而成的佛身，象征佛法真理无处不在。左或右尊为“报身佛”，名卢舍那，是在法身的基础上，经过艰苦修习而获得的佛果之身，显示佛的智慧。右或左尊为“应身佛”，名释迦牟尼，是佛为教化众生、随缘显现的各种化身。如下表所示。

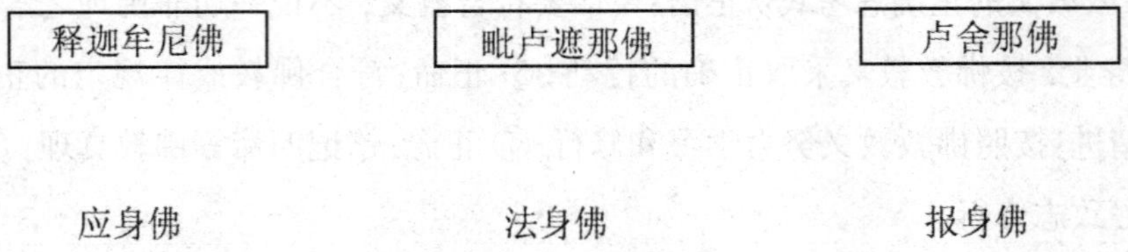

② 三方佛：又称横三佛，是在不同空间同时存在的三尊佛。中尊为娑婆界尘世教主释迦牟尼佛、左尊为东方净琉璃世界教主药师佛、右尊为西方极乐世界教主阿弥陀佛。释迦牟尼的左胁侍为文殊菩萨，右胁侍为普贤菩萨，三者合称“释家三尊”。药师佛的左胁侍为日光菩萨，右胁侍为月光菩萨，三者合称“东方三圣”或“药师三尊”。阿弥陀佛的左胁侍为观音菩萨，右胁侍为大势至菩萨，三者合称“西方三圣”或“阿弥陀三尊”。三方佛体现了净土宗向往西方极乐世界的信仰。如下表所示。

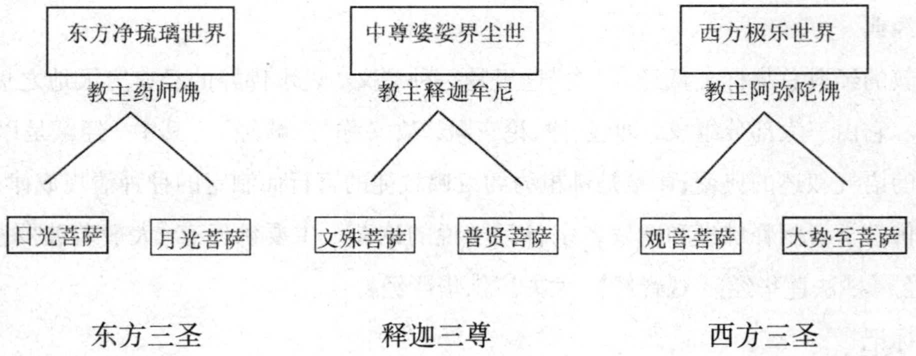

③ 三世佛：又称竖三佛，指世界轮回流转，相继存在的三尊佛。中尊为现在世佛释迦牟尼、左尊为过去世佛燃灯佛、右尊为未来世佛弥勒佛。佛教认为，世界有周期性的轮回生灭，每 128 亿年就要毁灭一次，称为“一劫”。三世佛表示佛法永存，世代不息。

④ 华严三圣：是毗卢遮那佛及其两个亲密的助手文殊菩萨和普贤菩萨的合称。华严宗认为无限的宇宙是华藏世界，法身佛毗卢遮那是该世界的教主，它无所不在，整个华藏世界不过是毗卢遮那的显现而已，一切佛、菩萨都是毗卢遮那佛的应化身。

(2)菩萨

菩萨即自觉、觉他者，能参悟佛道、普度众生者。中国寺院常供奉文殊菩萨、普贤菩萨、观世音菩萨、大势至菩萨、地藏菩萨等。在中国，文殊、普贤、观世音、地藏合称“四大菩萨”。

① 文殊菩萨：文殊是“文殊师利”的简称，意为“妙吉祥”。据说，文殊降生时，天地遍生奇异，出现十种吉祥物象，故称“妙吉祥”。他是释迦牟尼的大弟子，以智慧辩才第一，被推为众菩萨之首，司职智慧，所以又称为“大智菩萨”。文殊菩萨最为显著的特征是手持宝剑、骑狮子，象征着智慧威猛。相传其道场(即显灵说法之处)在山西五台山。

② 普贤菩萨：普贤菩萨专司“理德”、“行德”，将佛门所推崇的“善”普及天下，人称“大行菩萨”。其显著的特征是手持如意棒，身骑六牙白象。相传其道场在四川峨眉山。

③ 观音菩萨：又称“观世音菩萨”，唐以后，为避太宗李世民的名讳，略去“世”字，简称“观音菩萨”。他是汉化佛教中信仰最为广泛、化身最多、最为著名的菩萨。观音菩萨常见的形象是左手持净瓶，右手持杨柳枝。据说，当芸芸众生受苦受难时，念诵其名，观音“听”到这一声音后，便会立即前来解救，故而人称“大悲菩萨”。

观音菩萨本为“善男子”出身，魏晋南北朝以后，为满足世俗社会供奉的需要，观音逐渐演化成一位大慈大悲的女菩萨。观音的化身众多，为中国老百姓所喜闻乐见的有千手千眼观音、滴水观音、杨柳观音、海岛观音、送子观音等。其中，千手千眼观音有两种：一为四十只手，每只手上有一只眼，每只手和眼有二十五种功能，相乘后为千手千眼；另一种为每面有二百五十只手，四面共一千只手，每只手上有一只眼，这是实际的千手千眼。观音的左胁侍为善财童子，右胁侍为龙女。相传，浙江普陀山为观音菩萨讲经说法的道场。

④ 地藏菩萨：又称地藏王，是梵文的音译，因其“安忍不动犹如大地，精虑深密犹如地藏”而得名。据说，地藏受释迦牟尼的嘱托，在释迦牟尼寂灭而弥勒下世前的这段“无佛世界”度化众生。释迦牟尼又令其作幽冥教主，管理阴间。地藏为此发下宏大誓愿：“众生度尽，方证菩提，地狱未空，誓不为佛”，人称“大愿菩萨”。地藏菩萨的特征是手持宝珠、赐杖，身着袈裟的比丘形象。地藏菩萨的道场相传是在安徽的九华山。

(2) 罗汉

罗汉是“阿罗汉”的简称，指经过修行获得罗汉位、超越生死轮回的解脱者。其中迦叶和阿难在罗汉中名气最大，他们是佛祖的亲传弟子。释迦牟尼涅槃后分别成为第二、第三代佛教领袖。一般来讲，阿难的形象是一位年青英俊的比丘，而迦叶的形象是一位饱经风霜的老和尚。

罗汉是小乘佛教修行所能达到的最高位，在大乘佛教中低于佛、菩萨，位居第三。罗汉担负着驻世弘法的任务，他们常驻人间，普济众生，并受世人供养。寺院中常见的有十六罗汉、十八罗汉和五百罗汉。

(3)护法天神

著名的护法天神有四大天王、韦驮、哼哈二将、伽蓝神关羽等。

① 四大天王:四大天王是传说中掌管东西南北四大部洲山河大地的神，也称护世四大天王。佛教传入中国后，其形象逐渐汉化。今天我们所见的四大天王的形象是:东方持国天王，身白色，着甲胄，手持琵琶，职调;南方增长天王，身青色，着甲胄，杖剑，职风;西方广目天王，身红色，着甲胄，手握龙蛇，职顺;北方多闻天王，身绿色，着甲胄，持伞，职雨。

② 韦驮:韦驮原为南方增长天王手下神将，后亲受佛祖法旨，周统东、西、南三洲巡游事宜，保护出家人，护持佛法。汉化的韦驮为中国古代武将形象，手持法器金刚杵。一般有两种姿势:一种是双手合十，横杵于腕上，直挺站立，意寓本寺为十方丛林，是接待寺，云游僧人可在此修习佛法。另一种姿势是一手握杵拄地，另一手叉腰，表明该寺为非接待寺，请来者另投他处。韦驮通常立于天王殿弥勒像的背后，脸朝大雄宝殿。

③ 哼哈二将:指伽蓝守护神密迹金刚和那延罗天。二者以金刚力士像置于山门之空门两侧，左尊开口，执杵;右尊合口，提棒。

④ 伽蓝神:即寺院的守护神，其地位相当于寺院的土地神。关羽是最著名的汉化伽蓝神。

三、佛教的主要礼仪

(一)称谓

佛教的称谓多属中印合璧，不仅特殊，而且颇具神秘色彩。在社会各界人士与佛教徒的交往日益增多的过程中，由于对佛教称谓缺乏了解，往往造成一些不必要的混乱和隔膜。因此，旅游接待人员，尤其是导游人员了解和掌握这些称谓的不同，能准确地说出他们的称谓，在接待工作中是非常必要的。

佛教的教制、教职在各国不尽相同，称谓也不完全一致。在我国寺院中的主要负责人称“住持”或“方丈”，负责处理寺院内部事物的称“监院”，负责对外联系的称“知客”，他们可被尊称为“高僧”、“长老”、“大师”、“法师”等。

佛门弟子依受戒律等级的不同，可分为出家五众和在家两众。出家五众是指沙弥、沙弥尼、式叉尼、比丘和比丘尼。在家两众是指优婆塞和优婆夷。佛教徒中出家的男性称“比丘”，简称“僧”，俗称“和尚”;出家的女性称“比丘尼”，简称“尼”，俗称“尼姑”。“僧”、“尼”，亦可尊称“法师”、“师太”。不出家而遵守一定戒律的佛教信徒称“居士”，可尊称为

“檀越”、“护法”、“施主”等。凡出家的佛教徒必须剃除须发，披上袈裟，称为“披剃”。僧尼一经“披剃”，即入住寺院，开始过与世俗隔绝的生活。

（二）佛事仪式

佛教的佛事，又称法事，是佛教的宗教活动。它有一整套的固定仪式，为僧尼修行的主要有受戒、顶礼、功课等，为信徒、施主等修福的有佛诞法会、水陆法会等。在寺院中所举行的佛事，要以水陆法会为最盛大，以焰口施食为最经常，其次，是常常举行斋天和放生。

1. 受戒

受戒是佛教徒接受戒律的仪式。受过戒的佛教徒应自觉遵守佛教的各种戒律。应遵守的戒律有三皈五戒、十戒和具足戒。

①三皈五戒。三皈，即在家的男子教徒进入佛门时的一种仪式。在家男子进入佛门时必需求一位法师为他授皈依法。如果举行正式的三皈五戒，须两个小时左右。此外，还要受五戒，五戒指第一不可杀生，第二不可偷盗，第三不可邪淫，第四不可饮酒，第五不可妄语。佛教徒受了三皈五戒之后方能称为“居士”。

②十戒。十戒是指沙弥、沙弥尼所受的十条戒律。沙弥、沙弥尼是指 7 岁以上、20 岁以下受过十戒的出家男子和女子，汉族地区普遍称小和尚和小尼姑。十条戒律除了五戒之外，还应不装饰打扮、不视听歌舞、不坐高广大床、不食非时食、不蓄金银财宝。

③具足戒。具足戒又叫“比丘戒”、“大戒”。当沙弥年满 20 岁时，举行仪式，授予“具足戒”。信徒受具足戒后，才能取得正式的僧尼资格。

2. 顶礼

顶礼为佛教最高礼节，即向佛、菩萨或上座所行的礼节。行顶礼时双膝跪下，两肘、两膝和头着地，而后用头顶尊者之足，故称“顶礼”。出家的教徒对佛像必须行顶礼。头面接足，是表示恭敬至诚，这就是俗语说的“五体投地”。

3. 功课

在寺庙里，僧尼每天的必修课为朝暮课诵，又名早晚功课，或是五堂功课。寺庙一般在早上 4 时就打催起板（起床号令），僧尼盥洗完毕，齐集在大雄宝殿，恭敬礼佛，端坐蒲团，听候大钟大鼓结束声。随后即起，随众念诵早课楞严、火悲、十小咒、心经等，这是二堂功课。晚课在下午 4 时左右，僧尼立诵弥陀经和跪念八十八佛忏悔文、发愿、回向、放蒙山，这是三堂功课。回向的意思就是将自己念诵的功课回归向往，使大众都能亲证佛果。社会上流行的“晨钟暮鼓”成语，就是由佛教寺庙里的早晚功课而来的。

4. 水陆法会

水陆法会全名为“法界圣凡水陆普度大斋盛会”，也称“水陆道场”。因其超度水陆一切鬼魂、普度六道众生，故称之。少则7天，多则49天。

5. 佛诞法会

佛诞法会是佛教中最大的节日，时间是每年的四月初八。在这一天要举行“浴佛法会”，就是大殿用灌佛盘，在盘中的莲花台上安置太子像（释迦牟尼诞生像）。这像是很小的童子立像，右手指天，左手指地，象征“天上天下，惟我独尊”。这日各寺要举行纪念仪式。

（三）佛教的礼节

1. 合十

这是佛教徒的普通常用礼节，亦称合掌。施礼时双手手心相对合拢，手指向上，专注一心，口念“阿弥陀佛”，以示尊敬。一般教徒在见面时，多施合十礼。

参拜佛祖或拜见高僧时要行跪合十礼，行礼时，右腿跪地，双手合掌于眉心中间。

2. 南无

南无念“那摩”，是佛教信徒一心归顺于佛的致敬语。常用来加在佛、菩萨名或经典题名之前，以表示对佛、法的尊敬和虔信。“南无”意思是“把一切献给××”或“向××表示敬意”。如称南无阿弥陀佛，则表示对阿弥陀佛的致敬和归顺。

3. 忏悔

佛教理论认为，只有心身清净的人才能悟得正果。但是世间是污浊的，即使出家人也可能随时身遭“垢染”，影响自己的功德。然而信徒不必因此而担心，因为通过忏悔可灭除以往所有的罪过。

（四）葬仪

佛教的僧侣去世后一般实行火葬，其遗骨或骨灰被安置在特制的灵塔或骨灰瓮中。普通的佛教徒去世后，则实行天葬或水葬。佛教信徒死后，每年的祭日要由其家人为之举行祈祷冥福的追荐会，并发放布施。

四、佛教的主要节日

佛教的节日，在不同教派、不同地区都有所不同。

1. 佛诞节

在南传佛教盛行的东南亚国家如斯里兰卡、缅甸、泰国等，根据上座部的传说，以四月十五日为佛诞生日，同时也是佛成道日、佛涅槃日。佛成道以后，到鹿野苑为五比丘开始说法，经过四十九天，即六月初四日为佛初转法轮日。这天，佛教徒应到寺院旋绕佛塔。佛诞生后七天，佛的生母摩耶夫人便逝世而生在兜率天。传说佛成道后，曾经有一年到兜率天安居，为生母说法三个月，然后由天上从三道宝阶下来人间，这便是九月二十二日。这天称为“天降节”，各寺也要举行纪念仪式。

2. 法会

在藏传佛教盛行的我国藏蒙地区，除了以四月十五日为佛的诞生日、成道日、涅槃日外，西藏拉萨“三大寺”僧众及各地佛教徒，还在藏历正月初三至二十四日举办“传大召”（意为大祈愿）法会。法会期间进行辩经，考选藏传佛教最高学位—— 格西。并于二月下旬举办规模略小的“传小召”法会，选拔二等格西。

3. 浴佛节和盂兰盆节

汉传佛教最大的节日，在一年之中有两个，一是四月初八的“浴佛节”，一是七月十五日的“盂兰盆节”。此外，还有诸佛菩萨的圣诞及纪念日。遇到以上节日，僧人将在有关殿堂做法事、念佛号或举行其他纪念仪式。

五、佛教的禁忌

1. 僧尼戒规

佛教规定其弟子在日常生活和行为方面都要遵守“四威仪”和“十重戒”。

“四威仪”是指僧尼的行、站、坐、卧应该保持的威仪德相，不容许表现举止轻浮，一切都要遵礼如法。所谓“行如风、站如松、坐如钟、卧如弓”，就是僧尼应尽力做到的。这是因为所受“具足戒”戒律上对行、住、坐、卧的动作都有严格的规定，如果举止违反规定，就不能保持其威严。

“十重戒”即戒杀生、偷盗、淫欲、妄语、饮酒、说过罪、自赞毁他、悭、嗔、谤三宝。此外，饮食戒有三项，着装戒有一项。即：

①过午不食。按照佛教教制，比丘每日仅进一餐，后来也有进两餐的，但必须在午前用毕，过午则不能进食。这是佛教中对僧尼的一个戒条，叫“过午不食戒”。在东南亚一带，僧尼和信徒一日两餐，过了中午不能吃东西，午后只能喝白开水。我国汉族地区因需要自己在田里耕作，体力消耗较大，晚上非吃东西不可，所以少数寺庙里开了“过午不食戒”，但晚上所吃的东西称为药食。然而，在汉地寺庙的僧尼中，持“过午不食戒”的人仍不少。

②不吃荤腥。荤食和腥食在佛门中是两个不同的概念。荤专指葱、蒜、辣椒等气味浓

烈、刺激性强的东西。因为吃了这些东西不利于修行，所以为佛门所禁食。腥则指鱼、肉类食品。东南亚国家僧人多信仰小乘佛教，或者到别人家托钵乞食，或是由附近人家轮流送饭，无法挑食，所以无论素食、肉食，只能有什么吃什么。我国大乘佛教的经典中有反对食肉的条文，汉地僧人是信奉大乘佛教的，所以汉族僧人和很多在家的居士都不吃肉。在我国蒙藏地区，僧人虽然也信奉大乘佛教，但是由于气候和地理原因，缺乏蔬菜，所以食肉。但无论食肉与否，大小乘教派都禁忌荤食。

③不喝酒。佛教徒都不饮酒，因为酒会乱性，不利于修行，所以严格禁止。

④不着杂色衣。佛教戒律规定，佛教僧人只能穿染衣，不能用杂色。不过现在佛教僧人的服装颜色也有变化，分不同场合，也用黄色、赤色等颜色。

2. 其他禁忌

①交往禁忌。佛教徒内部不用握手礼节，不要主动伸手与僧众相握，尤其注意不要与出家的尼众握手。非佛教徒对寺院里的僧尼或在家的居士行礼，以合十礼为宜。

②行为禁忌。佛寺历来被佛教视为清净圣地，所以，非佛教徒进入寺庙时，衣履要整洁，不能着背心、打赤膊、穿拖鞋。当寺内要举行宗教仪式时，不能高声喧哗以及做出其他干扰宗教仪式或程序的举动。未经寺内执事人员允许，不可随便进入僧人寮房以及其他不对外开放的坛口。另外，为保持佛门清净，严禁将一切荤腥及其制品带入寺院。

③祭拜禁忌。入寺拜佛一般要烧香，这是为了袅袅香烟扶摇直上，把诉诸佛的“信息”传递给众佛。但在拈香时要注意香的支数，由于佛教把单数看成吉数，所以烧香时，每炷香可以有很多支，但必须是单数。

④国别禁忌。在缅甸，佛教徒忌吃活物，有不杀生与放生的习俗。忌穿鞋进入佛堂与一切神圣的地方。他们认为制鞋用的是皮革，是杀生所得，并且鞋子踏在脚下是肮脏的物品，会玷污圣地，受到报应。在日本，有佛事的祭祀膳桌上禁忌带腥味的食品，同时忌食牛肉。忌妇女接触寺庙里的和尚，忌妇女送东西给和尚。在泰国，佛教徒最忌讳别人摸他们的头。即使是大人对小孩的抚爱也忌讳摸头顶，因为按照传统的佛俗认为头部是最高贵的部位，抚摸或其他有关接触别人头部的动作都是对人的极大侮辱。同时还忌讳当着佛祖的面说轻率的话。佛教徒购买佛饰时忌说“购买”，只能用“求租”或“尊请”之类的词，否则被视为对佛祖的不敬，会招来灾祸。在中国，佛教徒忌别人随意触摸佛像、寺庙里的经书、钟鼓以及活佛的身体、佩戴的念珠等被视为“圣物”的东西。流行于傣、布朗、德昂等少数民族中的“南传上座部佛教”另有一些禁忌。如在德昂族中，在“进洼”（关门节）、“出洼”（开门节）和做摆（庙会）等宗教祭日里，都要到佛寺拜祈三天，忌讳农事生产；进佛寺要脱鞋；与老佛爷在一起时，忌吃马肉与狗肉；妇女一般不能接触佛爷，也不能与老佛爷谈

话。德昂族传说“活佛”飞来时先落于大青树上，然后才由佛爷请进佛寺，故视大青树为“神树”，忌砍伐。

第二节 基督教礼仪

一、基督教的起源和传播

基督教是罗马奴隶社会各种矛盾尖锐化的产物，它起源于公元1世纪初古罗马帝国统治下的巴勒斯坦地区。当时犹太人由于反抗古罗马帝国统治，屡次起义而遭到残酷镇压，于是在巴勒斯坦和小亚细亚等地区出现一些传教者。他们说有一位救世主来拯救苦难的人民，救世主就是耶稣，他奉天父（上帝）之命前来拯救世人。初期基督教徒大多是贫民和奴隶，对统治者极端仇恨，因而受到罗马帝国统治者的残酷迫害。公元2～3世纪间，分散在各地的社团开始走向统一，教会逐渐形成。基督教亦由于中上层人士加入并逐渐取得领导权而改变其早期的性质。早期的基督教反映当时的奴隶和贫民对奴隶制度的憎恨，但又主张今生要忍耐、顺从，把希望寄托于来世。基督教最初是犹太教的一个支派，随着越来越多的非犹太人被吸引到基督教的社团里，逐渐形成自己的教义、组织制度和礼仪等，于公元135年从犹太教中分离出来，成为一种独立的新宗教。公元313年罗马皇帝君士坦丁大帝颁发《米兰敕令》，承认基督教的合法地位。公元392年，罗马皇帝狄奥多西一世正式承认基督教为罗马帝国国教。

基督教成为罗马帝国的国教后，在其发展和传播的过程中，经历了两次大的分裂，形成三大教派。

（1）基督教历史上第一次大的分裂

为争夺罗马帝国首席教会的地位，西部以罗马城为中心的教会和东部以君士坦丁堡为中心的教会一直明争暗斗。公元395年，随着罗马帝国分裂为东罗马帝国和西罗马帝国，基督教东、西两个教派的斗争更加激烈。

公元1054年，经过长达700余年的纷争，东、西罗马教会终于彻底决裂。东部教派自称为“正教”，表示自己正统的国教地位，在我国则称其为“东正教”。西部教会自称为“公教”，表示自己是“全世界”、“普遍”认同的宗教。罗马主教成为西部教会的精神领袖，后来称为“教皇”。“公教”在我国被称为“天主教”。

（2）基督教历史上第二次大的分裂

16世纪时，教廷与封建王朝紧密相勾结，黑暗腐败，终于在罗马公教内部爆发了以马丁·路德为代表，以反对罗马教廷兜售“赎罪券”为导火索的宗教改革运动。公教内部分裂出一个反对教皇的绝对控制、不接受教皇支配、不承认天主教某些教义的新宗派——抗罗宗，在我国被称为“新教”、“耶稣教”或“基督教”。

(3)基督教在中国的传播

基督教在中国的传播，断断续续，前后历时10余个世纪，最终获得成功，因此，历史上有基督教“四传中国”之说。

① 基督教一传中国:基督教最早传入中国是在唐朝。公元635年，流行于中亚的基督教聂斯脱利派由波斯传入长安，时逢贞观盛世，人们谓之“大秦景教”。景教“法流十道”，“寺满百城”，发展迅速，大获成功。景教传入中国210年后，在唐武宗灭佛时，景教也被斥为“胡教”，受到牵连，教士2000余人被逐。此后，景教在中原地区绝迹，仅遗781年所立的、高约2.36米的“大秦景教流行中国碑”，现存于陕西博物馆。

② 基督教二传中国:13世纪，随着成吉思汗大规模的军事远征，欧洲的基督教与我国边疆少数民族的聂斯脱利派建立了联系。元朝建立以后，元世祖忽必烈让马可·波罗致书罗马教皇，要求派传教士来华传教。当时基督教在中国称为“也里可温教”或“十字教”。元朝还设立了专门负责宗教事务的机构。随着元朝的灭亡，该教亦随之衰亡。

③ 基督教三传中国:公元1582年，明朝后期，意大利天主教耶稣会士利玛窦来华传教。利玛窦重点利用先进的科学知识争取士大夫阶层，很快获得了极大的成功。到清康熙年间，我国基督教教徒已达10万余人，在全国28个城市建有教堂。后来由于基督教内部在“尊孔祭祖”的问题上，爆发了中国礼仪之争，罗马教皇和康熙皇帝均出面干预，导致冲突升级。康熙态度十分强硬，宣布禁止在中国传播基督教，并驱逐了在华的传教士。

④ 基督教四传中国:鸦片战争以后，特别是《中法黄埔条约》的签订，使基督教各派再次获得了在华传教的特权。在不平等条约的保护下，传教取得成功。新中国成立后，中国基督教(即新教)倡导自治、自传、自养的“三自”爱国道路。基督教各派别走上了“独立自主，自办教会”的健康发展道路。

二、基督教常识

1. 经典

基督教以《旧约全书》和《新约全书》为基本经典，合称为《圣经》。《旧约全书》成书于公元前6世纪至公元2世纪之间，原是犹太教经典。书中记载了上帝和以色列民族订有永远尊奉上帝的盟约，故称“旧约”。内容主要是关于宇宙和人类的起源，有关的道德准则和宗教法典等，也有反映社会生活的寓言、格言、抒情诗等。《新约全书》是随着基督教的传播而产生的。基督教宣称耶稣降世后，上帝和人类又重新订立了盟约，增编了《新约》。主要讲述基督耶稣的生活、传教、受难及其弟子传播福音的故事，还有部分书信。

《圣经》是其宗教信仰的最高权威，是其教义、神学、教规、礼仪的依据。它既是一部宗教经典又是不可多得的古代历史资料，它涉及政治、历史、宗教、哲学、文艺、社会、伦理、法律等方面，具有相当高的研究价值。

2. 教职

基督教三大派系都有自己的教职等级制度，神职人员的称谓各不相同。

(1)天主教

教皇，亦称罗马教皇，是天主教的最高领袖。

枢机主教(俗称红衣主教)，是教皇直接任命的罗马教廷中最高主教，分掌教廷各部和许多国家中重要教区的领导权，并有权选举教皇和参选教皇。

首席主教，是基督教国家首都和一个国家内的特别重大城市及某地区的首席主教。

神父(神甫、司铎)，是一般的神职人员，协助教会管理教务，通常为一个教堂的负责人。

修士、修女，是终生为教会服务的教职人员。

(2)东正教

牧首(宗主教)，是东正教的最高主教。

都主教，是重要城市的教会的主教，其职称仅次于牧首。

大主教，一般指牧首所管辖的主教，地位低于都主教，主管一个大教区。

神父，也称主教，是教堂的负责人。

(3)新教

牧师，是负责主持宗教仪式和管理教务的人员，通常每个教堂有一个牧师负责宣传活动。

传教士，是指未受神职而在牧师指导下传道或为尚未领洗的新入教者讲解经文教义的人。

长老，由各级教堂一般教徒中推选的参与管理工作的非专职宗教职业者。

执事，由一般教徒中推选出来协助长老和牧师管理教会事务的人。

3. 教义

基督教各派的教义有所差异，但其基本教义是相同的。基督教认为，耶和华(上帝的名字)是基督教信仰的唯一真神。认为人类从始祖亚当和夏娃开始就犯下了罪，人们只有信仰上帝及其儿子耶稣基督才能获救。因此，基督教各派一般都信奉下列基本信条。

①信仰上帝。上帝是天地主宰，是天地万物的唯一创造者。

②信基督救赎。基督教认为世人是无法拯救自己的，故上帝派圣子耶稣降临人世，以自己在十字架上牺牲为全人类赎罪。人类只有依靠耶稣基督才能得救，获得永生。

③信始祖原罪。基督教相信上帝“按自己的形象”创造了人，人有肉体和灵魂。可是，人类因其始祖亚当、夏娃违背上帝的旨意，偷吃禁果而陷入罪恶之中不能自救，并传给了后世子孙，被基督教认为是人类的“原罪”。基督教认为世人一生下来就具有“原罪”，这就是世上一切罪恶和苦难的根源。

④信灵魂不灭，末日审判。基督教认为人死后灵魂不灭，后终结，依生前行为，上帝将对世人作最后审判。善者升入上帝所造的新天地中永生长存，恶人将下地狱。

4. 标记

基督教的标志是十字架。基督教以十字架作为自己教派和信仰的标志，以示对耶稣为拯救人类而以身殉难的感恩。后来十字架逐渐演变成了圣洁的信物和福音的象征。

5. 供奉对象

基督教信仰的对象有上帝、耶稣基督、圣母玛利亚、圣徒、天使等。

上帝是“耶和华”的汉语意译。上帝是天地万物的主宰，上帝具有圣父、圣子、圣灵（圣神）三个位格，三位一体，同受敬拜。

耶稣基督是上帝的独生子，是上帝派往世间拯救人类的救世主。耶稣为赎世人之罪，甘愿自己被钉死在十字架上。

圣母玛利亚是童贞女，由“圣灵感孕”而生耶稣。天主教、东正教尊其为“童贞圣母”。

天使是上帝的使者，是上帝创造出来并派往人世传达、贯彻上帝旨意的天神。

三、基督教的礼仪

1. 称谓

在基督教内部，普通信徒之间可称平信徒。新教的教徒，可称兄弟姐妹（意为同是上帝的儿女）或同道（意为共同信奉耶稣所传的道）。在我国，平信徒之间习惯称“教友”。对宗教职业人员，可按其教职称呼，如某主教、某牧师、某神父、某长老等，对外国基督教徒可称先生、女士、小姐或博士、主任、总干事等学衔或职衔。

2. 圣洗（洗礼）

这是基督教的入教仪式。经过洗礼后，就意味着教徒的所有罪过获得了赦免。

3. 坚振

坚振也称“坚信礼”。是为坚定教徒的信仰而举行的一种仪式。即入教者在接受洗礼后，一定时间内再接受主教的按手礼和敷油礼。

4. 祈祷

祈祷俗称祷告，是指基督教徒向上帝和耶稣表示感谢、赞美、祈求或认罪的行为。祈祷包括口祷和默祷两种形式，个人可以独自在家进行，也可以利用聚会时，由牧师或神父作为主礼人。祈祷者应始终保持必要的仪态，维系一种“祭神如神在”的虔诚。礼毕，须称“阿门”，意为“真诚”，表示“惟愿如此，允获所求”。

5. 礼拜

礼拜每周一次，一般星期日在教堂中举行。主要内容有祈祷、唱诗、读经、讲道等项目。在礼拜时，教堂内常置有奉献箱，或传递收捐袋，信徒可随意投钱，作为对上帝的奉献。

6. 告解

告解俗称“忏悔”。是天主教的圣事之一，是耶稣为赦免教徒在领洗后对所犯错误向上帝请罪，使他们重新得到恩宠而定立的。忏悔时，教徒向神父或主教告明所犯罪过，并表示忏悔;神父或主教对教徒所告请罪指定补赎方法，并为其保密。

7. 圣餐

这是纪念基督救赎的宗教仪式，这一仪式又称“弥撒”，天主教称圣体，东正教称圣体血。据《新约全书》称，耶稣在最后的晚餐时，拿出饼和葡萄酒祈祷后分发给十二位门徒，说:“这是我的身体和血，是为众免罪而舍弃和流出的。”因此，天主教和东正教认为领“圣体”或“圣体血”，意为分享耶稣的生命。在仪式上，由众教徒向神职人员领取经祝圣后的面饼和葡萄酒，它象征吸收了耶稣的血和肉而得到了耶稣的宠光。

8. 终敷

终敷是基督教教徒在病情危重或临终前请神职人员为其敷擦“圣油”，以赦免其一生罪过的宗教仪式。

9. 派立礼

派立礼是授予神职的一种仪式。一般由主礼者将手按于领受者头上，念诵规定文句即可成礼。

10. 婚配

教徒在教堂内，由神职人员主礼，按照教会规定的仪式正式结为夫妻，以求得到上帝的祝福。

四、基督教的主要节日

1. 圣诞节

圣诞节是纪念耶稣诞辰的节日。又称耶稣圣诞节、主降生节、耶稣圣诞瞻礼。由于历法不同，大多数教会定于每年的12月25日为圣诞节。东正教会则定为每年的1月6日或7日。这是西方国家每年最隆重的节日。在圣诞节这一天,通常举行各种形式的娱乐和庆祝活动。人们互赠礼物，举办家庭宴会。圣诞老人和圣诞树为节日增添了喜庆的色彩。

2. 复活节

复活节是纪念耶稣复活的节日，是仅次于圣诞节的重大节日。根据《圣经·新约》记载，耶稣被钉死在十字架后第三天“复活”。公元325年，基督教会规定每年春分月圆后的第一个星期天为复活节。鸡蛋和兔子是复活节的吉祥物。在这一天，各个国家和地区都有不同的庆祝方式，最普遍的是人们互赠象征生命和繁荣的复活彩蛋。

3. 圣灵降临节

据《圣经》记载，耶稣“复活”后第四十日“升天”，第五十日差遣“圣灵”降临;门徒领受圣灵后开始传教。据此，基督教会规定:每年复活节后第50天为圣灵降临节，又称五旬节。

除了以上的节日外，基督教的主要节日还有:受难节(复活节的前两天)、显现节(公历1月6日)、耶稣升天节(复活节后第40天)、棕枝主日(复活节前一周的星期天)、三一主日(圣灵降临后的星期天)。

五、基督教的禁忌

1. 忌讳崇拜除上帝以外的偶像。向基督徒赠送礼品，要避免上面有其他宗教的神像或者其他民族所崇拜的图腾。要尊重基督徒的信仰，不能以上帝起誓，更不能拿上帝耶稣开玩笑。基督教由于教派不同，其各个教派的教条也有所不同，为了避免无意中损伤感情，对一些问题一定要弄清楚。

2. 忌食带血的食物。

3. 忌讳衣冠不整。

4. 基督徒有守斋的习惯。基督教规定，教徒每周五及圣诞节前夕(12月24日)只食素菜和鱼类，不食其他肉类。天主教还有禁食的规定，即在耶稣受难节和圣诞节前一天，只吃一顿饱饭，其余两顿只能吃得半饱或者更少。基督徒在饭前往往要进行祈祷，如和基督徒一起用餐，要待教徒祈祷完毕后，再拿起餐具。

5. 忌讳13和星期五。另外，他们讨厌“13”这个数字和“星期五”这一天。在基督徒眼中“13”和“星期五”是不祥的，要是13日和星期五恰巧是同一天，他们常常会闭门不出。在这些时间，千万别打扰他们。

第三节 伊斯兰教礼仪

伊斯兰教是与佛教和基督教并列的世界三大宗教之一。公元7世纪初诞生于阿拉伯半岛。它是由伊斯兰教的先知穆罕默德所创。他们主要分布在阿拉伯国家以及西亚、中亚、南亚、东南亚和印度、巴基斯坦、中国等地区。在国际社会中，有40多个国家，其穆斯林占全国人口的大多数，其中部分国家伊斯兰教是法定的国教。

一、伊斯兰教的起源与传播

公元610年前后，穆罕默德宣称自己是“安拉”的使者，是“先知”，他奉行“安拉”的意志创立伊斯兰教。

由于受到麦加贵族的强烈反对和迫害，公元622年7月16日，穆罕默德率领部分信徒迁往麦地那，并在那里建立了政教合一的宗教公社。后来，伊斯兰教国家将622年7月16日定为伊斯兰教历法纪年的开始。

公元630年，穆罕默德亲自率领万人大军攻克麦加，废除麦加克尔白古庙的多尊神像，只留下嵌置在天房东面壁上的黑色陨石作为全体穆斯林朝圣的对象，并将古庙改成了清真寺。公元631年穆罕默德征战叙利亚。632年，穆罕默德朝见麦加，同年6月死于麦地那，并葬于麦地那。

伊斯兰教传入中国的时间，一般认为是唐高宗永徽二年（公元651年）。大食国（唐宋时对阿拉伯帝国的称呼）派遣使者来长安朝贡，伊斯兰教也随之传入中国。从那时起，阿拉伯、波斯等国家的穆斯林就沿着海上的“香料之路”和陆上的“丝绸之路”源源不断地来到中国。

伊斯兰教传入我国之后，信徒遍及甘肃、宁夏、新疆、青海等西北地区。元末明初之际，我国通称伊斯兰教为“清真教”。目前，我国有伊斯兰教信徒，主要分布于西北部的甘肃、宁夏、新疆、青海等省、自治区，其余散布在全国各地。1953年成立“中国伊斯兰教协会”，2001年成立“中国伊斯兰教教务指导委员会”。

二、伊斯兰教常识

1. 教义

伊斯兰教的基本教义就是信仰安拉是唯一的神。安拉，在我国被穆斯林称之为“真主”，西北地区称“胡达”。伊斯兰教徒不仅无条件地信仰安拉，还要无条件地信仰安拉的使者穆罕默德。

(1)伊斯兰教的基本信仰

伊斯兰教信安拉、信使者、信天使、信《古兰经》及其之前的诸经典、信前定、信后世。

(2)伊斯兰教的基本实践

伊斯兰教教规规定，每个穆斯林必须履行五项宗教功课，简称“五功”，亦称五大天命，即念、礼、斋、课、朝。

①念功，指念诵《古兰经》，主要是念诵清真言，心念或口念“万物非主，惟有真主；穆罕默德，真主使者”。

②礼功，即一日五次礼拜，按规定时间和程序，面向圣地麦加“克尔白”（天房）朝拜真主安拉的仪式。每天晨、晌、晡、昏、宵五个时辰面向麦加方向做礼拜五次。每星期五要进行一次“主麻拜”，每年开斋节和宰牲节要进行节日礼拜。日常礼拜前要“小净”（洗脸、洗手等），主麻拜和节日礼拜前要“大净”（沐浴更衣），以示涤罪和保持身体和衣服的洁净。礼拜时要面向麦加大清真寺的克尔白(天房)依次完成七个不同的动作，即：举两手于头的两旁，口诵“真主至大”；端立，置右手于左手之上，口诵《古兰经》首章；鞠躬，以手触膝，行鞠躬礼；直立并抬起双手，口诵“赞颂主者，主必闻之”；跪下，两手掌附地，叩首至鼻尖触地；跪坐；第二次叩首。从口诵《古兰经》首章开始的这一系列动作，构成一拜。礼拜一般由伊玛目率领集体举行，也可以单独举行。

③斋功，即斋戒。每年伊斯兰教历太阴年九月斋戒一个月。斋月里，穆斯林在日出到日落这段时间内禁止吃喝娱乐等活动。幼儿、旅行者、病人、孕妇和哺乳者可不守斋，但应以延缓补斋或施舍的办法罚赎。

④课功，即天课。被视为“奉主命而定”的宗教赋税。伊斯兰教规规定，穆斯林每年都要对自己的财产进行清算，除去正常开支外，其盈余财产，要按不同的课率缴纳课税，主要用以救助穷人。在我国，穆斯林均为自愿捐奉。

⑤朝功，即朝觐。朝觐就是朝见圣地，这是真主的要求。今沙特阿拉伯境内的麦加是穆罕默德的诞生地、伊斯兰教的摇篮和圣地。伊斯兰教规定，凡理智健全的成年穆斯林，身体健康、有经济能力者，无论男女，一生中都应前往麦加朝觐克尔白(天房)一次。“大

朝”（亦称“正朝”）的朝觐时间为伊斯兰教历十二月八日至十二日。“大朝”之日为伊斯兰教的主要节日宰牲节（十二月十日，我国称“古尔邦”节）。朝觐要进行一系列烦琐的宗教仪式。朝觐过的穆斯林被称为“哈吉”。除朝觐季节外，任何时候个人都可单独去麦加朝觐，称为“小朝”或“副朝”。完成过朝觐功课的穆斯林，均可获得“哈吉”的荣誉称号。

2. 经典

伊斯兰教的经典是《古兰经》和《圣训》。

《古兰经》是伊斯兰教最基本的经典。是伊斯兰教的根本宪章和立法依据，是穆斯林的行为规范和准则。伊斯兰教认为它是穆罕默德在创教过程中向信徒传达的安拉的启示，穆罕默德逝世后由其继任者整理成书。书中记载了穆罕默德的生平和传教活动，伊斯兰教的教义和教规，当时流行的历史传说和寓言、神话、谚语等，内容极为丰富。这部经典既是宗教宪章，又是一部阿拉伯文献，更是一部著称于世的文学巨著，被称为公元7世纪阿拉伯社会的百科全书。

《圣训》又名《哈迪斯》，意思是“语言”、“行为”、“道路”，是仅次于《古兰经》的伊斯兰教经典。它同《古兰经》一样都记载着穆罕默德的言论，所不同的是没有采用安拉的名义。《圣训》不仅记载着穆罕默德的言论，而且包括他的日常行为，以及经他许可或默认的他的一些弟子的言行，系《古兰经》的补充和注释。

3. 信奉对象

伊斯兰教的信奉对象有安拉、使者和天使。伊斯兰教认为安拉是独一无二的真主，除安拉之外别无神灵。穆斯林信仰使者，伊斯兰教认为穆罕默德是主的最后一位使者，也是最伟大的使者。穆斯林还信仰天使，认为天使是真主创造，奉安拉的差遣，专为传达安拉旨意来到人间的。

三、伊斯兰教的主要礼仪

1. 称谓

伊斯兰教信徒称“穆斯林”（意为顺从安拉的人）。对麦加朝觐过的穆斯林，在其姓名前冠以“哈吉”（阿拉伯语意为朝觐者），对管理清真寺事务和在清真寺内办经学教育的穆斯林，称“管寺乡老”、“社头”、“学董”。对德高望重、有学识和有地位的穆斯林长者，尊称为“筛海”、“握力”、“巴巴”和“阿林”等。

伊斯兰教对教职人员和具有伊斯兰教专业知识者通称为“阿訇”。中国伊斯兰教一般称呼在清真寺任职并主持清真寺教务的阿訇为“教长”或“伊玛目”；讲授经训的师长和讲授《古兰经》、圣训及其他伊斯兰教经典的宗教人员都称为“经师”；伊斯兰教教法说明者和协助清真寺伊玛目处理日常教法事务的助手，被称作“穆夫提”；对在清真寺里求学的学生称“满拉”、“海里发”。

四、伊斯兰教的主要节日

1. 开斋节

开斋节是穆斯林的一个重大节日，我国新疆地区称肉孜节。节日期间，男女老少都要沐浴更衣，男人们涌向清真寺举行会礼和庆祝活动。妇女们在家里做礼拜，然后探亲访友。青年男女往往选择这一天举行婚礼，以增添欢乐气氛。

2. 古尔邦节(宰牲节)

“古尔邦”是献身和牺牲的意思。又称为“宰牲节”，中国穆斯林称之为“小开斋”或“小尔代节”。届时，世界各地穆斯林举行盛大的会礼，宰牛、羊、骆驼互相赠送。在中国，有的信仰伊斯兰教的民族这一天还要举行叼羊、赛马、摔跤等大型文体活动。

3. 圣纪节

圣纪节又称为圣忌日，是仅次于开斋节、古尔邦节的第三大节日。相传穆罕默德的诞生日和逝世日都是在伊斯兰教历三月十二日，节日的主要活动是诵经、赞圣、宣讲穆罕默德的生平事迹等。

五、伊斯兰教的禁忌

1. 信仰禁忌

根据“认主独一”的信条，伊斯兰教徒忌任何偶像崇拜，只信安拉；禁模制、塑造、绘制任何动物的图像。所以在伊斯兰建筑艺术与其他艺术作品中只能看到绘制的植物或几何图形。

2. 饮食禁忌

伊斯兰教的饮食禁忌较多。对于自死之物的血液和猪肉，以及未诵真主之名而宰杀的动物都禁食。奇形怪状、污秽不洁、爪利锋锐和性情凶恶的飞禽、猛兽及无鳞、无须的鱼类，也在禁食之列。酒是穆斯林生活中的一大禁忌。穆斯林禁酒喜茶，在接待穆斯林客人时，最好用罐装饮料，如客人饮茶要用清真茶具。伊斯兰教在饮食方面还有两条附加规定：其一是可食之物在食用时也不能过分和毫无节制，其二是禁食之物在迫不得已的情况下食之无过。

3. 行为禁忌

穆斯林每天要做5次礼拜，在礼拜期间，忌外来人表示不耐烦与干扰礼拜的样子。同时，穆斯林在礼拜前，必须净身，清真寺大殿内严禁穿鞋进入。非穆斯林进入清真寺，不能袒胸露背，不能穿短裙和短裤。在穆斯林做礼拜时，无论何人何事，都不能喊叫礼拜者，也不能在礼拜者前面走动。礼拜时，更不能唉声叹气、呻吟和无故清嗓，严禁大笑，吃东西。

4. 服饰禁忌

伊斯兰教对女性的服饰有较多的要求，外出时，身体除了手和眼睛以外必须遮盖起来。所以穆斯林妇女要戴“盖头”，即把头发、耳朵、脖子都遮在里面，只露出面部。另外，妇女除了戴盖头外一般还要戴面纱，只露出双眼。在中国，伊斯兰教徒的服饰也是如此，如女性穆斯林在外出时必须戴盖头，老年妇女戴白色的盖头，已婚妇女戴黑色盖头，未婚少女戴绿色盖头。穆斯林男子则多戴无檐小帽，一般为白色。

5. 婚俗禁忌

禁止近亲与血亲之间的通婚，忌与宗教信仰不同者通婚。在中国，如果与非穆斯林结合，非穆斯林无论男女必须改信伊斯兰教。婚礼必须在宗教仪式中举行，并由教长或阿訇证婚诵念经文。

第四节　道教礼仪

道教是源于中国本土的宗教，它以“道”作为其追求的目标，在中国古代影响长久而深远。道教曾被认为是和儒教、佛教一起组成了中国传统文化的三大支柱。在封建社会里，道教与佛教并称为我国的两大宗教。道教在发展过程中，糅合了儒家的某些理论和佛教的某些仪式，成为一个在理论上、组织形式上、教义教规等方面都非常完备并具有世界影响的一大宗教。

一、道教的起源与发展

道教的产生、传播和发展，大致经历了三个阶段。

1. 原始道教阶段

东汉末年，张陵（又名张道陵）在四川鹤鸣山自称太上老君授之以“道”，命其为天师，于是在巴蜀地区创立了“五斗米道”。他们以为百姓治病为名进行宗教活动，凡被治好病的要交五斗米，故被称为“五斗米道”。信徒们尊张陵为天师，故五斗米道又称“天师道”。

与此同时，冀州巨鹿人张角自称“大贤良师”，在北方传教，人称“太平道”。此二者均属早期道教。

2. 道教理论化阶段

对道教理论化作出突出贡献的是葛洪、陆修静、寇谦之和陶弘景四人。

葛洪总结神仙方术的理论，形成了道家比较完整的修炼体系。他主要采用外丹和内丹修炼之术。外丹指用丹炉或鼎烧炼铅汞等矿石，制作“长生不死”的丹药。内丹主要指行气、导引、呼吸吐纳之术，旨在使精气神在体内凝结成丹，从而达到长生不死的目的。

南朝庐山道士陆修静和北朝嵩山道士寇谦之不仅分别创立了南、北天师道，而且还完善了道教的教规、仪范。

陆修静的再传弟子茅山道士陶弘景主张儒道释三教合流，为道教构建了一个整齐有序的神仙谱系，对后世道教的发展影响极大。自此，道教形成了一套较为完整的理论体系。

3. 道教两大派系的形成阶段

隋唐时期，道教得到进一步发展，产生了诸多派别。此后，各派之间逐渐融合，明清时，全真道成为丹鼎派的代表，正一道成为符箓派的代表，一直流传至今。

(1)金真道

亦称全真教或全真派。它是金代(1167 年)兴起于北方最大的道教宗派，创始人为陕西咸阳人王重阳。全真教在基本教义方面，主张三教合一，以老子的《道德经》、儒家的《孝经》、佛教的《般若心经》为主要经典。在修行方面，全真道注重内丹修炼，不尚符，不事黄白之术(冶炼金银之术)，以修身养性为正道。在教规方面，全真道有比较严格的教规，道士出家须住宫观，不蓄妻室。全真道还建立了丛林制度，各地全真派道士云游至全真十方丛林时，均可栖息学道。王重阳死后，他的 7 个弟子分别开创了 7 个支派，其中长春真人丘处机所创的龙门派势力最大。

(2)正一道

亦称正一教或正一派，是元代形成的道教宗派。张陵第四代弟子张盛迁居江西龙虎山后，尊张陵为“正一天师”。元成宗于大德八年(1034 年)授江西龙虎山第 38 代天师张与材为“正一教主”，主领三山符箓。三山符箓指龙虎山悄皂山和茅山等以符为主的道教宗派。从此，天师道正式改名为正一道。正一道的形成其实是江南道教的统一。

正一道是集符之大成者，他们尊张与材为当然的领袖，以《正一经》为主要经典。在修行方面不重修持，崇拜神仙，以画符念咒、降神驱鬼、祈福禳灾为主要特征。道规方面亦不甚严格，正一道允许道士结婚家居，也可以出家山居。主要支派有正一派、上清派、灵宝派、武当派等。

目前，我国北方道教宫观多属全真派，正一派则主要流行于江南地区和台湾省。唐代以后，道教开始向外传播，逐渐流传到朝鲜、日本、越南以及东南亚一带。明代以后道教逐渐衰微，特别是清代皇帝重佛抑道，使道教的社会地位更趋衰落。近年来，国外为研究中华文化，研究道教的学者和学术团体日益增多。

二、道教常识

1. 教义

道教作为一种成熟的宗教不仅具有宗教组织、活动场所、行为方式等外在的东西，更重要的是有一套完整的神学理论—— 道教教义。道教的教义庞杂，但基本内容是：

①道教的核心信仰是神化了的“道”。道，原先是先秦道家的哲学概念，道教尊奉先秦道家学派创始人老子为教祖，将其《老子》(《道德经》)作为道教的主要经典。《老子》把道视为“虚无”，认为“道”是“虚者之系，造化之根，神明之本，天地之无”，“道”生成宇宙，宇宙生成元气，元气构成天地、阴阳、四时，由此而化生万物。“道”是超越时空永恒存在的力量，是天地万物之根源，又是万物演化的规律，是宇宙万物之中最核心的东西。

②道教追求长生不老，肉身成仙。道教有一套完整的修炼方法(即道教的养身之道)，修炼的目的是追求长生不老、肉身成仙。

2. 经典和标识

道教经书的内容十分庞杂。《道藏》是道教经典的总集，是中国古代文化遗产的重要组成部分。

道教的标记是太极八卦图。

3. 供奉对象

道教的供奉对象分尊神、俗神和神仙三大类。

(1)尊神

① 三清：三清是玉清、上清、太清的合称，是道教信奉的最高尊神。玉清又称元始天尊，居清微天之玉清宫；上清又称灵宝天尊，居禹余天之上清宫；太清又称道德天尊，亦称太上老君，居大赤天之太清宫。三清尊神是“道”的人格化身，宇宙万物皆由其开创。

② 四御：四御是地位仅次于三清、辅佐三清的四位天帝。他们是：玉皇大帝，由其总执天道；紫微北极大帝，由其协助玉帝分管天地经纬、日月星辰和四时之神；南极大帝，由其协助玉帝执掌南北极与天、地、人三才，并主持人间兵革之事；后土皇地祇，由其执掌地道，主管阴阳生育与大地山河之秀。玉皇大帝和后土皇地祇俗称“天公地母”。

③ 日月星宿：指日、月、木星、金星、土星、水星、火星、土星及黄道圈上的二十八星宿及北斗星。它们均是道教信奉的级别较高的天神，法力巨大。其中二十八星宿中的北方玄武七宿，宋代时逐步被人格化为道教大神，称为“真武大帝”。北斗七星中的前四颗星是为魁星，道教认为其主文运，所以与掌管人世功名利禄的文昌帝君一样，备受读书人的崇拜。旧时“魁星楼”、“魁星阁”遍布各地。四方神即东方青龙、南方朱雀、西方白虎；北方玄武四

神。道教以此四神为护卫神，以壮威仪。

④ 三官：即天官、地官、水官。据称，天官赐福、地官赦罪、水官解厄。三官的诞生日别在上元正月十五、中元七月十五、下元十月十五，故三官又称"三元大帝"。

(2) 俗神

俗神指流传于民间而被道教信奉的神。有主掌自然现象的自然神，如雷公、风伯。有管理一方水土的城隍、土地、山神。有保佑居家或出入平安的门神、灶神和妈祖。有具有特定职能的行业神，如药王、财神。还有关帝圣君、文昌君及道教守护神王灵官等。

(3) 神仙

神仙是道教理想中修炼悟道而神通广大、长生不死的仙人。一类是传说中的人物，如黄帝、西王母、九天玄女等；另一类是历史上确有其人，后经民间传说和道教的渲染，变成了神通广大、长生不死的仙人，如流传民间的"八仙"——铁拐李、汉钟离、张果老、何仙姑、蓝采和、吕洞宾、韩湘子、曹国舅。

三、道教的主要礼仪

1. 称谓

出家的道士，一般应尊称为"道长"。道士又称"黄冠"、"羽客"。女道士一般应尊称为"道姑"，又可称"女冠"。此外，还可根据其职务尊称法师、宗师、方丈、监院、住持、知客。非宗教人员对道士可尊称"道长"或"法师"，前面也可以冠以姓，例如称"王道长"或"刘法师"等。

2. 交往

道士不论在与同道还是与外客的接触中，习惯于双手抱拳胸前，以拱手作揖（又称稽首）为礼，向对方问好致敬，这是道教传统的礼仪。作揖致礼的形式，是道教相沿迄今的一种古朴、诚挚、相互尊重和表示友谊的礼貌。见面时用语为"无量天尊"或"赦罪天尊"，通用应答语为"慈悲"，也可同语应答。后辈道徒遇到前辈道长，一般可行跪拜礼、半跪礼或鞠躬礼。各派的跪拜礼略有不同，一般以师承为训。非宗教人员遇到道士，过去行拱手礼，现在也可以随俗，用握手问好。

3. 道场

道场是一种为善男信女祈福、禳灾、超度亡灵而设坛祭祷神灵的宗教活动。道教的斋醮道场分为祈祥道场和度亡道场。凡参加道场的信众，均要斋戒沐浴，诚心恳祷，服装整洁，随同跪拜。祈祥时默念"消灾延寿天尊"，度亡时默念"太乙救苦天尊"，求福时默念"福生无量天尊"。

4. 颂经

颂经是道教的主要宗教活动。道士每天要颂经两次，称早晚功课。早颂清净经，晚颂救苦经。

5. 上殿

道士上殿，必须穿戴整洁。道士值殿，禁止谈笑，并要保持殿宇整洁。道士在道观内的饮食、起居和作息，均须按各道观内的清规执行。如饭前念“供养经”，吃饭时不准讲话，碗筷不要有响声，饭后念“结斋经”。

外道进道观，必须先上殿进香和行礼，并且同知客道士对话。非宗教教徒参观道观时，礼拜上香可以随意，如果上香，上香礼为双手持香，过顶，插入香炉，鞠躬后退。一般信徒上香，可以跪拜，通常是三叩首。

四、道教的主要节日

道教信奉的神仙众多，每逢神仙的诞辰日就是道教的节日。三元五腊日，也是道教节日中较重要的。即正月十五上元节，七月十五中元节，十月十五下元节；正月初一天腊，五月初五地腊，七月初七道德腊，十月初一民岁腊，十二月初八王侯腊。也有各地方道观将地方神的诞辰定为节日的。每逢节日，各个道观都要举行比较隆重的仪式，进行设坛、诵经、礼忏等活动。

1. 老君圣诞

老君圣诞是纪念道教所奉教主老子诞生的日子。老子的生卒年月已不可考，道教关于老子的传记书如《犹龙传》《混元》《太上老君年谱要略》等，都说老子生于殷武丁九年二月十五日（大概比孔子早几十年）。后世道观就于每年此日做道场，诵《道德真经》以示纪念。

2. 玉皇圣诞

玉皇圣诞是纪念道教所奉玉皇大帝的诞生日。道教各种典籍称玉皇大帝生于丙午岁正月九日，后世道观遂于每年此日举行祭祀，以纪念玉皇诞辰。

3. 吕祖诞辰

吕祖诞辰是纪念八仙之一的吕洞宾诞生的日子。相传唐德宗贞元十四年（798 年）四月十四日巳时，众见一白鹤，自天而降，飞入吕洞宾母之房中。其时吕母正寐，亦梦此情此景，惊觉，遂生吕洞宾。后世道观根据这一传说以四月十四日为吕祖诞辰，并于每年此日举办斋醮以示纪念。

4. 蟠桃会

神话中西王母以蟠桃宴请诸仙的盛会。相传夏历三月三日为西王母诞辰，是日西王母大开蟠桃会，诸仙都来为她上寿。道教每年于此日举行盛会，俗称蟠桃会。

五、道教的禁忌

道规即道教要求道教徒遵守的规则。道规名目繁多，涵括内容十分广泛。简单来说，它是以儒家的伦理道德为基础，再加上特有的宗教信仰，构成了既约束道士行为，又对社会民众有威慑力的道教戒律。

道教的主要道规是“三皈五戒”。三皈即皈道、皈经、皈师。其作用是：皈依道，常侍天尊，永脱轮回；皈依经，生生世世，得闻正法；皈依师，学以上乘，不入邪念。五戒是：一不杀生，二不偷盗，三不邪淫，四不妄语，五不酒肉。此外，还有“八戒”、“十戒”、“老君二十七戒”等，戒条最多者达1 200条。凡出家道士都要受戒，遵守道规。

☆ 本章思考题

1. 学习宗教礼仪知识在旅游接待与交际活动中有什么重要意义？
2. 基督教有哪些主要的礼节？
3. 基督教有哪三大教派？我国所说的基督教指的是哪一派？
4. 佛教的基本教义是什么？
5. 佛教是何时传入我国的？佛教都有哪些主要节日？
6. 伊斯兰教信徒穆斯林在饮食方面有哪些禁忌？
7. 伊斯兰教的称谓有哪些？

第七章　我国主要少数民族礼仪

我国是一个统一的多民族的国家，56 个民族中，汉族人口最多，约占总人口数的 92%。其他 55 个民族称为少数民族，主要分布在我国的西部地区。在长期的历史发展过程中，我国各民族经历了不同的过程，并在礼貌、礼节、礼仪、饮食、禁忌等方面形成了不同的风俗习惯和文化特点，本章将重点探讨上述问题。

第一节　我国主要少数民族习俗与礼仪

一、回族

(一)分布

回族人口多，而且分布广。全国 2000 多个县、市中几乎都散居着回族。比较集中的地区是宁夏回族自治区。其他分布较多的是甘肃、河南、河北、青海、山东、云南、安徽、辽宁、新疆，从而形成了大分散、小集中的特点。

(二)礼仪

回族人信奉伊斯兰教。伊斯兰教对穆斯林(伊斯兰教教徒)的日常生活做了种种规定，伊斯兰教的教规和民族习俗已经融合，不论是否信教，其礼节礼仪都明显地表现出伊斯兰的特色。有念经、礼拜、封斋等仪式，还要缴纳“天课”(宗教税)，在礼俗方面，有尊敬长者;禁止用食物开玩笑;不用禁忌的东西做比喻;禁止背后议论别人的短处;外出必须戴帽，不能露顶等等。最普通遵守的礼仪规范是:①尊敬长者。②讲究卫生，室内洁净、饭前便后要洗手。③阿訇是清真寺主持教务的人，极受穆斯林及回族人的尊重。当他们在祈祷时，千万不要打扰他们。

回族人民待人和蔼可亲，有礼有节。当家里来客人时，走出大门外去迎接。如客人骑自行车，立即把车子接过来推上，对有行李包的客人要把行李接过来提上。客人进屋时，要主动给揭开门帘，让客人先进屋。客人入座后，马上沏茶、备饭。把饭菜做好端上桌子以后，主人不陪坐、不陪吃，站在地下，先说一声“请口道”，接着一再谦让、夹菜，照顾客人吃好饭。同客人谈话的时候，不能左顾右盼。送客人的时候，不能沉着脸，要和颜悦色，经一再挽留而不止步再送出大门。到人家做客或入座时，坐下的时候，以“色俩目”给靠近自己的人问安。

回族众人同桌聚餐时，先洗手以后，谦让年长的人坐上席，要等他动筷子以后，其他人再动。吃饭时，不说污言秽语，不在碗里乱吹乱搅，要小口进食。吃烙饼、馍馍、油香时，不拿在手里大口大口咬着吃，而要用手掰着吃。饮水时，要慢饮。

（三）节庆

中国回族同维吾尔族、哈萨克族、东乡族、撒拉族、柯尔克孜族、乌孜别克族、塔塔尔族、保安等民族一样，均信奉伊斯兰教，其节日都与伊斯兰教有关。

1. 开斋节

斋月开始的日期在九月初三以前，如在初一的晚上，人们能见到新月，那么这天晚上就进入斋月。若因气候条件见不到新月，可延迟到初三晚上。封斋的人，在日出前要吃饱饭，日出后至太阳落山前，要坚持工作，但禁止行房事，断绝一切饮食。斋月的最后一天要寻看新月，见月的次日即为开斋节。开斋节清晨，清真寺的钟声响过之后，回民男女要穿上节日的盛装，到清真寺参加礼拜。

2. 古尔邦节

阿拉伯音译，意为“牺牲”、“献身”，故亦称“宰牲节”。大部地区的回族称为“小尔德”，一般在开斋节过后七十天举行。伊斯兰教规定，每年十二月上旬，是教徒前往麦加朝觐的时期。在朝觐的最后一天（十二月十日），要宰杀牛羊共餐庆祝，这就是古尔邦节。

3. 圣纪节

圣纪节也称“圣忌节”，是纪念伊斯兰教创始人穆罕默德诞辰和逝世的纪念日。相传穆罕默德诞辰和逝世都是在伊斯兰教历的三月十二日，广大穆斯林为了纪念伊斯兰教对穆罕默德创教功绩，在他诞辰和逝世的这一天举行集会，以后便逐渐演变成为伊斯兰教的重要节日，节日活动多由清真寺主持。届时，穆斯林们穿戴整齐，到清真寺沐浴、更衣、礼拜。节日主要内容有颂经、赞圣、讲述穆罕默德的历史等。

（四）习俗

回族人民非常讲究卫生，饭前饭后都要洗手。回族的主食为蒸馍、包子、饺子、馄饨、汤面、牛羊肉泡馍和油炸食品等；副食中的肉类为牛肉、羊肉、鸡鸭和有鳞的鱼类；蔬菜大部分都爱食用。

回民喜欢喝茶。华北地区回民喜欢喝茉莉花茶，西北地区回民喜欢喝砖茶，西南地区回民喜欢以饮用红茶和花茶为主，东南地区回民多饮清茶。饮酒则一般不是他们的嗜好。

在习俗方面，回民受汉民族文化强烈影响，衣着已与汉族相近，但仍保留自己的特色。妇女头上戴圆口帽，搭盖头，一般把头发、耳朵、脖子都掩盖起来。盖头有少女、媳妇、老妇之分：少女戴绿色的，媳妇戴黑色的，老妇戴白色的，服装为右大襟短上衣，着长裤。年轻人喜欢在前襟、胸前绣花，在衣服上镶色、滚边。男人头戴白色或黑色无沿小帽，又称“礼拜帽”，上着对襟短上衣，穿白长裤、白袜子，喜欢在白衬衣外套坎肩。回族男子很注意胡须的修饰。回民对肉食的选择比较严格，只吃反刍类畜肉，如牛、羊、骆肉和食谷类的鸡、鸭、鹅肉及带鳞的鱼类，不食用自死的禽畜和畜血。回民喜食各种富有民族风味的传统小吃，如味美汁浓的清汤羊肉、羊羔肉、牛羊肉夹馍、羊杂碎汤、酿皮、白水鸡、切糕，爱吃各种油煎食品，最常见的有油香和馓子。馓子条细心空，焦脆香酥，入口即碎。回民家里盖碗茶很有特色，种类有红糖砖茶、白糖清茶、冰糖窝窝茶及“八宝茶”。“八宝茶”里面放有花生、柿饼、红枣、核桃仁、芝麻等辅佐料。揭开碗盖，香气四溢。回族人举行婚礼前两三天，男方要给女方家送去蒸馍、羊肉，叫“催妆礼”。结婚那天，男方要去接新娘，新娘全家人送亲。新娘被送到男方家门时，新郎要围着喜车转一圈，然后将新娘及全家人迎进大门。从大门到新房门，新娘要由新郎的哥哥或舅舅抱着走进新房。两家客人互道过“色拉日”后，举行念“尼卡哈”仪式。仪式结束后，新娘、新郎进入洞房，新郎揭去新娘红盖头，互相交换礼物，并要用喜糖、核桃、喜枣撒向前来贺喜的客人，称“撒喜”。晚饭后，客人开始闹洞房，由一人当司仪，出点子，让新郎、新娘表演节目。3天后，新郎陪着新娘“回门”（回娘家）。

（五）禁忌

1. 回族人忌吃猪、驴、狗肉以及凶猛禽兽的肉和无鳞鱼类。

2. 忌讳将信奉伊斯兰教的民族成员与其他民族成员混坐于餐桌前，端茶时不宜从其旁边走过。

3. 回族人外出戴帽子，忌露顶。

4. 忌别人在背后议论其民族风俗。

5. 可食用的畜禽，不能随随便便拿来即食，必须经过阿訇宰杀，然后方可进食。反之，就是对真主的不恭，要受到严厉的惩罚。

6. 回族人在家宴客，还忌主人陪客，通常请族中男性长者或亲朋好友作陪。这些禁忌在其他穆斯林民族的家庭中也都或多或少存在着。

7. 严格禁止用食物开玩笑;不能用忌讳的东西作比喻。

8. 禁止在背后诽谤别人或议论他人短处。

9. 反对赌博、游手好闲等。

10. 忌用左手递送物品。

二、蒙古族

（一）分布

我国的蒙古族共有480余万人，绝大多数聚居在内蒙古自治区，其他分布于黑龙江、辽宁、吉林、新疆、甘肃、青海、宁夏、河北、河南等省区。其中一部分生活在牧区，另一部分生活在农业区。蒙古族是一个勤劳勇敢的民族，世世代代生活在我国北方的大草原上，大部分从事畜牧业，也有一些经营农业或半农半牧。蒙古语属于阿勒泰系蒙古语族，分内蒙古、卫拉特、巴尔虎布利亚特3种方言。蒙语文字最初是在回鹘文字的基础之上创制的。蒙古族人多信喇嘛教。

（二）节庆

1. 大年

蒙古族叫过春节为过大年，农区与汉族相仿，牧区另有自己的特色。大年前家家户户都要置办送亲友的礼物，清扫蒙古包，制作新的蒙古袍、蒙古靴，购置奶桶、毡子、锅盆等用具。从年三十到初五是最欢乐的几天。年三十晚上，全家老小围坐在摆满香喷喷食物并供有祖先名字的矮桌旁“守岁”。午夜，开始饮酒进餐。首先，儿女们要给父母和长辈敬酒祝愿，全家要多吃多喝，剩得越少越好，象征新的一年里不愁吃穿。唯有黄油、红糖、白面混合烙出的大圆饼（新年饼）每人吃一口，意思是全家永不分离、永久团圆，永远过着甜甜蜜蜜的幸福生活。蒙古族讲究熬年。三十晚上，蒙古包灯火辉煌，马头琴声和歌声不断，通宵达旦。蒙古族拜年一年拜一次，也有拜两次的。初一，天还未亮，男女老少都换上新衣服，晚辈给双亲和老年人叩头、献哈达、敬酒。老人们斟上满满一碗奶，祝愿子女幸福。

有些还要全家到寺庙向喇嘛叩头，求活佛保佑。新春期间，男女青年跨上骏马，带上哈达、美酒等礼物，三五成群，挨个地给亲友拜年。拜年途中，男女青年常常利用这个机会赛马，互相追逐，气氛热烈欢乐。

2. 小年

农历腊月二十三日为小年。蒙古族对火神十分崇敬，认为火神可以赐予人们幸福与财富，把3天叫“日火”，30日叫“月火”。小年正是送火神爷的“年火”日子，因此特别热闹。这天，要在“灶神”前烧香，供献牛羊肉、黄油、奶皮、糖果等食物，名为“灶祭”，全家团圆欢乐。晚上，把事先准备好的草或兽粪用火点着，再从各种供品中取一点，投进火堆，全家老少对着火焰向火神祷告，名为送灶神。

3. 敖包祭祀

敖包是蒙古语译音，也叫“鄂博”，是堆子的意思，即人工积成的石堆、土堆，在圆坛之上堆积石头为台，台基上面分成大、中、小3层，重叠成圆锥体，周围涂白土，高几十米，形似烽火台，远望又如尖塔。祭敖包的时间，多在水草丰茂的季节。届时，敖包上插树枝，上挂五颜六色的布条或纸旗，旗上写经文，并请喇嘛来焚香点火、诵经念咒。官民一起围着敖包，从左向右走3圈，祈神降福。祭祀:祭祀礼仪大致有血祭—— 宰杀自己喂养的马、牛、羊，供奉在敖包之前;酒祭—— 将鲜奶、奶油、奶酒一滴滴洒在敖包前;火祭—— 在敖包前点燃干柴堆或动物粪便堆，各户走进火堆念自家姓氏，供上祭品，把“布呼勒马哈”(羊肉丸子)投进火里，火越烧越旺;玉祭——以玉为供品，现在一般用硬币或炒米等物代替玉。敖包礼仪结束后，要举行传统的骑马、摔跤、射箭、唱歌跳舞等娱乐活动。此后，参加娱乐活动的人开怀畅饮，男女青年往往借此机会相见，登高远游，互相追逐，诉说衷情。

4. 那达慕

“那达慕”是蒙古语娱乐、游戏的意思。“那达慕”大会是蒙古族一年一度的传统盛会和节日。每年6月至9月份的牧闲季节，在牧草繁茂、牲畜肥壮的季节里举行。

“那达慕”的内容包括传统的射箭、赛马和摔跤比赛，俗称男子三项“那达慕”。

早在13世纪初成吉思汗时期，“那达慕”只是一种祭天求神的活动。当时，蒙古族的首领在活动中除制定法规、任免官员、实行奖惩以外，还要开展射箭、赛马、摔跤三项比赛。成吉思汗非常喜欢这种娱乐。他特地从西域召来一个名叫不哩孛阔的大力士。这位大力士与成吉思汗的弟弟别勒古台比赛时取得了胜利，而获得金银美女的重赏。后来，“那达慕”由祭祀活动演变成为以三项比赛为主要内容的传统盛会。

蒙古族的孩子从五六岁开始就联系骑马、射箭和摔跤。

“那达慕”大会十分隆重。每当举行草原“那达慕”大会时，周围一二百米里的牧民都身穿节日盛装，扶老携幼，带着蒙古包和各种食物，乘车骑马，从四面八方赶去参加。这时，青绿的草原上蒙古包和各色帐篷星罗棋布，到处彩旗飘扬。商业、饮食服务行业、书店等临时搭起了售货摊，供应各种各样的商品。会场上人欢马叫，笑语欢歌，充满着节日的气氛。

摔跤比赛是“那达慕”大会引人入胜的节目。蒙古族摔跤与古典式摔跤及中国式摔跤都不同，它不分体重等级，也不计时间，采用一次淘汰制。比赛时不行抱腿，不准搞危险动作，除脚掌外，身体任何部分着地即判失败。蒙古族的摔跤比赛时一种非常讲究礼貌而隆重的活动。按照传统方式进行。肤色黝黑、身材魁梧的“布赫钦”（蒙古语，即摔跤手），上身穿镶有铜钉的“召德格”（蒙古语，即黑色摔跤衣），下身着白色肥大的裤子和绣有吉祥图案的套裤，脚蹬蒙古靴，胸前佩带着红绿条。出场前，先由歌手用蒙古族长调唱一段歌曲。歌词是：“快一点儿呀！把你们最好的摔跤手选出来，让我们进行比赛吧！”然后，摔跤手从两边跳跃着出场。他们展开双臂，上下摆动，两腿高高抬起，就像雄鹰展翅一般，显得十分矫健、英武。比赛时，一般都是三四对同时进行。力士们你揪我拉，互相推摔。有时搏斗激烈，难解难分；有时双双架持，等待时机。有的很快制服对手，分出高下。有的几十个回合，也难决雌雄，只有那些过关斩将、连克群雄的强者才能登上冠军宝座，获得包括9种奖品的厚重奖励，并被誉为“色音布和”（即勇敢的摔跤手），受到人们的崇敬。

“那达慕”大会上的赛马也是一项很吸引人的活动。蒙古族人从小在马背上长大，对马有一种特殊的感情。赛马不仅需要把马驯得十分熟练，而且要有娴熟高超的骑术和顽强勇猛的精神。比赛时，骑手们身着蒙古袍，脚蹬马靴，头上扎着彩巾，腰间缠着艳丽的色带，英姿勃勃，骑着高头大马，一字排列在起跑线上。一声令下，骑手们催马扬鞭，“哒哒”声四起，你追我赶，奋勇争先。数十匹马如同旋风一样卷进绿色的大草原。顿时，尘土弥漫，马蹄声哒哒作响，一幅壮观的万马奔腾的画卷展现在人们的面前。最先达到终点的骑手，被视为草原上最优秀的健儿。

射箭分静射和骑射两种。弓箭的式样、重量、长度、拉力都不限，一般规定每人射9箭，分3轮射完，以中靶的多少评定名次；骑射跑道为4米宽、半米多深、85米长的一条沟。靶位设3个，第一靶在两米的木架上挂一个0.3立方米的白色布袋，第三靶是一个等边三角形的白色布袋。第一、二靶位在射手左侧，第三靶位在右侧。射手身着紧身彩袍，背上弓箭，乘马到起跑线。当裁判员发令后，便开始起跑，抽弓射箭。当射中某环时，环把便自动脱落，观众不断喝彩助威。

除上述活动之外，那达慕大会还是物资交流大会。夜幕降临，草原上飘荡着悠扬动听的马头琴声，年轻人跳起欢快的舞蹈，老人们围坐在帐篷前，品味着香甜的奶茶，谈论着美好的生活。

（三）礼仪

蒙古族人性格豪爽，很讲究礼节。对长者很尊重，也希望受到别人的尊重。他们热情好客，有客人到总是出帐篷迎接。客人进帐应从左边走，入帐后席地而坐。他们往往用“艾拉克”（酸马奶）招待客人，而且客人必须一饮而尽，以表示对主人的尊重。尽管有些食品客人吃不惯，也不能拒绝，应尝一尝，并点头称是以表示谢意。

蒙古人很尊重长者，接受长者赐予的东西，必须屈身去接或跪下一条腿伸右手接。常见礼仪有：

A. 蒙古族传统礼节主要有献哈达、递鼻烟壶、装烟和请安等，现今又增加了鞠躬礼和握手礼。

B. 热情好客，在请客人进入蒙古包时，总是立于门外西侧，右手放在胸部微微躬身，左手指门，请客人先行。

C. 客人就座后主人按浅茶满酒的礼俗热情献上奶茶和美酒，并用哈达托着献给客人。

D. 待客人的佳宴有手抓羊肉和全羊席。接待贵宾或喜庆时要摆全羊席，有烤、煮全羊两种。

E. 送客时，主人要送客人至包外或本地边界。如骑马，主人还要扶客人上马，并说“再见”或“祝一路平安”等语。当目送客人走出一段后，主人才返回住处。

F. 送任何礼品，都要成双成对。送接礼品、敬茶敬酒均要用双手，以示尊重；不应用单手，更不能用左手。

（四）习俗

在居住习俗方面，蒙古族居住的房屋大体上分4类：①喇嘛庙宇，一般选择在风景优美的地方，砖瓦木石，结构类似清代宫殿。②王爷府第，王公贵族居住的地方，和喇嘛庙一样壮观。③蒙古包，砖块木料构成，为草原牧民主要住房。④汉式房屋，为牧区、半农半牧区人居住。蒙古包分为用于牧区的可移动式蒙古包和半农半牧区使用的固定式蒙古包。“勒勒车”是蒙古人主要的传统交通工具，用以拉水、搬家、运送燃料及婚丧嫁娶。车轮直径1.45米，轴轮多用桦木做成。

蒙古族服饰大体分为首饰、长袍、腰带和靴子4个主要部分。首饰十分讲究，逢年过节、探亲访友、喜庆宴会时穿着用珍珠、玛瑙、宝石、金银装饰的首饰，平时牧区女子多用红、绿等长绸带把头缠上。男女冬季多戴尖顶大耳的羊皮帽，夏日多戴前进帽。蒙古人不分男女老幼都喜穿长袍。这种袍子宽大袖长，下端左右不分岔，领子较高，纽扣在右侧。领口、袖口、边沿常用漂亮的花边点缀。男子喜欢蓝色、棕色；女子喜欢红色、绿色、紫色。夏季穿颜色较浅的单夹袍；冬季穿老羊皮做的深色袍子。腰带是穿蒙古袍时所必备的，通常用绸缎面料做成。靴子分布靴和皮靴两种：布靴由厚布或帆布制成，柔软轻便；皮靴用牛皮、马皮或驴皮制成，便于防寒防水。牧民四季离不开蒙古靴。

蒙古族在饮食方面，牧民以牛羊肉和奶酪为主食，城乡居民以米面为主食。面食喜欢做成包子、饺子、蒙古面饼等。一般每日三餐，早餐为奶茶、馍馍和酥油，午餐一般，晚餐多吃肉。喜欢饮用砖茶沏泡的浓茶，喜欢喝烈性酒。

蒙古族的婚宴习俗为：一夫一妻，同一血缘男女不能成婚。旧时婚宴多由父母做主，通常由男家派媒人带哈达、美酒等到女家说媒，如女方同意，即可订婚。结婚时，由喇嘛选定良辰吉日。结婚那天，男家在所住蒙古包附近另设一新包。清晨，新郎在媒人、伴郎陪同下，跨上骏马前去迎亲。来到女家，女方仍不开门，女方的蒙古包里闭门唱民歌发问，伴郎要用民歌对答如流，伴娘才请男方入门。新郎进门先向佛像叩头，再向新娘的父母献哈达、烧酒等礼品，向亲友呈鼻烟壶问安。然后，新娘在送亲的祝酒歌声中乘马围蒙古包绕行3圈，向父母姐妹告别，在女家亲友陪送下到新郎家。迎亲路上，男女双方要互相追逐嬉戏，抢先到家。迎亲到家，先在蒙古包外环绕3圈，下马后拿着马鞭，双双通过两堆旺火，表示对爱坚贞不渝，也表示对新人消灾避邪、兴旺发达的祝愿。进入包内，新郎、新娘向佛像和新郎父母跪拜，接着新娘同亲人一一相见，互献哈达、赠品或交换鼻烟壶。礼毕后，紧接着举行宴会款待亲友。

蒙古族葬礼极为简单，一般不设灵堂，没有供品，不穿孝服，不烧纸钱，不给亲人通讣闻。旧时一般请喇嘛念经。葬式大体有野葬—— 又称天葬，即人死后，用白布裹身，放在荒野里，任虎狼鹰犬鸟兽啄食。野葬后，子孙在49天或百日内不剃发、不饮酒、不作乐。遇宾客不寒暄，以示哀悼。火葬—— 给死者全身缠上白布，涂上黄油，请喇嘛念经超度，然后将尸体投入烈火焚烧。焚烧后，往往拣拾骨灰，和以麦粉，制成人形，存在喇嘛庙的宝塔，或送五台山灵域，以示成佛。土葬—— 亦称棺葬，多是农区的葬法，牧区王公贵族也用此法埋葬。

蒙古人也信奉藏传佛教。

蒙古牧区以肉食为主，主要是牛羊肉，也吃猪肉、鹿肉等。自食和招待客人常用手扒肉（一种不加盐和其他佐料，原汁煮熟的肉）；招待贵宾用整羊席，其中请客人吃羊头和羊尾巴是最隆重的招待。饮料是用马、牛、羊奶做成的奶茶，还有泡子酒（用小米酿成）和奶子酒等。农业区以粮食为主，主要以面食类的馍、面条、饺子、炒面等为食物。炒米是他们喜爱的食品，拌上酸奶和白糖，吃起来非常清香爽口。

（五）禁忌

1. 路过蒙古包时，要轻骑慢行，以免惊动畜群。进蒙古包以前要将马鞭子放在门外，如带入包内，则被看作是对主人的不敬。进门要从左边进，入包后在主人陪同下坐在右边，离包时也要走原来的路线。

2. 出蒙古包后，不要立即上马上车，要走一段路，待主人回去后，再上马上车。

3. 主人要躬身端出奶茶，客人应用双手去接。

4. 锅灶不许用脚踩碰，不能在火上烤脚，否则等于侮辱灶神。

5. 蒙古包里有病人，在包前左侧缚有一套绳子，绳子的一头埋在地下，表明主人不能待客，来访者就不应进门。

6. 不吃鱼虾等海味以及鸡鸭的内脏和肥猪肉，也不爱吃青菜和糖、醋、过辣及带汤汁的菜肴。

三、藏族

（一）分布

藏族是一个历史悠久的民族，人口约459万。主要分布在西藏自治区以及与它相临的四川、青海、甘肃和云南等省的部分地区。

藏族人民主要聚居的地方是川藏高原和青藏高原，平均海拔4000米。那里山岭连绵、雪峰重叠。世界最高最长的喜马拉雅山、昆仑山、横断山脉以及巴颜喀喇山、祁连山脉等，都分布在这些地区。著名的长江、黄河以及雅鲁藏布江、怒江、澜沧山等河流，都发源或流经这里。

藏族语言属韩藏语系藏缅语族语支。藏文系参照梵文某些字体，于公元7世纪前期创制，3次修订，为自左向右横写的拼音文字，通用至今。藏族方言差别很大，依地区分为藏、康、安多3个方言。藏族主要从事农业和畜牧业，多信喇嘛教。

（二）节庆

1. 藏历新年

相当于汉族的春节，是一年中最大的节庆。从藏历十二月中旬开始，人们就准备过年吃、穿、用的节日用品。成千上万的农牧民涌入拉萨城，购买各种年货。此时是拉萨一年中最为繁忙的季节。

藏民族过年是从藏历十二月二十九日开始的。晚上，家家户户要团聚在一起吃“古突”（面团肉粥），以此辞旧迎新，求得太平康乐。然后，举着火把，放起鞭炮，走到十字路口祈望给来年带来好运。

藏历除夕是个十分忙碌的日子。这天，除打扫房舍、个人卫生外，各家都要在一个叫“竹素琪玛”的木斗内装酥油拌成的糌粑、炒麦粒、人参果等食品，上面插上青稞穗和酥油花彩板。然后把琪玛、“卡赛”（油炸果子）、青稞酒、羊头、水果、茶叶、酥油、盐巴等摆放在正堂藏柜之上，在大门前用糌粑或白粉画上吉祥八图，预祝新年五谷丰登、人畜两旺。

藏族人大年初一会去抢头道水。据藏族传统，谁抢到第一桶水，就是“金水”，第二桶水被称为“银水”，预示着吉祥、幸运，财源滚滚。当太阳升起时，邻居间就要挨户端琪玛、敬青稞酒，高诵沿传已久的“扎西德勒”等表示吉祥、健康、幸福、和睦的祝辞。此后，全家会闭门欢聚。也有农牧民到拉萨的大昭寺进行朝拜，祈求新年平安、健康。

到了大年初二，走亲访友活动使大街小巷热闹起来，也成了人们展示新年时装的时刻，到处都是“洛萨（新年）扎西德勒!”的祝福声。

大年初三的活动则以宗教、文体内容为主，转经路上、房顶上弥漫着浓浓的桑烟，年轻人在房顶和山顶上插五彩经幡，以祈福禳灾，而广大农牧区还将举行新马驮鞍仪式、赛马、拔河、投掷等丰富多彩的娱乐活动。藏历新年的欢庆活动将一直持续到藏历正月十五。

2. 酥油灯花节

每年的五月十五，西藏、青海等地各寺庙的喇嘛及民间艺人用酥油捏成各式各样的灯架，将五彩缤纷的花灯挂在街道上。夜幕降临，街道上花灯闪烁，宛若群星降落。花灯上有五彩有塑花卉，还有惟妙惟肖的飞禽走兽及人物。人们游于灯海之中翩翩起舞，通宵达旦。灯会上还有滑稽的木偶表演，使人们捧腹大笑。

3. 沐浴节

藏语叫“嘎玛日吉”（洗澡）。在藏历七月六日至十二日举行，历时 7 天。沐浴节传说是观音为救黎民，将仙水倒入西藏的河流溪水里。当夜老百姓在林中看到一个面黄肌瘦、遍体疮痍的姑娘跳进一条清澈的河水中沐浴后。病态全无，容颜照空。第二天，人们都赶着牲畜到溪河里洗澡，消除瘟疫。在每年的夏末初秋，人们在河滩草坪树荫下搭起帐篷，围上帷幕，铺上卡垫，老年人早河边洗头擦身，年轻人在河中洗澡游泳，孩子们在水里嬉戏打闹。沐浴节的 7 天中，人们不仅天天来到河边沐浴还要把家里所以的衣服被褥统统清洗干净。所以，沐浴节既是藏族人民所喜爱的传统节日，又是一年一度最彻底的群众性卫生活动。

4. 萨嘎达瓦节

西藏喇嘛教纪念佛祖释迦摩尼诞生、圆寂、成佛和文成公主进藏的日子。每年藏历四月十五日在布达拉宫后面的龙王潭畔举行，后逐渐演变为游园和预祝农牧业丰收的群众性节日。

5. 驱鬼节

藏历十二月二十九，这一天，各地寺庙要举行一次盛大的跳神活动，家家户户扫净灰尘，将房屋布置一新。人们认为新年将到，一切妖魔赃物必须清除，以求新年风调雨顺、人寿粮丰。

6. 望果节

“望果节”是藏族人民预祝农业丰收的传统节日。按藏语，“望”是田地；“果”是转圈。从字面讲，“望果”是转地头的意思。望果节没有固定的日子，一般在谷物成熟之际的七月举行。节期三至五天。节日的早上，藏民们穿着鲜艳的服装，带着青稞酒、酥油茶和油炸饼，扶老携幼奔向旷野。他们撑起五颜六色的帐篷，帷幕，在草地上铺开美丽的卡垫、地毯。一张张漆桌上摆满糕点、糖食等食物，垫子上放着六弦琴收音机等。座座帐篷都是酒茶飘香、笑语不断，人们畅叙友情，预祝丰收。中午，26 匹骏马披红挂绿，骑手们头系红绸，腰系彩带，足登长统马靴，手持系了红绳的青稞穗和蚕豆角等象征丰收的实物，转绕一派丰收景象的田地举行“望果”仪式。紧接着，人们抬着用青稞、麦穗搭成的丰收塔，有的还背着经卷，敲锣打鼓地绕着田地转圈。顿时万众欢腾，节日的气氛达到高潮。傍晚，旷野燃起一堆堆篝火，青年们围在一起跳起踢踏舞。随着舞姿的摆动，小伙子们头上的毡帽，腰间的佩刀、脚上的马靴在不停地晃动。轻盈似仙的姑娘们，身上五光十色的珠宝和饰物银光熠熠。一曲未终，一曲又起，舞圈越跳越大，歌声此起彼，直至深夜。

7. 雪顿节

起源于公元 11 世纪中叶。每年藏历七月一日举行，为期四五天。“雪顿”是藏语音译，意思是“酸奶宴”，后来逐渐演变成以演藏戏为主，又称“藏戏节”。届时，拉萨市附近的居民身着鲜艳的节日服装，扶老携幼，提上酥油桶，带上酥油茶，来到罗布林卡。在繁茂的树荫下搭起帷幕，在绿茵上铺上地毯，摆上果品佳肴，席地而坐，边饮边谈，载歌载舞，观看藏戏，享受节日的欢乐。如今雪顿节已发展成融文艺汇演、经贸洽谈、招商引资、物资交流、产品展销、体育竞技、旅游休闲为一体的综合性节日盛会。由市政府主办的雪顿节固定为每年公历八月十八日开幕。

（三）礼仪

1.敬献哈达

敬献哈达(哈达是一种白色礼巾，释为仙女身上的飘带，以其洁白无瑕象征至高无上)是藏族人对客人最普遍而又最隆重的礼节。所献哈达越长越宽，表示的礼节越隆重。对尊者、长辈,献哈达时要双手举过头顶,身体略向前倾，将哈达捧到座前;对平辈，只要将哈达送到对方手中或腕上即可;对小辈或下属，则系在他们的颈上。不鞠躬或单手送都是不礼貌的。接受哈达的人通常做与献哈达的人一样的姿势，并表示感谢。

2.敬献青稞酒、酥油茶

客人到藏族家庭做客，主要要敬青稞酒3杯。无论客人会不会喝酒，都要用右手无名指蘸酒弹一下。如客人不喝不弹，主人会立即端起酒边唱边跳，前来劝酒。如客人酒量小，可喝一口，就让添酒，连喝两口酒后，由主人添满杯，客人一饮而尽。这样，客人虽喝得不多，主人也会满意。按藏族规定，主人敬献酥油茶时，客人不能拒绝，至少要喝一碗，喝得越多越受欢迎。敬酥油茶的礼仪是:客人坐在藏式桌边，女主人拿一只镶银边的小木碗放在客人面前，接着提壶(现改为热水瓶)给客人倒上满碗酥油茶，主客开始聊天;等女主人再提壶，客人便可端起碗来，轻轻地往碗里吹一圈，然后呷上一口，并说些茶打得好之类的话;等女主人第三次提壶时，客人呷上第二口;客人准备告辞，可多喝几口，但不能喝干，碗底一定要留下点漂酥油花的茶底。

3.鞠躬致礼方式

藏民见到长者、平辈有不同的鞠躬致礼方式。见到长者或尊敬的人要脱帽弯腰，帽子拿在手上，头接近于地面;见到平辈，头稍稍低下即可，帽子可以拿到胸前，这时的鞠躬只表示一种礼貌。还有些地区，合掌与鞠躬并用，合掌要过头顶，表示尊敬，这种致礼方式多用于见到长者或尊敬的人。藏族自古就有敬老的美德，在许多节日里，都有向老人祝拜的习惯。藏民在见面打招呼时，还以点头吐舌的方式表示亲切问候，受礼者应微笑点头示意。客人拜访时，藏民等候在帐外，目迎贵宾光临。

(四)习俗

藏族人多信奉喇嘛教(即藏传佛教)，每天早晨起床后及饭前念经。他们最忌别人用手抚摸佛像、经书、念珠和护身符等圣物，认为这是触犯禁规，对人畜不利。

藏族有着较特殊的饮食习惯，主食是炒面(用炒熟的青稞或豌豆磨成的)，每日三餐至四餐。牛、羊奶煮熟后冷却下来凝结在上面的一层脂肪叫酥油，是藏族人非常喜欢的饮料。牧民以牛羊肉和奶类为主食，一般不喜欢吃稀饭、肥肉和蔬菜等;农业区的藏民也吃大米、蔬菜和面食。城镇居民多食用大米饭和酥油、葡萄干做成的叫哲色的食品。大部分人饮酒和吸烟，有些藏民在进餐前先用手蘸就在桌上滴三滴，这时表示敬佛。

早点一般是酥油茶、点心；午餐喜欢哲色、肉包子、馅饼；晚饭爱吃手抓羊肉、面条、猫耳朵片儿汤等。吃菜并不要求花样多，但质量要精，不喜欢吃粗制滥造的菜肴。其口味近似北京地区。另外就餐时餐具也很简单，只用一把小刀和一只木碗，藏族人不喜欢用别人的餐具，吃肉食品时习惯用手抓着吃。

藏族人对客人必以酥油招待，对客人说："雪冬加"（请坐），"恰通"（喝茶）。按当地习惯，客人把杯中茶喝光，表示不想再喝了；如果剩下一点，则表示要继续喝。

藏族人能歌善舞，男性的舞蹈动作朴实、粗犷、憨厚；女性的舞姿优美、细腻、轻柔。综合艺术"热巴"舞以及民间舞蹈"锅庄"和"弦子舞"颇为出名。

农区及城镇的藏民均居住平顶、墙厚、窗小、门也小的房屋，这是对青藏高原日夜温差大、多风雪日后的适应；牧区一般住帐篷。藏民男子穿开右襟长袍，平时喜欢袒露右臂；女子则穿无袖长袍，内着长衫要系围裙。牧区男女常年着无里牛皮长袍。

藏族的主要食物和饮料是肉食、奶制品、酥油和青稞酒。

藏族婚宴一般经历如下步骤：第一步，合婚，双方认识，僧人算命，看是否吉祥。第二步，求婚，一般由男方或女方请亲友或媒人带一条哈达和一些酒到对方家中正式提出。若对方同意，则收下礼物，并顺敬一条哈达，托来人带回。第三步，订婚，男方向对方赠送礼品和一笔钱后制定婚约，摆酒宴庆贺。第四步，迎娶，选择吉日迎娶。迎娶新娘（新郎）时，亲友们天亮前牵马赶赴对方家，将新人迎接过来，由亲友们引入内室，向新人献哈达、送贺礼，以示祝福。新婚之后3个月或者6个月，新娘或新郎偕同配偶返回自己老家小住。相当于内地的"回门"。

西藏人死后有五种葬法，最隆重的是塔葬，只有大活佛圆寂后，才能把他的遗体放在一座塔里。一般活佛死后，享受火葬。小孩或因其他疾病死亡的人，实行水葬。生前作过坏事的人，用土葬。藏族认为，被埋的人是永远不会转世的。一般的人死后实行天葬。天葬的程序是：人死后，把尸体卷曲成坐姿，并把头弯于其膝盖处，用白色藏袍包裹，择吉日请人背到天葬场，先点火引来鹫鹰，然后由职业天葬师按一定程序肢解尸体，肉骨剥离。骨头用石头捣碎，并拌以糌粑，肉切成小块放置一旁。最后用哨声呼来鹫鹰，按骨、肉顺序分别喂食，直到吞食净尽。否则，死者家属还要为其念经超度。天葬寄托一种灵魂升上"天堂"的愿望。

（五）禁忌

1. 凡行人碰到寺庙、金塔、嘛尼堆和龙树时，都必须下马，并遵守从左边绕行的规定。信仰本教的人则从右边绕行。

2. 进入寺庙，忌讳戴眼镜、吸烟、摸佛像、翻经书、敲钟鼓。对喇嘛随身佩戴的护身符、念珠等总叫器物更不的动手抚摩。进入寺庙要肃静，必须就座时，身子要端正，切忌坐活佛的座位。

3. 不许在寺院附近砍伐树木、大声喧哗；不准在附近的水域捕鱼、钓鱼，不准在附近打猎和随便杀生。

4. 不准用单手接、递物品；主人 客人须用双手把茶碗向前伸出，以示敬意。

5. 不得在藏民拴牛、拴马和圈羊的地方大小便；不得在人面前随便吐痰、脱鞋、脱袜；不得当人面烘烤鞋袜和裤子；不得在藏民面前打喷嚏。

6. 不得动手摸弄藏民的头发和帽子。

7. 不得用有藏文的纸当手纸或擦东西。

8. 进入藏民帐房后，男的坐左边，女的坐右边，不能坐错位置或混杂而坐。

9. 藏民家里有病人或妇女生育，门前都作了标记。有的在门外生一堆火，有的在门口插一树枝或贴一红布条，外人见到标记切勿进入。

10. 藏民一般不吃鸡肉和鸡蛋。不要勉强劝食。不过这类习惯现已有很大改变。

11. 藏族人忌讳别人在他们面前捂鼻子；禁在室内放屁，认为这是大为不敬的事情；家中有病人或妇女生育时，忌生人入内。

12. 藏族人民多信奉喇嘛教，每天早晨起床后及饭前念经。他们最忌别人用手抚摩佛像、经书、念珠和护身符等圣物，认为这是触犯禁规，对人畜不利。

13. 藏民一般不吃鱼、虾、蟹等水产品及海味，忌食驴、骡、狗等肉类。藏族人饮酒时须用无名指从杯里蘸一点儿酒，弹向空中或地下，以示敬献神灵，而后方能自饮。否则，随意饮食，将来就会得不到神灵的佑助，就不会有新的食物补给，招致饥荒灾祸。

四、壮族

㈠分布

壮族是我国少数民族中人数最多的一个民族，约1550万人，90%以上聚居在广西壮族自治区的南宁、柳州、百色、河池4个地区，其余则分布在云南、贵州、广东和湖南等省境内。壮族有本民族的语言文字，壮语属汉藏语系壮侗语族壮傣语支，分南北两个方言。

壮族历史悠久，文化灿烂。宗教方面信仰多神教，以自然物为崇拜对象；祖先崇拜占有重要地位，每家正屋都供奉着“天地亲师”神位；有的还信仰神教。左江沿岸的花山崖壁画是壮族古代文化艺术的精华；壮族人民铸造使用的铜鼓已有2000年的历史，素有“铜鼓之乡”的美誉；壮歌久负盛名，定期举办对歌赛歌的“歌圩”盛会；壮锦享有盛誉，以织工精巧、图案别致、色彩绚丽和结实耐用著称；壮族刺绣、竹芒编及“干栏”建筑艺术等名扬远近。

㈡节庆

1.春节

最隆重的民间节日之一。腊月二十三起，家家户户开始筹办过节物品，除夕这天全家欢聚，杀鸡杀鸭，煮出初一全天吃的米饭，叫“压年饭”。年三十晚上有守岁习俗。初一大清早，妇女们着新衣新鞋，去河边、山泉、水井挑水，这是汲取新水的习俗。用新水加红糖、竹叶、葱花、生姜煮沸后全家喝，认为可使人变得聪明伶俐。春节期间有唱采茶歌、闹锣、舞龙、舞狮、跳打扁担舞、打陀螺、赛球、演戏等丰富多彩、民族特色浓郁的文化活动，整个节日热烈愉快。

2.七月节俗称“鬼节”，是广西各民族都过的一个较大的节日。农历七月十四这天，家家户户杀鸡杀鸭，蒸五彩糯米饭祭祀祖先古人和田公地母。是日不出门、不动土，以求全年平安。

3.三月三歌节

又叫歌圩。“圩”意为集市。歌节是广西壮族十分喜爱的传统节日。歌节一般持续三天。地点在离村不远的空地上，以未婚者为主体，其他人也来参加或旁观助兴。有的歌圩参加者可达数万人，规模十分巨大。节日清晨，三五成群的青年身穿节日盛装，带上红蛋、绿蛋和五色糯米饭，女青年带着绣球，从四面八方汇集而来，成双结对进行对歌。如果男女双方情投意合，就对起情歌，互相表达爱慕之情。抛绣球、碰红蛋也具有娱乐和定情的双重意义。歌圩期间，不少地方还舞龙、舞狮、表演壮戏及拳术等。

此外，壮族地区还有以祭祀牛神为主要内容的牛魂节、以庆贺鱼讯到来为主要内容的鱼花节、别开生面的陀螺节等。

㈢礼节

壮族是个好客的民族，过去到壮族村寨任何一家做客的客人都被认为是全寨的客人，往往几家轮流请吃饭，有时一餐饭吃五六家。平时即有相互做客的习惯，比如一家杀猪，必定请全村各户每家来一人，共吃一餐。招待客人的餐桌上务必备酒，方显隆重。敬酒的习俗为用白瓷汤匙。

客人到家，必在力所能及的情况下给客人以最好的食宿，对客人中的长者和新客尤其热情。用餐时须等最年长的老人入席后才能开饭；长辈未动的菜，晚辈不得先吃；给长辈和客人端茶、盛饭，必须双手捧给，而且不能从客人面前递，也不能从背后递给长辈；先吃完的要逐个对长辈、客人说“慢吃”再离席。

尊老爱幼是壮族的传统美德。路遇老人要主动打招呼、让路，在老人面前不跷二郎腿，不说污言秽语，不从老人面前跨来跨去。杀鸡时，鸡头、鸡翘必须敬给老人。路遇老人，男的要称“公公”，女的则称“奶奶”或“老太太”；遇客人或负重者，要主动让路，若遇负重的长者同行，要主动帮助并送到分手处。

(四)习俗

在习俗方面，壮族住房除与汉族相同外，部分地区居住极具民族特色的“干栏”（又名“麻栏”）式住房，是用木料为柱做成离地面相当高的底架结构，再从底架上面建成住宅的一种住房形式。它适用于潮湿多雨、地势不平的南方地区。“干栏”分上、下层和阁楼 3 部分，上层用于住人，分 3 开间、5 开间和 7 开间的；底层用作养牲畜、厕所和堆放农具、杂物等。阁楼在最上层，多用于存放粮食。在居住层的四周往往还顺势延伸，令建成望楼、排楼等，以增加房屋使用功能。

壮族服饰民族特色浓厚，男女多穿青布对襟上衣，下身着绣花滚边宽脚的裤子或青布蜡染的褶裙，腰间束绣花围腰，脚穿绣花鞋。有的头上缠着各式方巾，喜欢戴银首饰。龙州、凭祥一带的壮族妇女喜欢穿无领、斜襟的黑色上衣和黑色宽脚裤子。头上包方块形状的黑帕。壮族妇女特别擅长织布和刺绣。

壮族饮食以大米、玉米、薯类等为主食，多喜爱吃糯米饭，节日还做成五色花饭。喜欢饮酒。龙州等地的妇女还有嚼槟榔的习俗，有些地方槟榔仍是待客的必需品。

在婚俗方面，现今壮族人与汉族及其他民族通婚已比较普遍。现在大多数地区实行恋爱自由，婚姻自主。有些地方仍保留着“不落夫家”或“坐家”的习俗；婚前恋爱自由，结婚后新娘返回娘家居住，逢遇重大节日和农忙时才到丈夫家短暂居住，直到怀孕后才开始长住婆家。壮族青年以抛绣球、打木槽、起歌圩、对歌等方式恋爱择偶。在一些地区，壮族青年结婚至今还有“背字”习俗：结婚那天，女方母亲用自织自染或买的深黑色布做一条长布带，有南方指派“背字”人把这条布带背回新郎家，以备外甥出生时做襁褓用。“背字”仪式在女方家中举行。由村上德高望重、当上爷爷的年长者主持。双方互敬两杯当地名酒后，由长者将布带在“背字”人双肩扎紧，复敬酒道吉利，再鸣放鞭炮欢送。“背字”人出门打开雨伞，寓意庇护“外孙”离开姥姥家。男方要烧香鸣炮迎接“背字”人。“卸字”仪式也有长辈主持，敬过酒后，长辈轻轻解下带子，交由男方母亲保存。一些地方还流行经“炮火”入洞房习俗：新娘到男家，要冲过门口、厅堂、洞房 3 处“炮火”阵。炮手由七八个男青年担任，手拿成串鞭炮等待新娘到来。当新娘到来时，鞭炮鸣响，构成道道“火墙”，“狙击”新娘通过。洞房前的“火炮”阵是新娘难通过的最后一关。当伴娘和迎娘经过细心“侦察”，乘“炮火”稀疏夹着新娘跳进洞房时，来客顿时欢声雷动，气氛十分热烈。宴会掌灯时分，新娘还要在迎娘的指引下摸黑出门“挑水”，把水缸装满，考验新娘能否吃苦。

在丧葬习俗方面，人死后停尸于正厅，以柚叶、桃叶或姜煎水浴尸换装。入殓时孝男孝女放声号哭，也有唱《丧歌》的习惯，表示诀别。一般停尸三日。亲戚故旧来吊，洒酒供祭。将死者生前喜爱的器物置于尸旁，用铜钱遮眼、塞口，或填以糯米饭、茶叶，意为使死者在往阴间的路上有赶路饭和买路钱。有的以朱砂点五官，叫做“开光”。尸体遮盖白布。擂鼓或燃放鞭炮致哀。如死者为妇女，还必须向外家报丧，等外家来人“见面”后方能入殓。有些地区，子女为父母办丧事，要请两位歌师分扮舅甥，通宵达旦以问答形式唱“哭丧歌”，赞颂死者生前美德，并劝喻世人应尊敬长辈，不忘祖恩。

壮族有“二次葬”的传统。一般葬后三年揭棺，捡取骸骨放入陶缸内，置于岩洞或土洞中，选择“吉壤”再行安葬，称“二次葬”。至此，死者才成为祖先神灵而受供奉。对非正常死亡的，被认为将变成恶鬼，因此必须火葬。请道公诵经打斋，骨灰随道公跳过火坑，才承认其阴魂与祖先神灵有同等地位。

（五）禁忌

壮族人忌讳农历正月初一这天杀牲；有的地区的青年妇女忌食牛肉和狗肉；妇女生孩子的头三天（有的是头七天）忌讳外人入内；忌讳生孩子尚未满月的妇女到家里串门。登上壮族人家的竹楼，一般都要脱鞋。壮族忌讳戴着斗笠和扛着锄头或其他农具的人进入自己家中，所以到了壮家门外要放下农具，脱掉斗笠、帽子。火塘、灶塘是壮族家庭最神圣的地方，禁止用脚踩踏火塘上的三脚架以及灶台。壮族青年结婚，忌讳怀孕妇女参加，怀孕妇女尤其不能看新娘。特别是怀孕妇女不能进入产妇家。家有产妇，要在门上悬挂枝条或插一把刀，以示禁忌。不慎闯入产妇家者，必须给婴儿取一个名字，送婴儿一套衣服，一只鸡或相应的礼物，做孩子的干爹、干妈。忌筷子跌落地上，认为不吉利。吃饭时忌用嘴把饭吹凉，更忌把筷子插到碗里。夜间行走忌吹口哨。忌坐门槛中间。

壮族是稻作民族，十分爱护青蛙，有些地方的壮族有专门的“敬蛙仪”，所以到壮族地区，严禁捕杀青蛙，也不要吃蛙肉。每逢水灾或其他重大灾害时，壮族都要举行安龙祭祖活动，乞求神龙赈灾。仪式结束后，于寨口立碑，谢绝外人进寨。

五、维吾尔族

㈠分布

“维吾尔”是民族自称，系团结和联合的意思。史书上曾有“回纥”、“回鹘”、“畏兀儿”等不同称谓。这个古老的民族主要聚居在我国西北新疆维吾尔自治区。以农业为主，主要种植小麦、水稻、玉米和棉花。语言系阿勒泰语系突厥语族，文字用阿拉伯字母的拼音文字，中华人民共和国成立后创制了拉丁化新文字，现在新旧文字都在使用。居民多信奉伊斯兰教。

从11世纪起，维吾尔族就有不少书面文学巨著流传下来，如玉素甫·哈斯哈吉甫的叙事长诗《福乐智慧》、穆罕默德·喀什噶里的《突厥语大词典》等都是不朽之作；流传广泛的阿凡提故事是民间文学的代表；维吾尔族民族乐器有弹拨、吹奏、打击乐等20种之多；舞蹈轻巧优美，以旋转快速和多变著称。“赛乃姆”是最普遍的民间舞蹈形式。正式发掘整理的“十二木卡姆”则是民族音乐的不朽之作。

㈡节庆

肉孜节、古尔邦节和圣纪节是维吾尔族的盛大节日。每逢节日，不分男女老少都尽情地跳起“赛乃姆”（一种群众性的集体舞）。家家都吃着香甜的“普普”，男女老幼都喜欢戴四楞小花帽，这是维吾尔族的标志之一。

古尔邦节是伊斯兰教重大的节日。节前家家户户打扫得干干净净，忙于宰杀牛羊，精制糕点。节日这天，穆斯林们便沐浴礼拜。凡经济条件许可的穆斯林都要宰牲接待宾客，馈赠亲友。这些穆斯林在清真寺里集中，彼此握手、拥抱，互相祝福；然后由教长带领，边诵赞词便步入寺内大殿举行节日会礼，观看宰牲仪式，听阿訇朗诵《古兰经》。有的成群结队到亲友家中拜访，主人按照传统的礼节，摆出丰盛的筵席，大家同食羊肉、油食糕点和瓜果等，亲密畅谈。盛装青年男女尽情地在庭院、广场上载歌载舞，从白天直到深夜，沉浸在无比的欢乐之中。

㈢礼仪

维吾尔族人很讲礼貌，对长者很尊敬，走路、说话、就座、就餐等，都先礼让长者。维吾尔族人在与亲朋好友见面时，必须握手问候，互道“撒拉木”，一时是“你好”或“你们好”。城市中有一定身份者和知识分子多用右手扶胸，躬身后退一步说：“亚克西姆塞斯”。汉族人与维吾尔族人相见时，只要握手即可。维吾尔族人总是请客人坐在靠大墙的一边，以表示尊敬。吃饭时，客人应跪坐，以表示对主人的尊敬。主人一般请客人动手先吃，出于礼貌，客人应回让主人。

维吾尔族人热情好客，有时喜欢送一些吃食给服务员。如果服务员坚决拒绝，他们会不高兴，因此婉言拒绝不行时，要用双手接受，忌用单手接东西。

维吾尔族人十分重视礼貌，在路上遇到尊长或朋友，或平时待人接物时，习惯将右手按在胸部中央，然后把身体向前倾30°，并连声道“您好”。

老人吃饭或到别人家做客，常用手摸脸做“都瓦”（一种祝福的宗教仪式），有时握手也做“都瓦”。

家里来了客人，全家都自觉地出来欢迎，然后女主人用盘子把茶水端上来。人们端茶和接受物品都用双手，以示尊敬。

讲究卫生，常喜欢在自来水龙头下直接冲洗手脸。到维吾尔族家里做客，进门前和用餐前女主人都要用水壶给客人冲洗双手，一般洗3次。习惯一人专用茶杯，住宿期间也不要更换。当给第一茶杯时，须当着本人面，将茶杯消毒后才使用。

㈣习俗

在习俗方面，维吾尔族人居住的房屋是方形的，开天窗，屋顶平坦，可晾晒瓜果和粮食。室内砌实心土坑，高约0.3米，供起居坐卧。墙上开闭龛，内置食物和用具。喜欢在墙上挂壁毯。冬季以火墙取暖，靠墙一边是待客的上座。住房多成院落，方形，大门忌朝西开。庭院十分洁净，多栽花木、葡萄、葫芦及果树。

服饰方面一般都穿棉布衣。男子穿长袍，称为“袷袢”，右衽斜领，无纽扣，用腰带式长方巾扎腰。城市妇女多穿西式短上衣和裙子，农家女多穿宽袖连衣裙，外套有色对襟背心。不论男女老少，都喜爱戴四楞小花帽，称为“尕巴”。妇女多喜欢耳环、手镯、项链等装饰品，喜欢描眉染指甲。画眉毛多把左右两条连成一线。少女以长发为美，将头发梳成十几条长发辫。婚后一般改梳两条，头上别一新月形梳子做装饰。也有把双辫盘成发髻的。

在饮食方面，面粉、玉米和大米现已成为维吾尔族人民的日常主食。他们喜欢喝奶茶、吃馕，喜食拉面和包子。最具民族风味的食品是烤羊肉串和“抓饭”。“抓饭”以羊肉、羊油、胡萝卜、葡萄干、洋葱和大米做成，是节日和待客不可缺少的食品。除了烤馕和奶茶外，包子、抓饭、点心都离不开果肉、果仁。

按维吾尔族人的婚俗，男女相爱，先举行订婚礼，再举办结婚典礼。订婚礼比较简单，结婚典礼则十分隆重、热闹。结婚典礼中，先在女方家中举行“迎娶仪式”，由神态庄严的主婚人大声询问男女双方愿不愿意娶（嫁）对方，得到肯定答复后，主婚人则将两小块馕在碗里蘸点盐水，分别赠予二人。新郎、新娘双手接过礼品，当场吃下，表示从此同甘共苦，白头偕老。在男方家最热闹的要数“揭盖头仪式”。仪式于晚宴后在新房里进行，此时年长的客中多已离去，新房内挤满嘻嘻哈哈的姑娘和小伙子，以新婚夫妇为中心，特别是针对新娘，不停地逗笑、嬉戏，直到有人突然将新娘盖头的轻纱揭去。尔后，人们伴着轻快的舞曲翩翩起舞，以示祝福。新娘、新郎也在众人邀请下跳起热情奔放的维吾尔族双人舞，人们欢歌曼舞，直至更深夜阑方尽兴而归。

维吾尔族的主食有馕（用玉米面或面粉制成的圆形烤饼，有时还要加上肉、蛋和奶油），节日待客常用帕罗（用羊肉、清油、胡萝卜、葡萄干、葱和大米做成的食品，即手抓饭），还有包子、馄饨、面条和玉米粥等。副食有羊、牛、鸡肉以及各种蔬菜。炒菜必须加肉，做素菜者极少，有“无肉不算菜”的习惯。一般地说，每日三餐早吃馕、喝奶茶；午餐食各类主食，并以副食助餐；晚餐和早餐相似，有时也吃副食。饭前饭后必须洗手；吃抓饭时，预先还要剪指甲。饮料方面一般喜欢各种奶类和奶茶（砖茶熬开后加牛奶）或清茶，还爱喝葡萄酒，且酒量颇大。

㈤禁忌

1. 禁食猪、驴、狗、骡肉，自死的牲畜一律不吃。

2. 吃饭时不能随便拨弄盘中食物，不能随便到锅灶前，不要剩食物在碗中。饭毕有长者领取做“都瓦”时，忌东张西望或立起。

3. 衣忌短小，上衣一般过膝，裤脚达脚面，最忌户外着短裤。

4. 屋内就座时应跪坐，忌双腿直伸、脚朝人。

5. 忌睡觉时头东脚西，故在安排客房、暗访卧具与枕头时宜特别注意。

6. 忌别人随意挪动和翻看他们的东西，忌当面模仿和取笑他们独特的习俗和衣饰。

如果吃抓饭，食前要洗手。一般是洗三下后，用手帕揩干，禁止不擦手，否则视为对主人的不敬。与他人共吃一盘食物时，忌讳将掉落的食物再放入盘内。

六、朝鲜族

（一）分布

朝鲜族是我国东北地区的一个勤劳、勇敢，具有悠久历史的少数民族。主要分布在吉林、黑龙江、辽宁三省和内蒙古自治区。吉林省延边朝鲜族自治州是最大的聚居区。整体而言，朝鲜族以杂散居为主。在交通沿线和平原地区居多，在江河流域则形成大散居小聚居的格局。改革开放以来流向北京、青岛等大中城市和沿海地区的朝鲜族人口越来越多。朝鲜族有自己的语言和文字。朝鲜族绝大多数使用朝鲜语和朝鲜文，少数杂居地区的朝鲜族居民通用汉语。目前在朝鲜族居民中，能够熟练地运用本民族语言文字的约占60%～70%。由于长期同汉民族的密切交往融合，朝鲜族的语言已不同程度地受到汉族语言的影响，朝鲜语夹杂汉语的现象非常普遍。尤其是杂散居地区和大城市的朝鲜族第三、四代中，已有不少人不讲或不会讲朝鲜语。朝鲜族多数从事农业生产部分从事林业、副业尤其擅长水稻种植。延边地区是我国东北的主要水稻产区之一。朝鲜族没有统一的全民性宗教，信仰基督教、天主教、儒教和佛教等多种宗教。信徒较多的是基督教。朝鲜族特别重视文化教育热爱歌舞与体育活动。勤劳俭朴、尊老爱幼、热情好客、团结互助等是朝鲜族的优良传统与道德风尚。

(二)节庆

农历八月十五中秋节，朝鲜族民间称秋夕或嘉徘日，是人们秋收之前庆丰收的节日。这天早晨，人们用新粮食做的松饼、糕饼和酒、糖果等供品上坟祭祀祖先。然后，大人带着孩子扫墓。先把杂草割掉，将坟地修葺得干干净净，这叫“伐草”。自古以来，朝鲜族认为坟地杂草茂盛是儿孙的不孝和耻辱。因此，每年秋夕日，人们都要上坟伐草祭祀，之后在坟地上同故人“一起”饮酒吃祭品，或同附近上坟祭祀的人一起吃酒食。

朝鲜族还有“老人节”，是民间敬老节日。老人节，各地时间不一，但多数地方定在8月15日。届时，村里共同为老人们举办祝寿宴，晚辈们依次向老人们敬酒祝寿，载歌载舞，祝老人们晚年身体健康，生活幸福。老人节对无儿无女的老人更重要，他们同有子女的老人一样，享受着晚辈们的祝寿。

(三)礼仪

朝鲜族人文雅、礼貌、好客，十分重视礼节。尊老是朝鲜族最具民族特色的风尚。讲话时晚辈对长辈必须用敬语，不能直呼长者姓名。平辈之间初次见面也用敬语，以示敬意。在屋内同客人初次见面，互通姓名时,要双膝跪席，双臂垂前摁席，稍俯上身，恭顺地通报自己的姓名，然后说些客气话。不论男女，不能在客人面前随意伸腿，更不能岔开双腿。朝鲜族把“寸”作为认定亲戚之间远近关系的基本单位来使用。寸数法，是以父系为中心的称呼体系，其特点是寸数越小，其亲戚血缘关系就越近。二、四、六、八等偶数表示同辈之间的兄弟姊妹关系，三、五、七等奇数则表示不同辈之间的叔侄关系，夫妇之间因没有血缘关系，也就没有寸数。在一般情况下，习惯上父亲不叫一寸，亲兄弟之间也不叫二寸，祖父和孙子之间也不使用寸数称呼。从三寸以上开始使用寸数。如称叔父为三寸，堂兄弟之间互称四寸兄弟等。二代子女（即一代叔父子女）称父亲兄弟为三寸，二代子女互称四寸兄弟姊妹，三代子女（即一代叔父之孙）互称六寸兄弟姊妹，三代子女称父亲的四寸兄弟为五寸等等。朝鲜族亲戚是以血缘和婚姻为基础构成。一般以八寸之内的父系亲、六寸以内的母系亲、八寸以内的夫系亲、三寸之内的妻系亲定为亲戚范围。

（四）习俗

朝鲜族有“白衣民族”之称，喜爱穿白衣素服。服装特点是斜襟、无纽扣，以长布带打结。男服裤裆肥大，宜于盘腿而坐，裤角系上丝带，喜欢在上衣外加穿带纽扣的有色坎肩，出访时再加着长袍。现在男人多穿西装。年轻妇女和少女的上衣袖口和衣襟上镶色彩鲜艳的绸缎边，衣裙五彩缤纷、鲜艳夺目。老年妇女喜着素白裙，并喜欢用白绒毛包头。幼儿上衣袖筒多用“七色缎”作料，穿起来似披彩虹。每逢节日，朝鲜族男女老少身着五颜六色的服装。

米饭是朝鲜族的主食，还有打糕、片糕、冷面等；荤菜，朝鲜族人喜欢吃狗肉、精猪肉、鸡和各种海味，特别喜欢狗肉；素菜则爱吃黄豆芽、卷心菜、粉丝、萝卜、菠菜和洋葱等。泡菜和汤是不可缺少的食物，一日三餐几乎顿顿离不开这两样东西。在调味上爱用辣椒、芝麻油、胡椒粉、葱、姜、蒜等，味道喜辣，偏爱有香辣、蒜味的菜肴。

在饮料方面，一般爱喝花茶，还爱喝豆浆，饭前、饭后还有喝冷开水的习惯，男子爱喝酒。

朝鲜族人过传统节日春节，家家户户贴对联和年画，吃猪肉饺子，还爱吃用枣粉、松子、糯米拌蜂蜜煮成的甜饭。这种类似八宝饭的食品，甜蜜无比，以示日子过得甜甜蜜蜜。届时亲友团聚，酒菜丰盛，席间谈笑风生，划拳猜令，兴高采烈；饭后翩翩起舞，歌声荡漾，并以筷击碗伴奏，具有浓厚的民族色彩。

朝鲜族人能歌善舞，而且舞姿优美，感情含蓄细腻，以乐舞和长鼓最富有特色，以外，顶水舞、扇子舞、剑舞等也很出名。

（五）禁忌

朝鲜族热情好客，对客人光临十分高兴，倾其所有让客人吃饱吃好。用餐时，饭匙放在汤碗里；如将汤匙放在桌上，则表示吃好了。主人不能先于客人放筷。遇有稀客来临，主人必以酒相待。朝鲜族男子大多喜欢喝酒，并把酒看作友谊的象征。在朝鲜族家里做客，吃完饭后要在碗里剩点食物；如果吃得很干净，会让主人误认为准备不足。

朝鲜族人一般不吃稀饭，不喜欢吃鸭、羊肉、肥猪肉和河鱼。不喜欢在热菜里放醋，也不爱吃放糖、花椒和茶以及油腻过多的菜。

旧时迎亲时，新郎忌脚踩地，离家上马时要踩粮袋，到女方家下马时第一脚也须踩在粮袋上，取婚后稻谷满仓、生活富足之意。新郎忌直闯入新娘家，要在女方家附近借一所房临时驻脚，在此换上婚礼服。朝鲜族在订婚时要合八字，称为宫合四柱。四柱即出生的年、月、日、时。看双方的属相是否相合，双方的行是否相生。相克者，不能订婚。

忌双日出殡，以为双日出殡，意味着要死两个人，故出殡定择单日。给死者做寿衣，必须用棉布料，忌讳用绸缎和其他衣料。如果死的是老人，亲人三天不准洗脸、不准理发，饮食中不准吃干饭，要为老人穿孝。

七、满族

(一)分布

满族是历史悠久的民族，曾在我国历史上占有重要的地位。满族统治者统治全国长达295年之久。现在人口约982万，其中大部分分布在辽宁、吉林和黑龙江三省。仅辽宁省居住人口就达190万。其余散居于内蒙古、河北、新疆、宁夏、甘肃和山东等省、自治区及北京、西安、广州、杭州等大中城市。

满族原有的自己的语言文字，属阿勒泰语系满—通古斯语族满语支。满族因为长期以来与其他民族杂居，生活习俗有了较大的变化。但又因他们曾经入主中原，因此，在一定程度上还保留了自己特有的生活习惯。

(二)节庆

在节日习俗方面，满族受汉族的影响很深。这主要体现为一些重大的传统节日都是满汉共俗的，如春节、元宵节、端午节、中秋节等等。但是虽说是满汉共俗，却是“汉人节日，满人过法”，满族在庆祝方式上与汉族有所不同。满族人过年格外看重的是“讨个吉利”。饺子的摆放要横竖成行，寓意下一年财路四通八达。饺子下锅时，全家人都要跟着喊“起来了，起来了！”把饺子漂起来想象成日子过起来了。除夕之夜，于门柱上悬挂弓矢，意味着居安思危，提高警惕。除夕，家家挑水满缸，意味着过日子不缺东西。在礼佛祭祖之后，幼辈要给长辈叩头拜年，长辈受拜之后要给幼辈“压岁”钱。接完财神之后，要在院内撒满芝麻秸，人们在上来回走踩，谓之“踩岁”，寓步步登高之意。除夕夜的饺子中要暗放硬币(旧时为铜币)，谁吃到了谁就发财吉利。还有抱柴习俗，从屋外往屋内抱柴，谓之“添财”。家家在除夕夜院内竖灯笼杆，上扎松枝，高悬灯笼。这些习俗至今仍然。正月初一，少辈要起早给长辈、亲友拜年，旧时叩头、互道吉祥，今则仅施礼问好，称为“贺岁”。在正月十五“走百病”后，满族人们在正月十六还会有“照贼”的习俗，当天夜里，人们点燃灯火，提着灯笼照遍屋内各个角落，预示来年家中不再有贼。最能体现“汉人节日，满人过法”的要算端午节。汉族和其他许多民族过端午节是为了纪念屈原，而满族则把端午节视作是祈祷“解瘟”的节日。这一天，农村满族人家都要在房上插上艾蒿，用以祛除瘟疫。此外还有“踏露水”的习俗，甚至还用露水洗脸、洗头、洗眼睛。传说露水可避免生疮疖、闹眼病等。

颁金节是满族特有的纪念性节日。满族人为了庆祝1635年农历十月十三日皇太极正式将族称定为“满洲”，将每年农历十月十三日定为所有满族人的传统节日。颁金节源于满语“生成”、“生活”之意，是为了庆祝满族形成和发展，纪念满族的正式定名。近年来，在增强满族同胞之间的凝聚力方面，颁金节的节日功能日益突出。

（三）礼仪

尊上、敬老、好客、守信是满族的优良传统。满族十分注重礼节。许多传统的生活礼节经世代传承，已达到了相当的规范化程度。相见之礼就有许多种：问安、请安、半蹲礼、抚鬓礼、抱见礼、顶头礼等，每种礼节都有其特定的使用场合。过去小辈对长辈是三天一小礼，五天一大礼。小辈三天要给长辈请安，隔五天见长辈要打千。男子请安“打千”，左膝前屈，右腿下弯，上身前倾，右手下垂，问好。女子问安要双腿并立，双手放右膝上，屈膝躬腰，问好。平辈亲友相见，不分男女，均行抱腰贴面大礼。一般平辈之间，则常彼此相抱，然后执手问安。对长辈、尊者施此礼时，必须取得对方点头示意后方可。过年时还要行跪拜礼。今天，满族社交礼仪大为从简，晚辈对长辈多以鞠躬致礼，平辈以握手礼为常见。在至亲中，妇女还行“半蹲礼”。但满族凡长辈，不分贵贱，均需以礼相待；迎客隆重等社交习俗至今犹存。如有客人来，全家人都要穿戴整齐，到门外去迎接。满族自古有内眷不避外客的习俗，特别是初次登门的客人，主人还要主动向客人介绍内眷，以示敬意。留客人在家吃饭时，也是很讲规矩的。客来由父兄接待，“酒要斟满、茶斟半碗”。上菜以双为上礼。待客喝酒，妇女也可以敬酒，而且妇女敬酒不喝则已，只要客人沾唇就要饮尽，不可推辞。进餐时，由主人先向客人斟第一杯酒，喝酒用小盅，没有干杯、碰杯的习惯，客人喝酒必须留点底子，俗称“福底”。盛饭也用小碗，而且只盛多半碗，由人在旁随时增添米饭。吃饭时客人不放筷子，主人就不能先放下筷子，否则就是不礼貌。外出做客时，长辈与小辈不能同席，父子不同桌，小辈一般都另开一桌。另外，在日常社交中，满族人习惯称名，不称姓。

（四）习俗

满族的婚姻过去都以父母之命、媒妁之言而定。经过3次说媒，如果成功，女方父母要向男方索取彩礼。彩礼全部作为姑娘的财产。结婚时，有送亲车与迎亲车中途相遇换车的仪式。婚礼很有风趣：结婚时，新人过门先不进房，而是在预先搭好的帐篷里坐一会儿，称为“坐帐”或“坐福”，坐的时间为3刻钟，意为不忘祖先游牧围猎的艰苦生活。

满族的葬礼也很特殊。人死后要顺着炕铺停放，头冲屋门，脚部不过房梁。入棺时，死者不能过门而出，只能从窗户抬出去。以前还有一种习俗：人死后，要在院子西边立一根5米高的竿子，上面挂着一米长的红布或黑布幡。在出殡时，参加葬仪的亲友要抢那块幡布，回去给孩子做衣服，认为这样吉利。

挂旗是满族实行的一种习俗。旗亦叫门笺、窗笺，一般用正色彩纸剪成长25厘米，宽20厘米的纸片，下面剪成穗，上面剪成对称的图案，图案中间是字，都是些表示吉利、祝福的字眼。春节时家家户户都要在门楣上、窗户上贴上挂旗，有的还贴上对联，更增添了节日的气氛。

满族的家庭添丁时也有特殊的习俗，因为满族人精骑射，所有生了男孩就在家门口挂一把小弓、小箭；生了女孩则挂一根红布条，是一种吉祥的表示。满族还有这样的风俗，女孩子生下来以后，要用15厘米左右宽的带子将她的胳膊肘、膝盖、脚脖子着三个地方捆住，目的是使她长大以后骑马、射箭时，能保持姿势端正，手脚平直。

（五）禁忌

1. 禁杀鹊鸦 。满族认为鹊鸦均为吉祥之鸟，或为图腾崇拜之遗。他们认为鹊（或乌鸦）是沟通天上神界与地上人间的信使，是满族先民的守护神。民间流传着许多与鹊有关的神话、传说。据说，满族人的祖先爱新觉罗·布库里雍顺的神奇降生，就与神鹊有关——仙女是因为吃了神鹊衔来的红果才孕育出布库里雍顺的。而在另外的一些故事、传说中，喜鹊总是不断地解救满族先民于危难，并助其兴兵立国。满族人家每逢在锁龙杆下举行祭天仪式时，总要用一只锡斗装上米和切碎的猪肠肚，作为供物悬挂在锁龙杆上，以飨喜鹊或乌鸦，若供物被吃尽，则视为大吉。

2. 禁坐西炕。满族人以西为贵，将西墙作为供奉神灵和祖先的神圣地方。因西墙上有神龛，为尊重祖宗，不准在此不能堆放杂物，挂衣物，张贴年画；在西炕上不准放空盘和空簸箕，因为祭祀时空盘装肉、簸箕装黄米面和炒黄豆面，空放是对神大不敬。在祖先面前，不准任何人搓绳子，因为祖宗板下悬挂装“子孙绳”口袋，否则即被视为不尊敬祖先。同时，西炕也不准家人和客人坐。西炕不准堆放杂物，也不许坐人，尤其忌讳女人随便坐卧。通常客人也不得在西炕休息，更不许将狗皮帽子或鞭子之类被视为对祖先不敬的东西放在西炕。今已多不忌讳。

3. 其他禁忌。满族人视艾蒿为吉祥草，不准任意践踏。在年、节、喜庆日子里说吉祥话，平时亦忌讳说丧气话、倒霉话。结婚、生孩子要请“全科人”（即夫妻双全、儿女双全的女人）照料。最忌讳寡妇和孕妇。满族妇女怀孕之后，若想要生儿子就不准坐锅台，坐锅台就会生下“锅台转”（女孩）；孕妇不准参加婚礼和各种祭祀活动，也不准走进别人家的产房，否则生育时要难产。人死了，讳言“死”，而说“老了”、“走了”，或“仙逝”。死人穿的衣服称“寿衣”等等。

满族忌食狗肉，忌戴狗皮帽子。若戴了，必须在进门前摘下来放在腋下夹着。相传古代有位满族主人在危难之际俄日仪犬所救，后来世人感恩于义犬，所以有此忌讳。

八、苗族

（一）分布

苗族是我国西南地区人口较多的一个少数民族，有人口 740 万左右，多数居住在贵州省境内，一部分分布在湖南、云南、四川、广西、广东、湖北等地。

苗族自称“牡”、“果雄”、“模”、“毛”、“蒙”等苗语属汉藏语系苗瑶语族苗语支，没有统一文字。

大杂居、小聚居是苗族分布的特点。由于苗族分布的地域不同，苗族的一些生活习俗也不完全一样，衣、食、住及婚丧习俗各有特色。

（二）节庆

1. 苗年

苗年相当于汉族的春节，一般在秋后举行。节日早晨，人们将做好的美味佳肴摆在火塘边的灶上祭祖，在牛鼻子上抹酒以示对其辛苦劳作一年的酬谢。盛装的青年男女跳起踩堂舞。入夜，村寨中响起铜鼓声，外村寨的男青年手提马灯，吹着芦笙、笛子来到村寨附近“游方”（即男女青年的社交恋爱活动），村村寨寨歌声不断。

2. 芦笙节

流行于贵州的凯里、麻江、丹寨各县交界的舟溪一带。各地的节期不统一，一般在农历的正、二或三月;个别地区选在七月举行。主要是祭祀祖先,庆祝丰收。一般在节日之前要举行仪式,先由某村德高望重的老人主持祭祖,与此同时,各家各户都在自家自行祭祖,随后各村各寨的姑娘穿着盛装,佩戴银花银饰,小伙子和芦笙手们都各自带着芦笙,从四方八面向芦笙场地涌来,各村的男子青年都各自围成圆圈,吹笙跳舞,持续四五天,气氛十分热烈,是一种融歌、舞、乐于一体的群众性的文艺活动。

3. 花山节

此节又名“踩花山”、“跳花场”、“踩场”、“踩山”等,流行于贵州黔西北、四川南部和云南东南部的苗族地区。有的在农历正月,有的在六月,有的在八月。在黔西北的铁盔一带,每年正月初六至初八跳年场,二月十四至十六日跳桃花场,七月十六至十八日跳米花场。届时,四方八面的人盛装前来,由族长宣布跳场开始,小伙子们吹响芦笙,姑娘们围着花翩翩起舞,互相竞技。在花杆的顶上悬有一幅两米长的红绸和一个红布小包,内装赏钱。谁能一边吹笙,一边爬上花杆顶端,取下红绸(有的挂一壶酒)和红布小包,并且还能从杆顶吹笙下来,谁便获胜得赏。有的地方还兼举行赛马、射箭及续麻针比赛等活动。青年男女对歌,演奏芦笙、箫、笛、口弦等民族乐器,钟情者互赠绣花手帕、腰带等物。老年人则趁机拜访亲友,互相谈心,活动一整天,甚至到深夜结束。

4. 吃新节

吃新节是苗族春夏之交最盛大、最隆重的节日,由古代的祭祀演变而来,各地过节时间不一,一般在农历的六月初到八月中旬这段时间内。过节这天,被邀请的客人身穿节日盛装,挑上礼品,牵着斗牛前来作客。祭过祖后,宾主频频举杯预祝丰收。第二天开展斗牛、赛马、跳芦笙等活动。夜幕降临,屋内飘出老人们的酒歌声,芦笙场上荡漾着青春的笑语和欢乐的旋律,芦笙声、酒歌声、情歌声、飞歌声弥漫在苗寨的夜空里。

5. 赶秋节

流行于湖南湘西和贵州桦桃一带的苗族地区,每年的立秋之日举行,为期一天。开始为每年农历“立秋”,青年男女聚集村寨、山场,唱歌跳舞,寻求伴侣。此后,逐渐演变成为庆祝丰收的传统节日。

(三)礼仪

苗族勤劳朴实、开朗大方、热情好客,不论熟人还是陌生人,见面一定问候。当苗族看到一个外族人会讲苗语时,认为这是对苗族人民的尊重,将把客人奉为上宾接待。一般主人的卧室,外人不得随意进入。屋内不能吹口哨,老人面前不跷二郎腿,走路不从别人面前走过而要从背后绕行。苗族十分忌讳戴孝的人进入自己家。家里来了贵客,苗族必杀鸡以酒招待。男性客人一定要接受苗家的敬酒，若实在不会喝酒，应该非常有礼貌地加以说明，否则被视为无礼，将失去苗族同胞的信任。在苗族人家做客，切记不能去夹鸡头吃。按苗族传统的礼节，鸡头是要敬给老人的。为了表示对客人的最高敬意，主人常常把鸡头敬给客人，这时懂礼貌的客人就应该双手接过鸡头，然后再转献给在座的老人或长者。客人一般也不能夹鸡肝、鸡杂和鸡腿，鸡肝、鸡杂要敬老年妇女，鸡腿则是留给小孩的。如果碰上苗族人家吃饭，主人必定邀客人入席。如果客人吃了或另有安排，要加实相告，不能以一句“不吃”加以拒绝，否则被认为不尊重主人。切不能一声不吭地离开，当你离开苗族主人家时，一定要致谢。当主人把客人送到门口或寨外，叮嘱客人下次再来时，客人应说“要来的”，而不能说“不来了”，否则也被认为不懂礼貌。

参加苗族的婚礼、葬礼，应和当地人一样，带点钱物表示祝贺或哀悼。在葬礼中，收到了客人的财物后，一群孝儿孝女将向客人行跪拜礼敬酒，表示深深的谢意。客人不论喝多喝少，都要接过他们的酒杯，否则被视为无礼。

（四）习俗

苗族主食一般为大米饭，副食是酸鱼、酸汤、酸菜。苗族青年结婚前，先有男女双方各聘请一名歌手在女方家唱酒歌，一般要唱一天一夜。酒歌有固定的曲调和成套的歌词，内容丰富，包括谨词、本寨情况、双方祖宗三代的基本情况、双方结婚原因和大致过程等等。唱完酒歌，迎亲队伍在辞别歌声中开始起程将新娘迎走。苗族人也善歌舞，舞姿特点是情绪欢快、热烈，腿部动作比较多。苗族主要居住在山区。苗族妇女擅长刺绣，很讲究服装的美，被称为“无人不穿花”的最美民族。男装为对襟衬衫，下穿长裤，束大腰带，头缠青色长巾，冬天腿上多缠裹腿。女装为右衽大襟和胸前交叉衣两大类，每类又有众多的式样和盛装、便装之分，下着宽脚长裤。头饰式样繁多，配上各式各样的包头帕，包成尖顶或圆顶。有的把头发绕在支架上高竖于头顶上，别具风格。黔东南一带的苗族妇女头上戴有形如牛角的银质头饰。有的苗族妇女盛装上的银饰重达200两白银。

苗族青年恋爱方式独特，一般在公开场合，甚至是集体的、按固定的形式进行，这种形式叫“摇马郎”。每逢节日或家闲时，青年男女便会不约而同地聚集到村寨的“摇郎场”寻找朋友、谈情说爱。十六七岁就可以参与“摇郎场”。“摇郎郎”必须在规定的场所“摇郎场”进行，否则会遭非议。苗族妇女也有婚后“不落夫家”的习俗，有的婚后在娘家居住长达数年。

（五）禁忌

苗族讲究真情实意，非常热情，最忌浮华与虚伪。主人路遇客人不抢走第一步，不走在前面；交谈中用敬语称呼；迎客要穿节日服装；对贵客要到寨外摆酒迎候；客人到家门，男主人要叫门，告知在家的女主人，女主人要唱歌开门迎客；在客人面前，女主人不登高上楼；宴会上以鸡、鸭待客为佳肴，尤以心、肝最贵重，要先给给客人或长者，客人则分给众人享用，次序是先长后幼。客人不要称主人“苗子”，他们喜自称“蒙”；禁杀狗、打狗，不吃狗肉；不能坐苗家祖先神位的地方，火炕上三角架不能用脚踩；不许在家或夜间吹口哨；嬉闹时不许用带捆苗家人；遇门上悬挂草帽、树枝或婚丧祭日，不要进屋；路遇新婚夫妇，不要从中间穿过等。

倘若在苗族人家里做客，吃饭时家长会将鸡心、鸭心分捡给客人。此时客人切忌一人独自吃完，而要同在座的老人们一起分享。否则，会被视为不懂礼貌、没出息。苗族人不吃羊肉和面条，姓龙的苗族人忌食鸡肉。

九、傣族

（一）分布

傣族人口约100万，主要聚集早我国的西南边疆的云南省，其中以西双版纳傣族自治州、德宏傣族景颇族自治州以及耿马、孟连两个自治县为最多。此外还有一部分散居于云南省的30多个县内。

傣族语言属汉藏语系壮侗语族壮傣语支。傣族主要信仰小乘佛教，它参透到人们经济、文化社会生活的各个方面，成为带有全民性的宗教信仰。

傣族居住地区与我国的邻国缅甸、老挝、越南接壤，那里多为群山环绕的河谷平坝地，山川秀丽、气候温和、雨量充沛、四季常青，一派热带、亚热带风光，到处生长着郁郁葱葱的竹木和棕榈科树木；大片原始森林中，栖息着虎、豹、熊、金丝猴、长臂猿、孔雀等珍禽异兽，人们称之为天然的“动植物王国”、美丽的“孔雀之乡”。傣族人民有丰富的历史传说、宗教经典和文学诗史，叙事长诗《召树屯与楠木诺娜》、《娥并与桑洛》。结果别致、造型优雅的佛寺和佛塔建筑，工艺精美、图案丰富的傣锦，优美的孔雀舞，动听的象鼓和芒锣，欢乐的泼水节，都体现了傣族独特的民族风格和民族文化。

（二）礼仪

在礼仪方面，尊老爱幼、团结互助是傣族的传统美德。老人受尊敬，家庭关系十分和谐，邻里之间互相照顾。傣族热情好客，盛情款待来投宿的过客，有的还专门备有招待客人的好被褥。

（三）节庆

泼水节是傣族传统新年和最隆重的节日，时间在傣历六月，一般在公历4月中旬，通常持续三四天。第一天为除夕，举行放高升、划龙船或丢包活动。第二天为“腕脑”，人们可在家静养，也可以出猎。第三天为元旦，天刚亮，人们即在佛寺院内用沙堆成几座佛塔，踏上插以若干红绿布缠绕的竹枝，然后人们跪在塔前，聆听和尚诵经。中午时分，妇女们纷纷挑水来给佛像洗尘。接着青年男女就互相泼水，进而向经路人倾泼，用以祝福对方平安、幸福、人们互相追逐，水花飞溅，以湿为乐。

（四）习俗

傣族男子服饰差别不大，一般多穿无领对襟或大襟小衬衫，下着长管裤，白布或蓝布包头，有纹身习俗。妇女服饰因地区不同而差别较大；西双版纳的统裙，结发于顶，插梳子，喜戴花，还有的把头发达成髻托于脑后，或稍偏与头一侧。德宏地区傣族少女发辫都盘绕在头上，插上花朵会金银等饰物。上着紧身大襟衣，下穿长裤，腰间围有绣花腰带的小围腰，有的还披色彩艳丽的披巾，胸前别上金银质的龙、凤或花朵等饰物。

傣族婚俗方面，青年男女婚前社交自由。有的地方有晚上吹芦笙“猎少”的习俗。有的地方实行“串寨子”的恋爱方式，傣历新年，还有“丢包”的习俗：在一片开阔地上，男女青年各站一排，相距约20米，互相用内装棉籽的布包对掷。当“丢包”进行到一定的时候，大家就有目的地选择对象了，花香中意的一对对掷一气，相约退出活动现场，另避一方谈恋爱去了，缔结婚约要由父母托媒说亲，且彩礼多较重。有的地方因男方一时无力筹措彩礼，形成“抢婚”习俗。

傣族个别地区未婚男女求爱的方式更特别：待嫁的姑娘把鸡煮熟，拿到街上去卖。其实，她卖鸡是假，找对象是真。小伙子们围上来估价，不中意的人出钱再多，姑娘也不肯买；姑娘如果看中，分文不取，将鸡递给小伙子。然后，双双离去谈情说爱。

傣族的饮食主要是大米或糯米，喜酸，不吃羊肉和蒜，而以猪肉为主，习惯用油炸而不爱爆炒。常吃的主食是竹筒饭，即把米装入竹筒，灌入适量的水，塞住筒口后放在火上烧烤，当竹筒表面烧焦，筒内的饭也熟了，非常清香可口。

傣族人喜欢跳舞，舞姿特点是下体多保持半蹲状，身体、手臂每一个关节都有弯曲，模拟孔雀的动作，并以脚鼓和铃锣伴奏。

（五）禁忌

傣族人不吃蒜，一般不喜欢吃稀饭；忌讳别人在其屋内吹口哨或剪指甲。

十、彝族

（一）分布

彝族是我国西南地区人口最多的一个少数民族，约有人口660万，主要分布在云南、四川、贵州、广西等省区。四川凉山彝族自治州是最大的彝族聚居区，约有100多万人。其次是云南楚雄彝族自治州和红河哈尼彝族自治州也是彝族分布较为集中的地方。另外，在云南省的大部分县市都散居着彝族。

彝族大多居住在云贵高原和青藏高原东南边缘海拔2000米至2500米的山区或半山区。那里的山川壮丽，大凉山、乌蒙山、哀劳山高耸入云；金沙江、大渡河奔流不息。资源丰富，具有发展农业、林业和旅游业的优越条件。

彝族有自己的语言和文字，彝语属于汉藏缅语族彝语支。信仰多神，崇拜祖先。彝族人性格耿朴、豪爽、热情好客，惯以酒待客。

（二）礼节

彝族人常自称“彝家”，十分好客，凡有客人到来都要隆重欢迎，热情招待，对贵客“打羊”招待。

（三）节庆

每年农历六月二十四至二十六日的火把节，是云南彝、白、纳西、拉姑等族人民共同的盛大节日。

关于火把节的由来，各族人民有着不同的传说。纳西族的传说是：玉皇大帝在天上为看见天下青山绿水、牛羊肥壮，非常生气，命一员天将去烧毁人间。天将到人间，看到这里的一切都是由劳动人民流汗创造的，不忍心烧毁，玉皇大帝发现后，把那员天将斩首了。六月的一天，天下滴鲜血，到地上变成了一个娃娃，哭泣着告诉人们，玉皇大帝今天晚上要把人间烧毁，只有点燃火把，连烧三天，迷惑玉皇大帝的眼睛，才能度过这场灾难。消息立即传遍乡村，家家户户都在门前点燃了火把，免除了灾难。以后，为了纪念那位拯救人民的天将，就有了火把节。

火把节的第一天，男女青年穿着节日的新装，到野外对歌情，采摘各种野花、野果。太阳落山，村寨里便铛铛地响起了一片锣鼓声。各族青年高擎熊熊燃烧的松枝，来回奔驰在田野里。村寨里的大型火把这时也点燃了，火光把村寨照耀得如同白昼。全村的人们兴高采烈地走出家门，围坐在火把周围，喜气洋洋地谈起这一年的风调雨顺，五谷丰登。

第二天，亲戚朋友互相拜访，一些妇女回娘家探亲，青年男女到野外会餐，成人又准备晚上的火把。

第三天是火把节的高潮，人们举行摔跤、斗牛、射箭等活动。到了晚上，大家汇集在村头、寨边或广场，燃起千百只火把，举行篝火晚会，欢快地拍着手掌。半夜，人们举着火把汇成一条火龙，在田间、山野奔跑，表示驱除虫害邪恶，以求幸福昌盛。火光照亮山川，照亮村寨，直到天明。

（四）习俗

彝族服饰风格独特，美丽大方。凉山地区男女都穿右斜襟窄袖贴身上衣，袖口、领口和襟边镶花边。男子下着长裤，有大裤脚、中裤脚和小裤脚之分。头顶留一小块头发，裹以10米多长的青蓝布头帕，前方扎成细小尖锥状“事贴”（称“英雄结”）向前伸出帕外，以示英武。男子以无须为美，左耳带一红色小珠映衬的黄色大耳环。女子下着多褶长裙，裙缘镶以多层色布，颜色和谐，美观华丽。中、青年女子头覆绣花的瓦式方帕，压以发辫，方帕前端遮住前额，形如，帽沿。饰物有发簪、半月形小木梳、耳珠、耳牌、领花、项珠、手镯、戒指及链锁坠等头、胸、背饰。男女都穿“擦尔瓦”，类似披风，下端缀长穗，长可及膝，用羊毛线织成，多为黑色。寒冷时，在“擦尔瓦”内加一件羊毛披毡，十分暖和。

婚俗方面以前有近亲结婚的习俗，现已有所改变。彝族婚俗独具风格。婚期前3天，男方要请几位身强力壮的迎亲人，在新郎兄弟的带领下挑着酒、赶着猪去女家迎亲。这时，女家的人在门后备好几桶水，迎亲人一到，要将他们浇成“落汤鸡”。当他们在室内的火塘边并与新娘的长辈说话时，又会有人用锅烟灰抹在他们脸上，让他们变成大花脸。中午过后，迎亲者将新娘背到屋外草棚内，由姑娘们为新娘梳妆打扮，换上新衣服。然后，女家设宴招待男方迎亲者。众人酒足饭饱后，摔跤仪式开始。女方的摔跤手先作主方，与男方的摔跤手进行比赛。彝族的摔跤与国际自由式摔跤相近。它不分体重级别，无时间限制，不能用脚绊，双肩着地为输，每对选手只摔1次，没有裁判。为表示友谊，谁也不肯全胜。主食，彝族人一般爱吃大米饭；副食爱吃红辣椒；爱喝酒。

彝族人一般在十月上旬择吉日过彝族年，主要是庆贺丰收，祈求风调雨顺，五谷丰登。彝族年各地时间不统一。过节时，人们身着节日服装，举行各种娱乐和体育活动；吹、奏、弹、跳、赛马、射箭、摔跤等，非常热闹。

十一 哈萨克族

(一)分布

哈萨克族约有110万人口,70%以上居住在新疆伊犁哈萨克自治州,另有部分居住在哈密地区的巴里坤县和昌吉州木垒县。哈萨克是一个拥有悠久历史的游牧民族。哈萨克语属于阿勒泰语系突厥语族,哈萨克文以阿拉伯字母为基础。哈萨克的音乐舞蹈有鲜明的民族风格。居民信仰伊斯兰教。

(二)礼仪

哈萨克族是一个性情直爽、热情好客的民族。有一句哈萨克民谚:“如果在太阳下山时放走了客人,就是跳到水利也洗不清这个耻辱。”哈萨克人以待客为荣。据说先民有这样的遗训:“祖先的遗产中,有一部分是留给客人的。”

哈萨克人对于来访者,不论是什么民族,也不管是否认识,都以礼相待。他们招待客人要拿出家里最好的东西或自己舍不得吃的东西。招待贵宾的最高礼遇是宰一只黄头白身的大活羊。

哈萨克族有许多特有的礼俗。例如:见面时或右手扶胸躬身,或握手致意,说一声“夹斯克么”。去哈萨克人家做客,进门时应给让年纪大的主人在先,进门后不得随意乱坐,可以坐在椅子上或铺在地上的垫子上,假若室内有床,不能坐在床上或动床上的东西。坐垫子时要么盘腿,要么跪坐,不应将两腿伸出来,把脚底对着别人,否则便是失礼的表现。哈萨克人讲究坐席的安排,一般左边是客座,主人在右边就座。坐定后,主人招待吃喝,客人得听从安排,至少要尝一下,否则就是对主人的不尊重。另外,不能自己去倒茶,应该由客人倒。如果不喝了,只要用手在腕上捂一下,主人就不再给添加了。

在吃东西之前,主人一般都会提一把“阿不都壶”请你洗手。洗手时只洗3次,洗完后不要甩水,要用毛巾擦干。拿着吃东西,不要用手去擦,也不要鼻子去闻。吃烤馕时,最好把大馕掰成小块吃,不能拿起来啃,吃过的东西或放在碗里的食物不应再给别人。

吃手抓羊肉,主人会将羊肉头献给客人。这时,客人应先用小刀割一块羊头的腮帮肉献给在座年长的主人,并切一块羊耳朵给主人的孩子,自己随意割一块肉吃,然后将羊头奉还主人,以表示对主人热情款待的谢意。此外,饭后如果餐具还没有收走,不必急于离开,更不能跨过或踩踏餐布。

（三）节庆

哈萨克族的节日除过古尔邦节和肉孜节之外，还有每年夏天牧民聚集在草原上举行的“啊肯弹唱会”及每年新年辞旧迎新的那吾鲁孜节。每逢节日和喜庆，牧民们都要在草原上举行各种骑术表演和比赛。“克孜库瓦尔”是哈萨克族姑娘和小伙子最喜爱的一种民间传统娱乐活动，也是他们互相表白爱情的一种独特的方式。开始由男女青年中一方邀请，双双骑马并向指定目标缓缓进发。途中，小伙子可尽情向姑娘表白爱情，姑娘不能有任何反对的表示，即使红了脸，也要默默地听。但是，在返回的路上，姑娘有权用鞭子追打小伙子，小伙子不能还手。因此当两人绕过制定的目标后，小伙子神情紧张地扬鞭策马向返回的路上急驰，姑娘则策马紧追，扬鞭抽打加以“报复”，或轻或重，或悬或实，随心随意，随情所移，形成“姑娘追”的风趣、动人场面，观众则叫好助威，呐喊加油。假若姑娘对小伙子有情意，即使追上，那举起的鞭子也只是在小伙子的头上晃来晃去不肯落下，或只是轻抽几下以遮人耳目。倘若姑娘不接受小伙子的爱情，那么他就要吃些皮鞭之苦了。

（四）习俗

哈萨克牧民每年春夏冬三季都住在可拆卸的圆形房内，冬天搬进称“科窝子”的平顶土房或木屋里。服饰明显地反映牧区生活的特点。为骑马方便，服装一般都会比较宽大结实，一般很长。男子冬天都穿不挂布面的羊皮大袄，或者穿用骆驼毛絮里的“库普”，腰部多束镶有金属花纹装饰的皮带，上系小刀。男性内衣衣领较高，多绣花边，套西服背心。妇女多穿连衣裙，喜欢红色，胸前多绣花纹。男性冬天多戴皮帽。少女戴马皮制作的圆形小帽，上插一撮猫头鹰羽毛，迎风飘溢，十分美观，妇女则蒙宽大白头巾，及至脚跟，上面以黄线绣出各种图案。牧民不论男女，都穿长筒靴，冬天穿用毡子缝制的长袜。

在婚俗方面，同一部落的人一律不能通婚。婚姻的缔结一般要送彩礼。在家庭里，妻子须服从丈夫，子女须服从父亲。结婚仪式一般分四个程序：第一步，订婚礼，在女方家举行，商量有关事宜；第二步，在男方家确定“吉尔特斯”的婚礼，请阿訇念经，送礼给女方家，并确定彩礼数量；第三步，男方在女方家送上彩礼数的一半，此后新郎就在女方家中与新娘同居，叫做“看门”；第四步，在男方家举行结婚典礼，要请阿訇或“依麻木”念经，婚礼中男女对唱“加尔”和“别塔沙儿”之歌，亲友祝贺新郎、新娘幸福。

（五）禁忌

忌当着主人的面数羊、马的数目。

忌跨过拴着牲畜的绳子；忌遇羊群不绕行。

不允许用手背擦摸食物，不准乱丢食物，严禁坐在装有食物的储存器具上；绝对不得跨过进餐用的餐布。

青年人禁忌当着老人的面饮酒。

忌讳别人赞美他们的小孩肥胖。

忌讳小辈坐卧长辈的床铺。

忌讳客人坐在火炉的右侧，因为他们有以右为上的观念。

吃饭时忌讳摘帽子，假如因为有急事来不及戴或者忘记帽子，必须用一根草茎插在头发上暂时替代帽子，而后才可进餐。否则，会被认为缺乏教养，不懂礼仪。

第二节 旅游团队参加少数民族节日活动注意事项

一、概述

我国是一个多民族的国家，从祖国的北部边陲漠河到南海明珠海南岛，从一望无际的草原到人烟稀少的戈壁，都有少数民族同胞聚居。随着民俗旅游的兴起，组织团队游客参加少数民族节庆活动的旅游项目日渐增多。在组织这些活动时，应注意如下事项：

（一）要端正对少数民族的态度，自觉热爱少数民族同胞

少数民族语言、生活习俗各有不同；大多数少数民族又人口稀少、居住分散，所居住地区多数交通还不发达，经济文化还较落后。面对这种情况，汉族要端正对少数民族的态度，克服大汉族主义思想。要认识到少数民族同胞在中华民族大家庭中，也在用自己勤劳的双手，不断做出自己的贡献。他们是可亲可爱的。

（二）要尊重少数民族的风俗习惯

少数民族的风俗习惯已成为旅游资源的一大特色。因此在组团参加少数民族活动时应做到：

1. 不干涉少数民族群众正当的宗教活动。

2. 不准品头论足，议论少数民族的举止穿戴。

3. 不准用歧视、侮辱性的语言称呼少数民族同胞等等。

（三）要加强民族团结

少数民族地区，尤其是偏远的少数民族地区，如西藏、新疆等位于边境的少数民族地

区，对敌斗争情况复杂，组团进入这些地方要特别注意加强民族团结。

第三节　我国的少数民族政策

我国宪法规定：各民族“都有保持或改革自己风俗习惯的自由”。无论是保持还是改革自己的风俗习惯，都是各民族的平等权利和民主权利。尊重各民族的风俗习惯，有利于各民族平等与团结，有利于对民族传统文化的保护和发展。我国刑法第一百四十七条规定：国家工作人员非法侵犯少数民族风俗习惯，情节严重的，处二年以下有期徒刑或者拘役。为了尊重少数民族风俗习惯，我国政府制定了一系列政策措施。

一、尊重少数民族饮食习惯

在我国，为保证少数民族特需食品的生产和供应，尤其对回、维吾尔等10个信仰伊斯兰教、食用清真食品的民族，给予特别的照顾。

（一）妥善解决好信仰伊斯兰教职工的伙食问题

对公职人员较多的机关、学校、企事业单位，设立清真食堂或清真伙食；对因客观条件限制，单位没有设立清真食堂或清真伙食的，按规定发给适当的伙食补助费等。

（二）广设清真饮食网点

在城市和信仰伊斯兰教民族来往较多的交通要道、饭店、旅馆、医院及列车、客船、飞机等交通设施上，设清真食堂或清真饮食点，国家对经营清真饮食的企业，在政策上给予优惠。

（三）在经营、销售食品中，尊重和照顾少数民族的饮食习惯

凡供应信仰伊斯兰教民族的牛羊肉，做到单宰、单储、单运、单售，不与其他肉食混杂，并注明“清真”字样；供应糕点及其他食品也应照此办理。

二、尊重和照顾少数民族年节习惯

我国尊重和照顾少数民族年节习惯，各民族可以自由地按本民族的传统欢度节日。国家规定：各地人民政府应该照顾少数民族年节习惯，制定放假办法、节日特殊食品供应等优待方法。《中华人民共和国国旗法》第七条第二款还规定：“不以春节为传统节日的少数民族地区，春节是否升挂国旗，由民族自治区的自治机关规定。民族自治地方在民族自治地

方成立纪念日和主要传统民族节日，可以升挂国旗。”

(一)尊重少数民族婚姻习惯

我国依法尊重和保护少数民族的婚姻习惯，我国《婚姻法》第三十六条规定:“民族自治地方和人民代表大会和它的常务委员会，可以依据本法的原则，结合当地民族婚姻家庭的具体情况，制定某些变通条例或补充的规定。”

(二)尊重少数民族丧葬习俗

我国各民族丧葬习俗各有特点，有火葬、土葬、水葬、天葬等不同葬法。在我国，除去对汉族推行火葬外，其他民族的丧葬习俗，都得到尊重。

大众传播媒介中防止侵犯少数民族风俗习惯的事情发生。

在尊重少数民族风俗习惯的同时，反对歧视或侮辱少数民族的称谓和地名。在大众传播媒介中，明确对少数民族的正确称谓。

(三)尊重少数民族改革自己风俗习惯的自由

客观地说，少数民族有些风俗习惯是不利于生产、生活和民族进步的，是需要改革的。我国的政策是:少数民族有保持、也有改革自己风俗习惯的自由，但这种改革由少数民族自己决定并实施，政府不予强迫和干涉。

我国尊重少数民族风俗习惯的政策，受到各民族人民的普遍拥护和欢迎，尊重少数民族风俗习惯已成为一种良好的社会风尚。

☆ 本章思考题

1. 我国少数民族的主要节日有哪些?
2. 我国对少数民族政策有哪些?
3. 在旅游过程中参加少数民族活动应注意哪些事项?
4. 藏族、蒙古族、朝鲜族、回族、维吾尔族的民族禁忌有哪些?
5. 藏族、蒙古族、朝鲜族、回族、维吾尔族的礼仪习俗有哪些?

第八章 我国主要旅游客源国与目的地国家和地区的礼俗礼仪

所谓礼俗，是指礼仪礼节方面的风俗习惯，它是一个社会经过长期的文化积淀而形成的不易改变的风尚、习惯、习俗、行为的总称。

第一节 亚洲主要国家和地区礼俗礼仪

一、日本

1. 礼节礼貌

在日常生活中，日本人相见时，极重礼节。通常要脱帽鞠躬。在行鞠躬礼时，日本人不但讲究行礼者必须毕恭毕敬，而且是鞠躬的度数，鞠躬时间的长短，鞠躬的次数等方面还有其特别的讲究。一般而言，日本人在行鞠躬礼时鞠躬的度数的大小，鞠躬时间的长短，鞠躬的次数的多少，往往会同对对方所表示的尊敬的程度成正比。日本人在行鞠躬礼时，还规定手中不得拿东西，头上不得戴帽子，把手插在口袋里亦不允许。有的时候融人还会一面与人握手，一面鞠躬致敬，或是仅仅与他人握手为礼。不过在一般情况之下，日本妇女尤其是日本的乡村妇女，与别人见面时，是只鞠躬而不握手的。在行见面礼时，日本人讲究必须同时态度谦虚的问候交往对象，常用的见面礼节话有"您好"，"您早"，"晚安"，"再见"，"拜托了"，"初次见面请多关照"等。总之，日本人是认为"礼多人不怪"的。在日本民间，尤其是在乡村之中，人们在送别亲友时，往往还会向对方行跪礼。跪礼即屈膝下跪，它是妇女所行的礼节。

日本人与他人初次见面时，通常都要互换名片，否则即被理解为是不愿与对方交往。

因而有人将日本人的见面礼节归纳为"鞠躬成自然，见面递名片"。在一般情况下，日本人外出时身上往往会带上好几种印有自己不同头衔的名片，以便在交换名片时可以因人而宜。

日本人在人际交往中对清洁十分重视，对他们来讲，每天都得非洗澡不可。不仅如此，日本人还有请人一起去浴室洗澡的习惯，用他们的话来讲，这叫做"裸体相交"。他们认为，这一做法可以使人减少束缚，坦诚相交。

日本人宴请友人时，桌上总要摆一碗清水，并在客人面前摆上一块白纱布。主持人先将自己的杯子在清水里涮一涮，杯口朝下在白纱布上将水珠按净，然后斟酒并双手敬于客人，目视着客人干杯。接着，客人也以同意的方式向主人敬酒，如此交杯尽兴，以表宾主亲密无间，称为"交杯礼"。

日本人姓名的组合顺序与中国人姓名的组合顺序的一样，二者都是姓在前，名在后的。不过，日本人的名子字数往往较多，并且以四字的最为多见。日本人妇女婚前姓父姓，婚后则改夫姓。称呼日本人时，可以称之为"先生"，"小姐"或"夫人"。也可以在其姓氏之后加上一个"君"字，将其称"某某君"。只有在很正式的情况下，称呼日本人时在必须使用其全名。在交际场合，日本人的信条是"不给别人添麻烦"。因此，他们忌讳高声谈笑，但是在外人面前，他们则大都要满脸笑容，而不论自己是否开心。日本人认为，这也是做人的一种礼貌。

2. 饮食习惯

日本人普遍爱食用生鱼，因而盖着生鱼片的寿司是日本国内最流行的食物。日本料理非常讲究保持食物的原味，不提倡加入过多调料，以清淡为主。对菜肴的色面尤其有着很高的要求，不但使用各式各样非常精致的盛器来装食物，对食物的形状、排列、颜色搭配也都有很细腻的考虑。看着那一道道精细得有如风景画一般的日式料理，初到日本的游客往往不忍破坏那份美丽。日本的冷面是放在竹制盘上，用筷子夹起一口的数量放在冷汤里进食。有些餐馆没有附上汤匙，日本人习惯拿起来喝汤。日本人习惯下班后三五成群地去喝酒。在大都市内的娱乐中心区，到处都有酒吧、的士高及夜总会。

(1)日本的酒类:1)啤酒。日本人最喜欢喝啤酒，无论是生啤酒或是瓶装的都受欢迎。在夏天，部分百货公司也有露天啤酒馆，吸引大量游客。2)日本清酒。清酒可以热喝或冷喝，无论哪一种清酒，都是日本菜肴的最佳搭配。酒味可口甜美，容易喝过量而醉。3)威士忌。日本人喜爱喝加冰加水的威士忌。4)烧酒。这种酒是用蕃薯、大麦、蔗糖等材料制成，经过滤后的酒精，与伏特加有些类似。

(2)日本传统美食:1)日本火锅。祸置于餐桌上，在祸汤内不断放入牛肉片，蔬菜，豆腐等等，且煮且食。2)天妇罗。在麦粉中加入鸡蛋和冷水，拌成麦粉浆，然后把虾，鱼，蔬菜等等，放入锅内油煎。3）寿司。在有醋味的饭团上，加以各种生鱼片。4）生鱼片。生的鱼片，用酱油佐食。5）怀石菜。被认为是日本烹调技术的精华，利用蔬菜，鱼介，海草等精制而成，味道异常鲜美。6）串烧。一串串的鸡肉或肝脏，巨火烘熟。7）炸猪排。猪肉片在面包屑里一滚，然后用油煎。

（3）日本菜的拼摆：日本菜的拼摆独具一格，多喜欢摆成山、川、船形状，有高有低，层次分明。有人用插花来比喻日菜的拼摆，叫做“真、行、草”。“真”为主，“行”为附，“草”为装饰、点缀。摆出的菜要有主，有次，有点缀。一份拼摆得法的日餐菜点，犹如一件艺术佳作，色泽自然，色调柔和，情趣高雅，悦目清心，给人以艺术享受，使人心情舒畅，增加食欲。日菜的刀法和切出的形状与中餐、西餐不同。日菜的加工多采用带棱角、直线条的刀法，尽量保持食品原有的形状和色泽，同时还要根据不同的季节使用不同的原料。用不同季节的树叶、松枝或鲜花点缀，既丰富了色彩，又加强了季节感。例如：秋季喜欢用柿子叶、小菊花、芦苇穗等，突出秋季的特点。同时，拼摆的数量一般用单数，偶数的“二”可以用，“四”是绝对不能用的，原因是“四”与日语“死”的发音相同。一般多采用三种、五种、七种。各种菜点要摆成三角形，如果三种小菜即采用一大二小。五种则采用二大三小，看起来是三角形。

3. 节庆习俗

日本多节庆，法定节日就有 13 个。新年 1 月 1 日，庆祝方式似我国春节。前一天晚上吃过年合家团圆面，“守岁”听午夜钟声，新年第一天早上吃年糕汤，下午举家走亲访友。1 月 15 日是成人节，庆祝男女青年年满 20 周岁，从此开始解禁烟酒。女子过成人节时都要穿和服。女孩节是 3 月 3 日，又称“雏祭”，凡有女孩子的家庭要陈设民族服装和玩具女娃娃。3 月 15 日至 4 月 15 日是樱花节，此期间人们多倾城出动赏花游园，饮酒跳舞，喜迎春天。5 月 5 日是男孩节，旧称“端午节”，习俗似我国的端午节，此时家家户户都要挂菖叶、吃粽子。9 月 15 日是敬老节，社会各界和晚辈会向高龄者赠送纪念品。11 月 3 日是文化节。

4. 禁忌

日本人忌讳绿色，认为是不祥的颜色，忌荷花图案。探望病人时忌讳送菊花、山茶花、仙客来花、白色的花和淡黄色的花。对金色的猫以及狐狸和獾极为反感，认为它们是“晦气”、“贪婪”、“狡诈”的化身。日本人把“4”与“9”视为不吉。原来，“4”在日文里发音与“死”相似，而“9”的发音则与“苦”相近。在三人并排合影时，日本人谁都不愿意在中间站立。他们认定，被人夹着是不祥的征兆。

日本人很爱给人送小礼物，但不宜送下列物品：梳子、圆珠笔、T 恤衫、火柴、广告帽。在包装礼品时，不要扎蝴蝶结。同他人相对时，日本人觉得注视对方双眼是失礼的，通常只会看着对方的双肩或脖子。

日本人不给别人敬烟。在宴客时，忌讳将饭盛得过满，并且不允许一勺盛一碗饭。日本人在用筷子时，有“忌八筷”之说。即忌：①舔筷；②迷筷，手拿筷子，拿不定吃什么，在餐桌上四处寻游；③移筷，动一个菜后又动一个菜，不吃饭光吃菜；④扭筷，扭转筷子，用舌头舔上面饭粒；⑤插筷，将筷子插在饭上；⑥掏筷，将菜从中间掏开，扒弄着吃；⑦跨筷，把筷子骑在碗、碟上面；⑧剔筷，将筷子当牙签剔牙。除此之外，还忌讳用一双筷子让大家依次夹取食物。饮食禁忌是不吃肥猪肉和猪的内脏，也有一些人不喜欢吃羊肉和鸭肉。

二、韩国

1. 礼貌礼节

一般都采用握手作为见面礼节。在行握手礼时，讲究使用双手，或单独使用右手。当晚辈、下属与长辈、上级握手时，后者伸出手来之后，前者须先以右手握手，随后再将自己的左手轻置于后者的右手之上。韩国人的这种做法，是为了表示自己对对方的特殊尊重。韩国妇女在一般情况下不与男子握手，代之以鞠躬或者点头致意。韩国小孩子向成年人所行的见面礼，大多如此。与他人相见时，韩国人在不少场合有时也同时采用先鞠躬、后握手的方式。

同他人相见或告别时，若对方是有地位、身份的人，韩国人往往要多次行礼。行礼三五次，也不算其多。有个别的韩国人甚至还会讲一句话，行一次礼。称呼他人时爱用尊称和敬语，很少直接叫出对方的名字。喜欢称呼对方能够反映其社会地位的头衔。与外人初次打交道时，韩国人非常讲究预先约定，遵守时间，并且十分重视名片的使用。

在交际应酬之中通常都穿着西式服装。着装朴素整洁、庄重保守。在某些特定的场合，尤其是在逢年过节的时候，喜欢穿本民族的传统服装。其民族传统服装是：男子上身穿袄，下身穿宽大的长裆裤，外面有时还会加上一件坎肩，甚至再披上一件长袍。过去韩国男子外出之际还喜欢头戴一顶斗笠。妇女则大都上穿短袄，下着齐胸长裙。

进屋之前需要脱鞋时，不准将鞋尖直对房间之内。不然的话，会令对方极度不满。

2. 饮食习惯

韩国人饮食的主要特点是辣和酸。主食主要是米饭、冷面。爱吃的菜肴主要有泡菜、烤牛肉、烧狗肉、人参鸡等等。一般都不吃过腻、过油、过甜的东西，并且不吃鸭子、羊肉和肥猪肉。韩国人的饮料较多。男子通常喜爱烧酒、清酒、啤酒等。妇女则多不饮酒。在用餐的时候，韩国人是用筷子的。与长辈同桌就餐时不许先动筷子，不可用筷子对别人指指点点，在用餐完毕后要将筷子整齐地放在餐桌的桌面上。吃饭的时候不宜边吃边谈、高谈阔论。吃东西时，嘴里忌讳响声大作。

3. 节庆习俗

韩国节庆较多。农历正月初一至正月十五的节日活动类似我国春节。农历正月十五为元宵节。传统饮食是种果（栗子、核桃、松子等）、药膳、五谷饭、陈茶饭等。农历四月八日为佛诞节及颂扬女性的春香节。农历五月五日为端午节，家家户户都以食青篙糕、挂菖蒲来过节。农历八月十五为中秋节，农历九月九日为重阳节。清明扫墓，冬至吃冬至粥（有掺高粱面团子的小豆粥）。除上述传统节日外，韩国人还很重视圣诞节、儿童节5月5日、恩山别神节3月28日至4月1日等。群众喜闻乐见的体育活动有射箭、摔跤、拔河、秋千、跳板、风筝、围棋、象棋等。

4. 禁忌

由于发音与“死”相同的缘故，韩国人对“4”这一数目十分厌恶。受西方礼仪习俗的影响，也有不少韩国人不喜欢“13”这个数。与韩国人交谈时，发音与“死”相似的“私”、“师”、“事”等几个词最好不要使用。将“李”这个姓氏按汉字笔画称为“十八子”，也不合适。需要对其国家或民族进行称呼时，不要将其称为“南朝鲜”、“南韩”或“朝鲜人”，而宜分别称为“韩国”或“韩国人”。

韩国人的民族自尊心很强，他们强调所谓“身士不二”。在韩国，一身外国名牌的人，往往会被韩国人看不起。需要向韩国人馈赠礼品时，宜选择鲜花、酒类或工艺品。但是，最好不要送日本货。

在民间，仍讲究“男尊女卑”。进入房间时，女人不可走在男人前面。进入房间后，女人须帮助男人脱下外套。男女一同就坐时，女人应自动坐在下座，并且不得坐得高于男子。通常，女子还不得在男子面前高声谈笑，不得从男子身前通过。

三、泰国

1. 礼节礼貌

最多的见面礼节，是带有浓厚佛门色彩的合十礼。一般的交际应酬中不喜欢与人握手。

行合十礼时，须站好立正，低眉欠身，双手十指相互合拢，并且同时问候对方“您好”。行合十礼的最大讲究，是合十于身前的双手所举的高度不同，给予交往对象的礼遇便有所不同。通常，合十的双手举得越高，越表示对对方的尊重。目前，泰国人所行的合十礼大致可以分为四种规格。其一，是双手举于胸前，它多用于长辈向晚辈还礼。其二，是双手举到鼻下，它一般在平辈相见时使用。其三，是双手举到前额之下，它仅用于晚辈向长辈行礼。其四，是双手举过头顶，它只用于平民拜见泰王之时。

在一般情况下，行合十礼之后，即不必握手。行合十礼时，晚辈要先向长辈行礼；身份、地位低的人要先向身份、地位高的人行礼。对方随后亦应还之以合十礼，否则即为失礼，只有佛门弟子可以不受此例限制。

在交际场合，习惯以“小姐”、“先生”等国际上流行的称呼彼此相称。在称呼交往对象的姓名时，为了表示友善和亲近，不惯于称呼其姓，而是惯于称呼其名。

在正式一些的场合，泰国人都讲究穿着自己本民族的传统服饰。服饰喜用鲜艳之色。在泰国，有用不同的色彩表示不同的日期的讲究。由于气候炎热，泰国人平时多穿衬衫、长裤与裙子。在参观王宫、佛寺时，穿背心、短裤和超短裙是被禁止的。去泰国人家里做客，或是进入佛寺之前，务必要记住先在门口脱下鞋子。另外，在泰国人面前，不管是站是坐，忌讳把鞋底露出来，尤其不能以其朝向对方。

2. 饮食习惯

泰国美食国际知名。无论是口味辛辣的还是较为清淡的，和谐是每道菜所遵循的指导原则。泰式烹调实质上是由有几百年历史的东方和西方影响有机地结合在一起，形成了独特的泰国饮食。泰国美食的特点要根据厨师、就餐人、场合和烹饪地点情况而定，以满足所有人的胃口。泰国烹饪最初反映了水上生活方式的特点。水生动物、植物和草药是主要的配料。

因为有佛教背景，所以泰国人避免使用大块动物的肉。大块的肉被切碎，再拌上草药和香料。泰国传统的烹饪方法是蒸煮、烘焙或烧烤。由于受到中国影响，引入了煎、炒和炸的方法。自17世纪以来，烹饪方法一直受到葡萄牙、荷兰、法国和日本的影响。在17世纪后期，葡萄牙传教士在南美洲习惯了红辣椒的味道，于是在泰国菜中引入了红辣椒。

泰国人非常擅长“暹罗－伊势”的外国烹饪方法，并替换一些成分。印度饮食中使用的酥油被椰子油取代，椰子汁代替了其他乳制品。减少使用过于强烈的纯香料，增加了新鲜的草药，比如柠檬草和高良姜。最后，在泰国咖喱中使用较少的香料，而增加新鲜草药的使用量。通常人们都知道泰国咖喱的辣味很强烈，但持续时间短，而其他咖喱，由于香料味道强烈，辣味会持续很长时间。泰国菜上菜不是按照一定的顺序，而是一次上齐，这样用餐的人就可以尽情享受各种味道相互补充，相互结合。

3. 节庆习俗

泰历1月1日，是泰国人的元旦，这一天举国欢庆。泰历4月13日至15日为宋干节，即求雨节，也叫泼水节。此时正当干热时节，急需降雨，可以毫无顾忌地互相泼水。泰历5月9日是春耕节，这一天由国王主持典礼，农业大臣开犁试耕，祈求风调雨顺、五谷丰登。泰历12月15日是水灯节，也叫佛光节，人们用香蕉叶或香蕉树皮和蜡烛做成船形灯，放进河里，让其随波逐流，以感谢水神，祈求保佑。

4. 禁忌

不要触及他人头部，也不要弄乱他人的头发。在泰国，人的头部被认为是精灵所在的重要部位。如果您无意中碰及他人的头部，您应立即诚恳地道歉。泰国人忌讳外人抚摸小孩（尤其是小和尚）的头部，小孩子的头只允许国王、僧侣和自己的父母抚摸。即使是理发师也不能乱动别人的头，在理发之前必须说一声“对不起”。泰国人睡觉时，头部不能朝西，因为日落西方象征死亡，只有人死后才能将尸体头部朝西停放，泰国人建筑房屋时，也习惯房屋坐北朝南或坐南朝北，而不朝西。此外，蓄须也被认为不礼貌。

泰国人认为人的右手清洁而左手不洁，左手只能用来拿一些不干净的东西。因此，重要东西用左手拿会招来嫌弃。左撇子在日常生活中可以不注意，但在正式场合绝对不可以。在比较正式的场合，还要双手奉上，用左手则会被认为是鄙视他人。与左手一样，脚掌也被认为是不净的。在人坐时，应避免将脚放在桌子上。用脚尖撞人或指人都会被严厉地呵斥，也绝对不能把脚掌冲向佛。泰国人认为脚部是卑贱的，只能用来走路，不能干其他事情，例如用脚踢门和用脚指东西等。坐着时，不要翘起脚和把脚底对着别人。妇女落座，要求更为严格，双腿必须并拢，否则会被认为是不文明，缺乏教养。

在泰国，婴儿落地，接生者只能用竹刀割断脐带，而不能用剪刀。婴儿出生后，把婴儿的胎盘放在瓦锅里，等孩子满月后才埋到屋后。初生的婴儿每日都得放到冷水中浸泡几次，直到他面白唇紫时，才抱起来，据说这样可以防止孩子得病。邻里亲友探望产妇时，不能谈论冷热、汗疹、生病和死亡等事情。泰国人不用红笔签名，因为泰国人死后，要在棺材口写上其姓氏，写时用的是红笔。在人经常走过的地方，如门口、房顶等禁止悬挂衣物，特别是裤衩和袜子之类。在一些农村里，忌赞美别人小孩子长得漂亮。不能捡水灯。泰国人在泰历的每年12月月圆时要举行水灯节，这是泰国最热闹的一个节日。在观看水灯时一定要注意，无论那水灯多么精致美丽，都绝对不能捡起来，否则就会受到严厉的惩罚。

四、新加坡

1. 礼节礼貌

见面礼节多为握手礼。华人往往习惯于拱手作揖，或者行鞠躬礼；马来人则大多采用其本民族传统的“摸手礼”。在新加坡，不讲礼貌不仅会让人瞧不起，而且还会寸步难行。

对某些失礼之举，在新加坡也有明确的限制。比如，在许多公共场所，通常竖有“长发男子不受欢迎”的告示，以示对留长发的男子的反感和警告。对讲脏话的人深表厌恶。

新加坡人的国服，是一种以胡姬花作为图案的服装。在国家庆典和其他一些隆重的场合，经常穿着自己的国服。在社交正式场合，男子一般要穿白色长袖衬衫和深色西裤，并且打上领带；女子则须穿套装或深色长裙。在日常生活里，不同民族的新加坡人的穿着打扮往往各具其民族特色。华人的日常着装多为长衫、长裤、连衣裙或旗袍；马来人最爱穿“巴汝”、纱笼；锡克人则是男子缠头，女子身披纱丽。在许多公共场所，穿着过分随便者，比如穿牛仔装、运动装、沙滩、装、低胸装、露背装、露脐装的人，往往被禁止入内。

2. 饮食习惯

中餐是新加坡华人的最佳选择。新加坡华人口味上喜欢清淡，偏爱甜味，讲究营养，平日爱吃米饭和各种生猛海鲜，对于面食不太喜欢。粤菜、闽菜和上海菜，都很受他们的欢迎。马来人忌食猪肉、狗肉、自死之物和动物的血，不吃贝壳类动物，不饮酒；印度人则绝对不吃牛肉。在用餐时，不论马来人还是印度人都不用刀叉、筷子，而惯于用右手直接抓取食物，绝对忌用左手取用食物。新加坡人，特别是新加坡华人，大都喜欢饮茶，对客人通常喜欢以茶相待。

3. 节庆习俗

新加坡华人过春节相当隆重，也过元宵节、端午节、中秋节等。信奉印度教的人过“屠龙节”。国定节日为食品节每年 4 月 17 日举行，节日来临，食品店准备许多精美食品，国人不分贫富，都要购买各种食品合家团聚、邀亲请友，以示祝贺。

4. 禁忌

新加坡华人在饭馆里吃饭时，常用筷子和瓷匙。如果外国人需要，饭店会提供餐叉和汤匙，但一个外国旅客如能使用或试着使用筷子，将会被认为是恭敬的表现。有时用手指帮忙是允许的，尤其是在吃鸡或其他禽类时。马来人和印度人可能用右手代替筷子，用芭蕉叶代替盘子。当采用马来人和印度人的方式吃饭时，应向主人请教或模仿他的做法。用餐时不要把筷子放在碗或装菜的盘子上，不用时，也不要交叉摆放，应放在托架、酱油碟或放骨片的盘子上。如有海员、渔夫或其他爱好划船者同席，不要把盘子里吃了一半的鱼翻转过来，因为那将预示翻船，要把鱼骨移开，从上面吃到下面。

在社交性的谈话中，切忌议论政治得失、种族磨擦、宗教是非和配偶情况等，但可交流旅行方面的经验，也可谈论所到过的国家的各种见闻。好的交谈话题是当地的风味食品、餐馆、受有欢迎的旅游地区和主人一方的商业成就。

新加坡严忌说“恭喜发财”，他们将“财”理解为“不义之财”或“为富不仁”，说“恭喜发财”被认为是对别人的侮辱和嘲骂。用食指指人，用紧握的拳头打在另一只张开的掌心上，或紧握拳头，把拇指插入食指和中指之间，均被认为是极端无礼的动作。双手不要随便叉腰，因为那是生气的表示。新年期间不扫地，不洗头，否则好运会被扫掉洗掉；不要打破屋里的东西，尤其是不要打破镜子，因为那将预示着家庭的分裂或发生其他不幸的事；不穿旧衣，不用针和剪刀，它们会带来坏运气。新加坡人认为“4”、“6”、“7”、“13”、“37”和“69”是消极的数字，他们最讨厌“7”，平时尽量避免这个数字。新加坡人视黑色为倒霉、厄运之色，紫色也不受欢迎。他们偏爱红色，视红色为庄严、热烈、刺激、兴奋、勇敢和宽宏之象征。他们也欢迎蓝色和绿色。新加坡禁止在商品包装上使用如来佛的图像，也不准使用宗教用语。忌讳猪、乌龟的图案。

五、马来西亚

1. 礼节礼貌

不同民族的人采用不同的见面礼节。马来人的常规做法是：向对方轻轻点头，以示尊重。除男人之间的交往以外，马来人很少相互握手，男女之间尤其不会这么做。马来人传统的见面礼节，是所谓“摸手礼”。它的具体做法为：与他人相见时，一方将双手首先伸向对方，另一方则伸出自己的双手，轻轻摸一下对方伸过来的双手；随后将自己的双手收回胸前，稍举一下，同时身体前弯呈鞠躬状。与此同时，他们往往还会郑重其事地祝愿对方：“真主保佑！”或“一路平安”。被问候者须回以：“愿你也一样好。”

在一般情况下，马来人习惯穿着本民族的传统服装。马来族男子通常上穿“巴汝”，那是一种无领、袖子宽大的外衣。他们的下身，则围以一大块布，叫做“纱笼”。他们的头上，还非要戴上一顶无檐小帽不可。马来族女子，则一般要穿无领、长袖的连衣长裙。她们的头上，必须围以头巾。在社交场合，马来西亚人可以穿着西装或套裙。在正规的场合里，绝对不允许露出胳膊和腿部来，所以忌穿背心、短裤、短裙。

2. 饮食习惯

马来西亚的穆斯林是绝对不饮酒的，喜欢的饮料有椰子水、红茶、咖啡等等，不惯饮用开水。在宴请之中需要干杯时，往往会以茶或者其他软饮料来代替酒。受伊斯兰教规影响，马来西亚人的穆斯林不吃猪肉，不吃自死之物和血液，不使用一切猪制品，不吃狗肉和龟肉。爱吃米饭，喜食牛肉，极爱吃咖喱牛肉饭，并且爱吃具有其民族风味的“沙爹”烤肉串。马来西亚的印度人不吃牛肉，但可以吃羊肉、猪肉和家禽肉。在用餐前，必定先用清水冲手。在餐桌上，则多备有水盂，以供人们用餐时刷洗手指。

3. 节庆习俗

除国庆节和元旦节外，马来西亚的穆斯林要过两个重要节日，即开斋节和古尔邦节。

4. 禁忌

不要触摸被其视为神圣不可侵犯的头部和肩部；不要在其面前跷腿、露出脚底，或用脚去挪动物品，因为他们认为在人体上脚的地位最为低下；不要用一手握拳，去打另一只半握的手，这一动作在马来西亚人来看是十分下流的；与其交谈时，不要将双手贴在臀部上，不然有勃然大怒之疑；不要当众打哈欠。万不得已要打哈欠时，务必要以手遮挡口部，否则便是失敬于人的。忌用漆筷（因漆筷制作过程中使用猪血）、忌用左手赠物、进餐。

六、印度

1. 礼节礼貌

见面礼节所用较多的是传统的合十礼，其具体做法同其他国家大同小异。印度人所用的较有特色的见面礼节有以下三种。

一是贴面礼。它流行于印度的东南部地区。具体的做法是：与客人相见时，将自己的鼻子与嘴巴紧贴在对方的面颊上，并且用力地吸气，同时还要口念道："嗅一嗅我"。

二是摸脚礼。它在印度是一种礼遇极高的见面礼。具体的做法是：晚辈在拜见长辈时，首先弯腰用右手触摸长辈的脚尖，然后再用它去回摸一下自己的前额，以示用自己的头部接触对方的脚部。

三是举手礼。它是合十礼的一种变通。当一手持物，难以双手合十时，则举起右手，指尖向上，掌心内向，向交往对象致敬。与此同时，还须问候对方"您好"。

目前，印度也流行握手礼。但是，在一般情况下，印度妇女仍不习惯于同异性握手。用左手与人相握，也不许可。在迎接嘉宾之时，印度人往往要向对方敬献用鲜花编织而成的花环。为了表示诚意，主人通常要亲自将其挂在客人的脖子上。

印度人的着装讲究朴素、清洁。在一般场合，印度男子的着装往往是：上身穿一件"吉尔达"，即一种宽松的圆领长衫；下身则穿一条"陀地"，即一种以一块白布缠绕在下身、垂至脚面的围裤。在极其正规的活动中，他们则习惯于在"吉尔达"之外，再加上一件外套。印度妇女的最具民族特色的服装是纱丽。它实际上是一大块丝制长巾，披在内衣之外，好似一件长袍。其具体穿法是：从腰部一直围到脚跟，使之形成筒裙状；然后将其末端下摆披搭在肩头，自成活褶。印度妇女所穿的纱丽色彩鲜艳，图案优美，非常之漂亮。

出门在外时，尤其是在正式场合，印度人大都讲究不露出头顶。印度的妇女，大都习惯在自己的前额上以红色点上一个"吉祥痣"。过去，它用于表示妇女已婚，而今则主要用于装扮。

2. 饮食习惯

印度人主食为大米、面食。在做饭的时候，他们喜欢加入各种各样的香料，尤其是爱加入辛辣类香料，例如咖喱粉等等。印度人在饮食方面最大的特点，就是食素的人特别多，而且社会地位越高的人越忌荤食。大多数印度人都不吸烟，也不喜欢饮酒，不太爱喝汤。用餐的时候，一般不用任何餐具，而习惯于用右手抓食。许多印度人认为白开水是世间最佳的饮料。红茶也是他们的主要饮料。

3. 节庆习俗

印度的节庆较多。国庆节 1 月 26 日。独立节 8 月 15 日，为庆祝印度实现独立。酒红节，也称泼水节，在印历 12 月(公历 2～3 月)举行。十胜节是印度教三大节日之一，于每年 9 月、10 月举行。灯节在印历 9 月(公历 10～11 月)举行，富有浓厚的东方色彩，前后要庆祝三天。众多节日中尤以"屠妊节"为最，它是印度教徒的新年，在印历 8 月见不到月亮后的第十五天举行(大约在公历 10 月下旬或 11 月上旬)。

4. 禁忌

睡觉时，不能头朝北，脚朝南，据说阎罗王住在南方；晚上忌说蛇；节日或者喜庆的日子里忌烙饼；婴儿忌照镜子，否则会变成哑巴；父亲在世时，儿子忌缠自头巾、剃头；3 和 13 是忌数，因为湿婆神有 3 只眼睛，第三只眼睛是毁灭性的，13 是因为人死后有 13 天丧期；妇女在怀孕期间，忌做衣服、照相；忌用左手递接东西。在市场上陈列的花环，禁止人们用鼻子嗅或用手摸，有上述行为将受到人们的厌恶。

在印度忌吹口哨，特别是妇女。在饭店、商店等服务性行业中，客人若用吹口哨的方式来招呼侍者则被视为冒犯他人人格的失礼行为。头是印度人身体上最神圣的部分，故旅客不可直接触摸他们的头部。千万不要拍印度孩子的头部，印度人认为这样会伤害孩子。即使在朋友家里，也不要赞扬孩子，许多印度人认为这种赞扬会引起恶人的注意。印度人禁止穿戴皮革制品(腰带、表带、鞋、衣服)，特别是在圣地，因为印度教徒不杀牛，穆斯林不杀猪，耆那教徒不许杀人、动物或昆虫。进入印度的庙宇或清真寺，要脱去鞋子，要跨过门槛而不能踩着门槛而过。光脚进寺庙，事先要在入口处洗好脚以表示礼貌。凡进入回教寺庙者，均不能穿短裤或无袖背心，也要求脱鞋。凡进入锡克教寺庙者，必先戴上头巾或帽子，然后脱鞋才可进入。

七、缅甸

1. 礼节礼貌

缅甸人采用的见面礼节，主要有下述三种：合十礼、鞠躬礼、跪拜礼。缅甸人在走路时遇佛、法、僧、父母、师长及德高望重者，要施合十礼。在缅甸，男女通常不握手，不接触对方的身体。在公共场合，男女若是在举止动作上过于亲密，比如携手而行，相拥相抱，热烈亲吻，都会令人侧目而视。缅甸对待中国人极为亲切、友好，而且往往直接以“胞波”相称。“胞波”一词，在缅语里意即“同母所生的亲戚”，或是“同胞兄弟”。

在极为正式的场合会穿着西式的套装、套裙和皮鞋。在日常生活之中，绝大多数缅甸人都喜欢穿着自己的民族服装。男子的着装通常为：上穿对襟无领长袖短外衣，下穿以方格布缝制而成的类似于筒裙的纱笼，并且在正面用结子束好。在他们的头上，往往要裹上一块素色的扎头巾，名为“岗包”。妇女的着装则大多是：上穿斜襟长袖短衫，内衬白色胸衣；下穿花布长身筒裙，并且在侧面束住，但不用腰带。她们的上衣往往透明或者半透明，出门在外时大多还要披上一条彩色披巾。

2. 饮食习惯

缅甸人以米饭为主食，喜食水产品。喜欢将菜拌入饭中一道吃。爱吃加入椰子汁的椰浆饭，拌有椰丝、虾松、姜黄粉的糯米饭。在用餐之时，通常讲究质精量少。口味偏重于酸、辣、甜，不爱吃太咸的食物。吃饭之时，多爱加入辣酱。

3. 节庆习俗

泼水节也是缅甸人民的新年，每年公历 4 月中旬举行。点灯节又称光明节，在缅历 7 月 15 日前后三天举行。关天门节在公历 7 月中旬开始，那是雨季的农忙季节，按习惯三个月内不得婚嫁。雨季过后就是开关门节，过了开关门节，婚嫁也就开禁了。

4. 禁忌

拜访缅甸人时，进门前最好首先脱鞋。在参拜佛寺时，尤其要注意脱鞋。与他人一同就坐时，缅甸人忌讳坐得高于僧侣，并且不允许露出膝盖或者大腿。有三种人在缅甸是不可轻视的。一是僧侣。任何场合都要对僧侣礼让三分。二是妇女。妇女在缅甸地位较高，她们可以自主婚姻，并且拥有经济收入，故此有人称该国为“亚洲第一女权国”。三是军人。缅甸军人在国家政治生活中拥有极大的权力。对军人失敬，弄不好便会惹火烧身。

第二节　欧洲主要国家和地区礼俗礼仪

习惯上，人们把欧洲细分为东、西、南、北、中5个区域，其中北欧的瑞典、芬兰、丹麦、挪威，西欧的英国、荷兰、法国、比利时，中欧的德国、奥地利、瑞士以及南欧的意大利、西班牙等国家。欧洲的礼仪习俗有较多的现代文明的内涵，封建色彩相对淡薄。

一、英国

1. 礼节礼貌

英国人十分重视个人的教养，极其强调所谓的“绅士风度”。主要表现在对妇女的尊重与照顾、仪表整洁、服饰得体和举止有方。握手礼是英国人使用最多的见面礼节。“请”、“谢谢”、“对不起”、“你好”、“再见”一类的礼貌用语，他们是天天不离口的。在进行交谈时，对英国人要避免说“Englih”（英格兰人），而要说“British”（不列颠人），因为他可能是苏格兰人或爱尔兰人。英国人，特别是那些上年纪的英国人，喜欢别人称呼其世袭的爵位或荣誉的头衔。至少，也要郑重其事地称之为“阁下”或是“先生”、“小姐”、“夫人”。

在正式场合的穿着，十分庄重而保守。男士要穿三件套的深色西装，女士则要穿深色的套裙，或者素雅的连衣裙。庄重、肃穆的黑色服装往往是英国人优先的选择。英国男子讲究天天刮脸，留胡须者往往会令人反感。

2. 饮食习惯

英国人的饮食具有“轻食重饮”的特点。“轻食”，主要是因为英国人在菜肴上没有特色，日常的饮食基本上没有变化。除了面包、火腿、牛肉之外，英国人平时常吃的基本上是土豆、炸鱼和煮菜。“重饮”，即讲究饮料。英国名气最大的饮料当推红茶与威士忌。绝大多数英国人嗜茶如命，所喝的茶是红茶。在饮茶时，他们首先要在茶杯里倒入一些牛奶，然后才能依次冲茶、加糖。早上醒来先要赖在床上喝上一杯“被窝茶”，在上班期间，还要专门挤出时间去休“茶休”，即去喝“下午茶”。在英国，喝“下午茶”既是午餐与晚餐之间的一顿小吃，而且也是“以茶会友”的一种社交方式。英国苏格兰生产的威士忌，曾与法国的干邑白兰地、中国的茅台酒并列为世界三大名酒。

3. 节庆习俗

英国除了宗教节日外还有不少全国性和地方性的节日。在全国性的节日中，国庆和除夕之夜是最热闹的。英国国庆按历史惯例定在英王生日那一天。除夕之夜全家团聚、举杯畅饮，欢快地唱“辞岁歌”。除夕之夜必须瓶中有酒，盘中有肉，象征来年富裕有余。丈夫在除夕还赠给妻子一笔钱，作为新的一年缝制衣物的针线钱，以表示在新的一年里能得到家庭温暖。在苏格兰，人们提一块煤炭去拜年，把煤块放在亲友家的炉子里，并说一些吉利话。

4. 禁忌

英国人十分忌讳被视为死亡象征的百合花和菊花，不喜欢大象、孔雀与猫头鹰，厌恶黑色的猫。遇上碰撒了食盐或是打碎了玻璃一类的事情，都是认为很倒霉的。反感的色彩主要是墨绿色。他们还忌用人像作商品装潢。忌用大象、孔雀、猫头鹰等图案。在握手、干杯或摆放餐具时忌讳无意之中出现了类似十字架的图案。忌讳的数字是“13”与“星期五”。当二者恰巧碰在一起时，不少英国人都会产生大难临头之感。英国人还忌讳“3”这个数字，特别忌讳用打火机和火柴为他们点第三支烟。在英国，动手拍打别人，跷起“二郎腿”，右手拇指与食指构成“V”形时手背向外，都是失礼的动作。饮食禁忌主要是不吃狗肉，不吃过辣或带有黏汁的菜肴。

二、法国

1. 礼节礼貌

法国人性格比较乐观、热情，谈问题开门见山，爱滔滔不绝地讲话，说话时喜欢用手势加强语气。法国人爱自由，纪律性差。法国人所采用的见面礼节，主要有握手礼、拥抱礼和吻面礼。吻面礼，使用得最多、最广泛。法国人与交往对象行吻面礼，意在表示亲切友好。为了体现这一点，在行礼的具体过程里，他们往往要同交往对象彼此在对方的双颊上交替互吻三四次，而且还讲究亲吻时一定要连连发出声响。常用的敬称主要有三种。其一，是对一般人称第二人称复数，其含意为“您”。其二，是对官员、贵族、有身份者称“阁下”、“殿下”或“陛下”。其三，是对陌生人称“先生”、“小姐”或“夫人”。“老人家”、“老先生”、“老太太”，都是法国人忌讳的称呼。

在正式场合，法国人通常要穿西装、套裙或连衣裙。法国人所穿的西装或套裙多为蓝色、灰色或黑色，质地则多为纯毛。在他们看来，棕色、化纤面料的这类服装，是难登大雅之堂的。对于穿着打扮，法国人认为重在搭配是否得法。在选择发型、手袋、帽子、鞋子、手表、眼镜时，法国人都十分强调要使之与自己着装相协调。妇女在参加社交活动时，一定要化妆，并且要佩戴首饰。佩戴首饰的话，一定要选“真材实料”。男士对自己仪表的修饰相当看重，他们中的许多人经常出入美容院。在正式场合亮相时，剃须修面，头发“一丝不苟”，身上略洒一些香水。

2. 饮食习惯

在西餐之中，法国菜可以说是最讲究的。平时，法国人爱吃面食。在法国，面包的种类之多，令人难以计数。在肉食方面，他们爱吃牛肉、猪肉、鸡肉、鱼子酱、蜗牛、鹅肝，不吃肥肉、宠物、肝脏之外的动物内脏、无鳞鱼和带刺带骨的鱼。口味喜欢肥浓，偏爱鲜嫩。选料要新鲜，而且烹饪也大多半生不熟。有不少菜，他们甚至还直接生食。爱吃奶酪。法国人特别善饮，他们几乎餐餐必喝酒，而且讲究在餐桌上要以不同品种的酒水搭配不同的菜肴。各自选用，无劝酒的习惯。对于鸡尾酒，法国人大都不太欣赏。

3. 节庆习俗

法国节日以宗教节日为主，每天都是纪念某一圣徒之日。1 月 1 日是元旦，这一天也是亲友聚会的日子，家中酒瓶里不能有隔年酒，否则被认为不吉利。元旦的天气还被认作新年光景的预兆。春分所在月份月圆后第一个星期天为复活节。复活节后 40 天为耶稣升天节，复活节后 50 天为圣灵降临节。4 月 1 日为愚人节，这一天人人都可骗人。11 月 1 日为万灵节，祭奠先人及为国捐躯者。12 月 25 日为圣诞节，是法国最重大的节日。重要的世俗节日有:7 月 14 日为国庆节，全国放假一天，首都将举行阅兵式;5 月 30 日是民族英雄贞德就义纪念日；11 月 1 日是第一次世界大战停战日;5 月 8 日是反法西斯战争胜利日;3 月中旬第一个星期天是体育节，人们都自愿地为心脏健康而跑步。

4. 禁忌

菊花、牡丹、玫瑰、杜鹃、水仙、金盏花和纸花，一般不宜随意送给法国人。仙鹤被视为淫妇的化身，孔雀被看做是祸鸟，大象象征着笨汉，它们都是法国人反感的动物。对核桃十分厌恶，认定它代表着不吉利，以之招待法国人，将会令其极其不满。对黑桃图案，他们也深为厌恶。他们所忌讳的色彩，主要是黄色与墨绿色。法国人所忌讳的数字，是“13”与“星期五”。给法国妇女送花时，宜送单数，但要记住避开“1”与“13”这两个数目。在一般情况下，法国人绝对不喜欢 13 日外出，不会住 13 号房、坐 13 号座位，或是 13 个人同桌进餐。初次见面就向人送礼，往往会令对方产生疑虑。在接受礼品时若不当着送礼者的面打开其包装，则是一种无礼的、粗鲁的行为。

三、德国

1. 礼节礼貌

在人际交往中，准时赴约被看得很重。在社交场合，德国人通常都采用握手礼作为见面礼节。与德国人握手时，有必要特别注意下述两点。一是握手时务必要坦然地注视对方;二是握手的时间宜稍长一些，晃动的次数宜稍多一些，握手时所用的力量宜稍大一些。此外，与亲朋好友见面时，往往会施拥抱礼。亲吻礼多用于夫妻、情侣之间。有些上了年纪的人，与人相逢时，往往习惯于脱帽致意。对德国人称呼不当，通常会令对方大为不快。在一般情况下，切勿直呼德国人的字。称其全称，或仅称其姓，则大都可行。看重职衔、学衔、军衔，对于有此类头衔者，在进行称呼时一定要不忘使用其头衔。

与德国人交谈时，切勿疏忽对“您”与“你”这两种人称代词的使用。对于初次见面的成年人以及老年人，务必要称之为“您”。对于熟人、朋友、同龄者，方可以“你”相称。在德国，称“您”表示尊重，称“你”则表示地位平等、关系密切。

德国人在穿着打扮上的总体风格，是庄重、朴素、整洁。在一般情况之下，男士大多爱穿西装、夹克，并且喜欢戴呢帽。妇女们则大都爱穿翻领长衫和色彩、图案淡雅的长裙。在日常生活里，德国妇女的化妆以淡妆为主。对于浓妆艳抹者，德国人往往是看不起的。在正式场合露面时，必须要穿戴得整整齐齐，衣着一般多为深色。在商务交往中，他们讲究男士穿三件套西装，女士穿裙式服装。

德国人对发型较为重视。在德国，男士不宜剃光头，免得被人当作“新纳粹”分子。德国少女的发式多为短发或披肩发，烫发的妇女大半都是已婚者。

2. 饮食习惯

德国人的餐桌上主角是肉食。最爱吃猪肉，其次是牛肉。爱吃以猪肉制成的各种香肠。大都不太爱吃羊肉。除肝脏之外，其他动物内脏也不为其接受。除北部地区的少数居民之外，德国人大都不爱吃鱼、虾。这是德国的一种独特的民俗，其原因恐怕主要是担心被鱼刺扎伤。德国人一般胃口较大，喜食油腻之物，所以胖人极多。在口味方面，爱吃冷菜和偏甜、偏酸的菜肴，不爱吃辣和过咸的菜肴。在饮料方面，最爱喝啤酒，而且普遍海量。对咖啡、红茶、矿泉水，也很喜欢。

3. 节庆习俗

除传统的宗教节日外，德国人是世界上最爱喝啤酒的，所以还有举世闻名的“慕尼黑啤酒节”，每年 9 月最后一周到 10 月第一周连续要过半个月，热闹非凡。狂欢节（每年 11 月 11 日 11 时 11 分）开始，要持续 10 天，到来年复活节前 40 天才算过完。过完复活节前一周的星期四是妇女节，妇女们在这一天不但可以坐市长的椅子，还可以拿着剪刀在大街上公然剪下男子的领带。元旦，也是德国人的重大节日。除夕之夜，男子按传统习俗聚在屋里，喝酒打牌，将近零点时，大家纷纷跳到桌子上和椅子上，钟声一响，就意味着“跳迎”新年，接着就扔棍子，表示辞岁。

4. 禁忌

忌用玫瑰或蔷薇送人，前者表示求爱，后者则专用于悼亡。送女士一枝花，一般也不合适。德国人对黑色、灰色比较喜欢，对于红色以及渗有红色或红、黑相间之色，则不感兴趣。对于“13”与“星期五”，德国人极度厌恶。四个人交叉握手，或在交际场合进行交叉谈话，被他们看作是不礼貌的。德国人对纳粹党党徽的图案十分忌讳。在德国，跟别人打招呼时，切勿身体立正，右手向上方伸直，掌心向外。这一姿势，过去是纳粹的行礼方式。向德国人赠送礼品时，不宜选择刀、剑、剪、餐刀和餐叉。以褐色、白色、黑色的包装纸和彩带包装、捆扎礼品，也是不允许的。在公共场合窃窃私语是十分失礼的。

四、意大利

1. 礼节礼貌

与他人初次见面时，他们礼数礼仪周全，极其客气。在一般情况下，他们大都会以握手礼作为见面礼节，并且会向对方问好。在熟人之间，举手礼、拥抱礼、亲吻礼也比较常用。在社交场合，可称其姓氏，或将其与“先生”、“小姐”、“夫人”连称。对于关系密切者，方可直呼其名。为了向交往对象表示恭敬之意，意大利人往往会对对方以“您”相称。在人际交往中，他们对别人的地位、等级十分重视。对于来自家学渊源、历史悠久的家族的人士，他们往往会刮目相看。时间观念极为奇特，与别人进行约会时，许多意大利人都会晚到几分钟。

我国国内常用的下列称呼在意大利不宜使用。其一，是“爱人”。在意大利，其含义为“情人”，即“第三者”。其二，是“老人家”。意大利人讳“老”，这一称呼在他们听来具有明显的贬义。其三，是“小鬼”。在中国，将小孩称为“小鬼”，是一种爱称。但在意大利人看来，其含义是“小妖怪”，对孩子既不尊重，而且又带有诅咒之意。

在穿着打扮上，意大利人衣着极为考究，非常时髦，讲究个性。在日常生活里较少穿着其传统的民族服装。平时，男士爱穿背心，戴鸭舌帽；妇女则爱穿长裙，有时则爱戴头巾。

2. 饮食习惯

意大利人爱吃炒米饭、通心粉。通心粉又叫意大利面条，或者根据其音译可叫做“帕斯塔”。它是意大利人平时最爱吃的一种面食。吃它的时候，不可以餐刀切成小段，或以汤匙取用。正确的做法，是将它缠在餐叉上，然后送入口中，必要时可以匙帮忙，但吃时不得出声。口味上接近法式菜肴。注重浓、香、烂，偏爱酸、甜、辣。烹饪方法上，多采用焖、烩、煎、炸，不喜欢烧、烤。肉食与蔬菜、水果，是意大利人都非常喜欢的食品。意大利人大都嗜酒。

3. 节庆习俗

意大利的节日比较多，全国性节日有 19 个。1 月 1 日是元旦，新年钟声敲响后，他们纷纷将家中旧物抛出窗外，以辞旧迎新。3月21日至4月25日春分月圆后第一个星期天为复活节，人们纷纷结伴去郊游、踏青、聚餐。复活节前40天为斋戒期，之前数天为狂欢节，一般在2月中旬，此时期有化装游行及盛大游艺活动。复活节后40天为圣灵降临节，这一天会举行各种纪念活动。12月25日为圣诞节，罗马教皇发表演说是这天最重要的节目。隆重的宗教仪式表达意大利教徒虔诚的宗教热情，民间节庆活动也十分热闹。

4. 禁忌

意大利，玫瑰一般用以示爱，菊花则专门用于丧葬之事，因此这两种花不可以用来送人。送给意大利女士的鲜花，通常以单数为宜。较为忌讳紫色、仕女图案、十字花图案等。与其他欧美国家的人基本相似，意大利人最忌讳的数字与日期分别是“13”与“星期五”。除此之外，他们对于“3”这一数字也不太有好感。切勿将手帕、丝织品和亚麻织品送给意大利人。意大利人认为，手帕主要是擦眼泪的，象征情人离别，属于令人悲伤之物，不宜送人。

五、俄罗斯

1. 礼节礼貌

俄罗斯人惯于和初次会面的人行握手礼。对于熟悉的人，尤其是在久别重逢时，他们则大多要与对方热情拥抱。有时，还会与对方互吻双颊。在迎接贵宾之时，通常会向对方献上“面包和盐”。这是给予对方的一种极高的礼遇，来宾必须对其欣然笑纳。与他人相见时，他们通常都会主动问候“早安”、“午安”、“晚安”或者“日安”。在称呼方面，过去习惯以“同志”称呼他人，现在除与老年人打交道之外，已不再流行。目前，在正式场合，他们也采用“先生”、“小姐”、“夫人”之类的称呼。在俄罗斯，人们非常看重人的社会地位。因此对有职务、学衔、军衔的人，最好以其职务、学衔、军衔相称。

俄罗斯人的传统服装为：男人上穿粗麻布长袖斜襟衬衣，腰系软腰带，下穿瘦腿裤。外面常穿呢子外套，并且头戴毡帽，脚穿皮靴。女人则爱穿粗麻质地的带有刺绣和垫肩的长袖衬衫，并配以方格裙子。在俄罗斯民间，已婚妇女必须戴头巾，并以白色的为主；未婚姑娘则不戴头巾，但常戴帽子。前去拜访俄罗斯人时，进门之后务请立即自觉地脱下外套、手套和帽子，并且摘下墨镜。前往公共场所时，则还须在进门后自觉将外套、帽子、围巾等衣物存放在专用的衣帽间里。

2. 饮食习惯

在饮食习惯上，俄罗斯人讲究量大实惠，油大味厚。他们喜欢酸、辣味，偏爱炸、煎、烤、炒的食物，尤其爱吃冷菜。食物在制作上较为粗糙。一般以面食为主，他们很爱吃用黑麦烤制的黑面包。大名远扬的特色食品还有鱼子酱、酸黄瓜、酸牛奶，等等。吃水果时，他们多不削皮。在饮料方面，俄罗斯人很能喝冷饮。平时，爱吃冰淇淋。大都很能喝烈性酒。具有该国特色的烈酒伏特加，是他们最爱喝的酒。还喜欢喝一种叫“格瓦斯”的饮料。通常不吃海参、海蜇、乌贼和木耳的。还有不少的人，不吃鸡蛋和虾。此外，鞑靼人不吃猪肉、驴肉、骡肉，犹太人也不吃猪肉，并且不吃无鳞鱼。用餐之时，俄罗斯人多用刀叉。他们忌讳用餐发出声响，并且不能用匙直接饮茶，或让其直立于杯中。通常吃饭时只用盘子，而不用碗。

3. 节庆习俗

俄罗斯人除根据信仰过宗教节日，如俄罗斯人的圣诞节、洗礼节、谢肉节（送冬节）、清明节、旧历年等，还把圣诞节的传统习俗与过新年结合起来。如圣诞老人叫冬老人，代表旧岁；雪姑娘代表新年。冬老人和雪姑娘是迎新晚会的贵客，并负责分发礼物。大多数俄罗斯人喜欢在家过年，男人们通宵饮伏特加。当电视广播里传出克里姆林宫的钟响过12下后，男女老少互祝新年快乐。女主人则往往按照俄罗斯人的习惯，要大家说一个新年的心愿。

4. 禁忌

拜访俄罗斯人时，赠以鲜花最佳，但送给女士的鲜花宜为单数。讨厌黑色，因为它仅能用于丧葬活动。在数目方面，俄罗斯人最偏爱“7”，认为它是成功、美满的预兆。对于“13”与“星期五”，他们则十分忌讳。对兔子的印象大都极坏，十分厌恶黑猫。在俄罗斯，打碎镜子和打翻盐罐，都被认为是极为不吉利的预兆。俄罗斯人主张“左主凶，右主吉”，因此，他们也不允许以左手接触别人，或以之递送物品。在俄罗斯，蹲在地上，卷起裤腿，撩起裙子，都是严重的失礼行为。俄罗斯人讲究“女士优先”，在公共场所里，男士们往往自觉地充当“护花使者”。不尊重妇女，到处都会遭以白眼。

第三节　美洲主要国家和地区礼俗礼仪

美洲分南美洲和北美洲。北美洲主要国家是美国和加拿大。旅游业在美国、加拿大也很发达。其礼仪习俗既继承欧洲传统，又有创新，比较开放和现代化。

美洲除了美国、加拿大以外的区域，称为“拉丁美洲”，包括南美洲和北美洲南部。拉丁美洲的礼仪习俗主要继承西班牙、葡萄牙的传统，也受当地传统的影响。

一、美国

1. 礼节礼貌

在一般情况下，同外人见面时，美国人往往以点头、微笑为礼，或者只是向对方，“嗨”上一声作罢。不是特别正式的场合，美国人甚至连国际上最为通行的握手礼也略去不用了。若非亲朋好友，美国人一般不会主动与对方亲吻、拥抱。在称呼别人时，美国人极少使用全称。他们更喜欢交往对象直呼其名，以示双方关系密切。若非官方的正式交往，美国人一般不喜欢称呼官衔，或是以“阁下”相称。对于能反映其成就与地位的学衔、职称，如“博士”、“教授”、“律师”、“法官”、“医生”等等，他们却是乐于在人际交往中用作称呼的。在一般情况下，对于一位拥有博士学位的美国议员而言，称其为“博士”，肯定比称其为“议员”更受对方的欢迎。美国人崇尚“女士优先”，都忌讳老。

美国人穿着打扮的基本特征是尊尚自然，偏爱宽松，讲究着装体现个性。在日常生活之中，美国人大多是宽衣大裤。拜访美国人时，进了门一定要脱下帽子和外套。穿深色西装套装时穿白色袜子，或是让袜口露出自己的裙摆之外，都是缺乏基本的着装常识的表现。女性最好不要穿黑色皮裙，不要随随便便地在男士面前脱下自己的鞋子，或者撩动自己裙子的下摆，否则会令人产生成心引诱对方之嫌。

2. 饮食习惯

在一般情况下，美国人以食用肉类为主，牛肉是他们的最爱，鸡肉、鱼肉、火鸡肉亦受其欢迎。若非穆斯林或犹太教徒，美国人通常不禁食猪肉。爱吃羊肉者极其罕见。喜食“生”、“冷”、“淡”的食物，不刻意讲究形式与排场，强调营养搭配。不吃狗肉、猫肉、蛇肉、鸽肉，动物的头、爪及其内脏，生蒜、韭菜、皮蛋等。

美国人的饮食日趋简便与快捷，热狗、炸鸡、土豆片、三明治、汉堡包、面包圈、比萨饼、冰淇淋等等，老少咸宜，是其平日餐桌上的主角。爱喝的饮料有冰水、矿泉水、红茶、咖啡、可乐与葡萄酒。新鲜的牛奶、果汁，也是他们天天必饮之物。

用餐时一般以刀叉取用。切割菜肴时，习惯于先是左手执叉，右手执刀，将其切割完毕，然后，放下餐刀，将餐叉换至右手，右手执叉而食。讲究斯文用餐。其用餐的戒条主要有下列六条:其一，不允许进餐时发出声响。其二，不允许替他人取菜。其三，不允许吸烟。其四，不允许向别人劝酒。其五，不允许当众宽衣解带。其六，不允许议论令人作呕之事。

3. 节庆习俗

美国的节日比较多。7 月 4 日为美国独立日。美国的政治性节日还有国旗日、华盛顿诞辰纪念日、林肯诞辰纪念日、阵亡将士纪念日等。2月14日为情人节，在这一天，恋人之间都要互赠卡片和鲜花。5月第二个星期日为母亲节，6月第三个星期日为父亲节，是美国的法定节日。11月第四个星期四是感恩节，也叫火鸡节，是美洲特有的节日。这一天也是家人团聚、亲朋欢聚的日子，还要进行化装游行、劳作比赛、体育比赛、戏剧表演等活动，十分热闹；火鸡、红莓苔子果酱、甘薯、玉米汁、南瓜饼等节日佳肴让人大饱口福。12月25日为圣诞节，是美国最盛大的节日。全城通宵欢庆，教徒们跟随教堂唱诗班挨户唱圣诞颂歌，装饰圣诞树，吃圣诞蛋糕。

4. 禁忌

美国人忌讳"13"、"星期五"、"3"。认为这些数字和日期，都是厄运和灾难的象征。还忌讳有人在自己面前挖耳朵、抠鼻孔、打喷嚏、伸懒腰、咳嗽等。认为这些都是不文明的，是缺乏礼教的行为。若喷嚏、咳嗽实在不能控制，则应头部避开客人，用手帕掩嘴，尽量少发出声响，并要及时向在场人表示歉意。他们忌讳有人冲他伸舌头，认为这种举止是污辱人的动作。他们讨厌蝙蝠，认为它是吸血鬼和凶神的象征。忌讳黑色，认为黑色是肃穆的象征，是丧葬用的色彩。

美国人对握手时目视他方很反感，认为这是傲慢和不礼貌的表示。他们忌向妇女赠送香水、衣物和化妆用品。美国妇女因有化妆的习惯，所以他们不欢迎服务人员送香巾擦脸。他们不喜欢人在自己的餐碟里剩食物，认为这是不礼貌的。

在美国千万不要把黑人称作"Negro"，最好用"Black"一词，黑人对这个称呼会坦然接受。因为Negro主要是指从非洲贩卖到美国为奴的黑人。跟白人交谈如此，跟黑人交谈更要如此。否则，黑人会感到你对他的蔑视。

美国人还有三大忌：一是忌有人问他的年龄，二是忌问他买东西的价钱，三是忌在见面时说："你长胖了！"因为年龄和买东西的价钱都属于个人的私事，他们不喜欢别人过问和干涉。至于"你长胖了！"这句中国人习惯的"赞赏话"，在美国人看来是贬意的。因为在美国的"瘦富胖穷"的概念，一般富人有钱游山玩水，身体练的结实，容貌普遍消瘦；胖人没多少钱，更无闲习去锻炼了，导致人偏胖。他们忌讳同性人结伴跳舞。因为在他们眼里，异性结伴跳舞是天经地义不容违背的。同性结伴跳舞必有不轨之嫌，甚至可能会是"同性恋者"。他们特别忌讳赠礼带有你公司标志的便宜礼物，因为这好像你在为公司做广告。

在美国堪萨斯州法律规定：星期天不准公民吃蛇肉，违犯者要被处以监禁。在印第安纳斯州的威诺纳湖区规定：星期天不准在柜台吃冰淇淋。在新泽西州，如果谁在餐馆里喝汤时发出咕嘟咕嘟的声音，就会被警察拘留。在内布拉斯州的活特卢法律规定：上午七时到下午七时之内，理发师吃洋葱是违法的。在印第安纳斯州的加里规定：吃过大蒜以后的四小时之内不准乘电车或上影剧院。

二、加拿大

1. 礼节礼貌

对关系普通者，一般握手致意作为见面礼节。亲友、熟人、恋人或夫妻之间以拥抱或亲吻作为见面礼节。分手时也行握手礼。加拿大人跟外人打交道时，只有在非常正式的情况之下，才会对对方连姓带名一同加以称呼，并且彬彬有礼地冠以“先生”、“小姐”、“夫人”之类的尊称。在一般场合里，加拿大人在称呼别人时，往往喜欢直呼其名，而略去其姓。在加拿大，父子之间互称其名是常见之事。对于交往对象的头衔、学位、职务，加拿大人只有在官方活动中才会使用。在日常生活里，他们绝对不习惯像中国人那样，以“主任”、“局长”、“总经理”、“董事长”之类，去称呼自己的交往对象。

与加拿大土著居民进行交际时，不宜将其称为“印第安人”或“爱斯基摩人”。前者被认为暗示其并非土著居民，后者的本意则为“食生肉者”，因而具有侮辱之意。对于后者，应当采用对方所认可的称呼，称之为“因纽特人”。对于前者，宜以对方具体所在的部族之名相称。

加拿大人的着装以欧式为主。上班的时间，他们一般要穿西服、套裙。参加社交活动时，他们往往要穿礼服或时装。在休闲场合里，他们则讲究自由穿着，只要自我感觉良好则可。每逢节假日，尤其是在欢庆本民族的传统节日时，大都有穿着自己的传统民族服装的习惯。

2. 饮食习惯

加拿大人对法式菜肴较为偏爱，并且以面包、牛肉、鸡肉、鸡蛋、土豆、西红柿等物为日常之食。在口味方面，比较清淡，爱吃酸、甜之物。在烹制菜肴时极少直接加入调料，而是惯于将调味品放在餐桌上，听任用餐者各取所需，自行添加。从总体上讲，他们以肉食为主，特别爱吃奶酪和黄油。加拿大人特别爱吃烤制的食品。在用餐之后爱吃上一些水果。在饮品方面，喜欢咖啡、红茶、牛奶、果汁、矿泉水。还爱喝清汤，并且爱喝麦片粥。忌食肥肉、动物内脏、腐乳、虾酱、鱼露，以及其他一切带有腥味、怪味的食物。动物的脚爪和偏辣的菜肴，他们也不太喜欢吃。用餐时一般使用刀叉。忌讳在餐桌上吸烟、吐痰、剔牙。一日三餐中最重视的是晚餐。

3. 节庆习俗

加拿大的主要节日有：国庆日 7 月 1 日。元旦，人们将瑞雪作为吉祥的征兆，哈德逊湾的居民在新年期间，不但不铲平阻塞交通的积雪，还将雪堆积在住宅四周，筑成雪岭。他们认为，这样就可以防止妖魔鬼怪的侵入。枫糖节，加拿大盛产枫树，其中以东南部的魁北克和安大咯两省枫叶最多最美。每年三四月间，一年一度的“枫糖节”就开始了。几千个生产枫糖的农场装饰一新，披上节日的盛装，吸引了无数的旅游者。冬季狂欢节，在加拿大东南部港口城市魁北克，每年从 2 月份的第一个周末起，都举行为期 10 天的冬季狂欢节。狂欢节规模盛大，活动内容丰富多彩。

4. 禁忌

由于大部分加拿大人信奉基督教新教和天主教，因此他们忌讳13 和星期五，认为它们是带厄运的数字。

与加拿大人交谈时，不要插嘴，打断对方的话，或是与对方强词夺理。不要议论性与宗教、评说英裔加拿大人与法裔加拿大人的矛盾及探讨魁北克省要求独立的问题。处处将加拿大与美国连在一起进行比较，将加拿大视为美国的“小兄弟”，或是大讲特讲美国的种种优点与长处，都是应当避免涉及的。

他们忌讳白色的百合花，因为白色的百合花主要被用于悼念死者，所以绝对不可以作为礼物送给加拿大人。他们还忌讳黑色和紫色，认为这两种颜色不吉利。白雪在加拿大人的心目中有着崇高的地位，并被视为吉祥的象征与避邪之物。在不少地方，人们甚至忌讳铲除积雪。

在需要指示方向或介绍某人时，加拿大人忌讳用食指指指点点，而是代之以五指并拢，掌心向上的手势。当加拿大人耸肩时，大多是表示自己“无能为力”，或者是为了掩饰自己的窘态。

在老派的加拿大人看来，打破了玻璃，请人吃饭时将盐撒了，从梯子底下经过，都是不吉利的事情。它们都是应当竭力避免发生的。

三、墨西哥

1. 礼节礼貌

在墨西哥，熟人相见之时所采用的见面礼节，主要是拥抱礼与亲吻礼。在上流社会中，男士们往往还会温文尔雅地向女士们行吻手礼。与不熟悉的人打交道时，宜采用的见面礼节是握手，或微笑。在正式场合不宜直接去称呼交往对象的名字。只有彼此之间十分熟悉的人，才会有例外。其称呼方式是在姓氏之前加上“先生”、“小姐”或“夫人”之类的尊称。极爱使用某些可以体现出具有一定的社会地位的头衔，诸如“博士”、“教授”、“医生”、“法官”、“律师”、“议员”、“工程师”之类。

拜访墨西哥人要事先进行预约，否则是不会受到对方欢迎的。前去赴约的时候，墨西哥人一般都不习惯于准点到达约会地点，通常会比双方事先约定的时间，迟到一刻钟到半个小时左右。

传统服装之中，名气最大的是“恰鲁”和“支那波婆兰那”。前者是一种类似于骑士服的男装，由白衬衣、黑礼服、红领结、大檐帽、宽皮带、紧身裤、高统靴所组成，看起来又帅又酷。后者则为一种裙式的女装，它多以黑色为底，金色滚边，并以红、白、绿三色绣花，无袖、窄腰，长可及地，穿起来令人显得又高贵，又大方。

在十分正规的场合，墨西哥人才讲究穿西服套装或西式套裙。出入于公共场所时，男子穿长裤，妇女穿长裙。在日常生活里，男子爱穿格子衬衫、紧身裤。妇女爱穿色调明快、艳丽的绣花衬衣和图案、款式多变的长裙。出门在外之时，还喜爱披上一块用途多样的披巾。

2. 饮食习惯

墨西哥人的传统食物主要是玉米、菜豆和辣椒。墨西哥乃是玉米之乡。他们不仅爱吃玉米，而且还可以用它制作各式各样的风味食品。其中最有特色的是玉米面饼、玉米面糊、玉米饺子、玉米粽子等等。墨西哥菜的特色，是以辣为主。有人甚至在吃水果时，也非要加入一些辣椒粉不可。除了爱以菜豆做菜之外，仙人掌、蚂蚱、蚂蚁、蟋蟀等都可以成为墨西哥人享用的美味佳肴。墨西哥人颇为好酒，但不劝酒。大都不吃过分油腻的菜肴。

3. 节庆习俗

墨西哥人喜爱仙人掌，每年的仙人掌展览会总是盛况空前。墨西哥国庆节为 9 月 16 日。10 月玉米收获时节有玉米粽子节，用嫩玉米包粽子，并举行盛大舞会。11 月 1 日 ~2 日为墨西哥达拉斯戈尼族的亡人节，与我国清明节习俗相似。

4. 禁忌

墨西哥人忌讳“13”、“星期五”。认为这些都是不吉利和令人可怕的数字和日期。他们虽用亲吻方式施礼，但却忌讳相互不熟悉的男子之间亲吻或吻手。他们认为只有没教养的人才会这样做。他们视公共场所出现“男子穿短裙女子穿长裤”为有失体面。他们忌讳有人送给他们黄色的花和红色的花。他们认为黄色意味着死亡，红色花会给人带来晦气。他们忌讳蝙蝠及其图案和艺术造型。因为他们认为蝙蝠是一种吸血鬼，给人以凶恶、残暴的印象。他们忌讳紫色，认为紫颜色是一种不祥之色，因为只有棺材才涂罩颜色。

墨西哥的恰姆拉人有一种迷信习俗，他们认为照相是一种十分可怕的巫术，相机能把人摄进黑洞里去,变成一个形体丑陋的魔鬼。所以他们非常反感照相。墨西哥南部奴雷谷一带的人，忌讳客人一进屋就脱去帽子。他们认为这样意味着来寻衅和报仇的。墨西哥的阿斯特克人把酒视为邪恶的源泉。他们认为只有老人才能开怀畅饮。这大概是因为他们的年岁较大，经验丰富，有同邪恶斗争并战胜它的能力。如果青年人喝酒，定会被看成是大逆不道的行为，必然会受到严厉的惩处。墨西哥人忌讳用中国人惯用的手势来比划小孩的身高。因为用手心朝下，与地面平行的比划在小孩头部的位置，在他们来说，这一手势只可用来表示动物的高度，他们会认为你在侮辱人。他们在饮食上不喜欢油腻的菜品和用牛油烹调的菜肴；也不愿意吃用鸡油做的点心。

四、巴西

1. 礼节礼貌

通常以拥抱或者亲吻作为见面礼节。只有在十分正式的活动中，他们才相互握手为礼。巴西民间流行着一些较为独特的见面礼节。其一，是握拳礼。主要用于问安或致敬。行此礼时，先是要握紧自己的拳头，然后向上方伸出拇指。其二，是贴面礼。它是巴西妇女之间所采用的见面礼节。在行礼时，双方要互贴面颊，同时口里发出表示亲热的亲吻声。但是，用嘴唇真正去接触对方的面颊，却是不允许的。其三，是沐浴礼。它是巴西土著居民迎宾的礼节。当客人抵达后，主人必定要做的头一件事，便是邀请客人入室洗浴。客人沐浴的时间越久，就表示越尊重主人。有时，主人还会陪同客人一道入浴。宾主双方一边洗澡，一边交谈，显得大家亲密无间。遇婚丧大事，登门宾客较多时，主人往往搭临时浴棚，以确保每位客人都能行沐浴礼。在一般情况下，巴西人喜欢彼此直呼其名。有些时候，则会采用以本名加父姓组合而成的简称。一个人的姓名全称只有在极为正式的场合，才有可能使用。

在正式场合中，巴西人主张一定要穿西装或套裙。在一般的公共场合，男人至少要穿短衬衫、长西裤，妇女则最好穿高领带袖的长裙。相对而言，妇女的着装更为时髦一些。爱戴首饰，爱穿花衣裳，并且喜欢色彩鲜艳的时装。在一般情况下，巴西妇女大都喜欢赤脚穿鞋。在巴西黑人妇女一般爱穿短小紧身的上衣、宽松肥大的花裙，并且经常身披一块又宽又长的披肩。

2. 饮食习惯

巴西人平常主要是吃欧式西餐。因为畜牧业发达，食物之中肉类所占的比重较大。最爱吃牛肉，尤其是爱吃烤牛肉。黑豆是其重要的主食。最爱吃的菜肴名为“烩费让”。“费让”，意即杂豆。它是用黑豆、红豆等杂豆，加上猪肉香肠、烟熏肉、甘蓝菜、橘子片，用砂锅烹煮而成。在巴西，“烩费让”被称为国菜，是宴请时不可缺少的主角。喜饮咖啡、红茶和葡萄酒。他们几乎天天离不开咖啡，还喜欢以之待客。饮酒时提倡饮而不醉。醉酒，被巴西人视为粗俗至极。

3. 节庆

巴西人的主要节日为元旦节。巴西人视“金桦果”为幸福的象征。在新年来临之际，人们倾家而出，高举火把，拥入山林去寻找“金桦果”。狂欢节于每年2月20日举行，是巴西人民的传统节日之一。每当节日来临，举国上下沉浸在一片欢乐的气氛中。它不仅给巴西人民带来了欢乐，也推动了巴西国际旅游业的发展。基隆博节是巴西东北部人民的传统节日，于每年金秋时节举行。“基隆博”在葡文中是“逃奴堡”之意。

4. 禁忌

出于宗教方面的原因，巴西人忌讳“13”这一数字。他们所忌讳的色彩，则是被其视为象征悲伤的紫色和代表凶丧的棕黄色。在人际往来中，巴西人极为重视亲笔签名。不论是写便条、发传真，还是送礼物，他们都会签下自己的姓名，否则就是不重视交往对象。对使用图章落款的做法，巴西人是不习惯的。跟巴西人打交道时，不宜向其赠送手帕或刀子。英美人所采用的表示“OK”的手势，在巴西人看来，是非常下流的。

第四节 大洋洲主要国家和地区礼俗礼仪

大洋洲是世界上第七大洲，是由澳大利亚、新西兰及许多岛国组成的。16世纪前，这里人烟稀少，只有土著人居住。后来随着英国和其他欧洲移民的迁居，大洋洲诸岛就成了英国等发达国家的殖民地。现在这一地区大多数国家已摆脱了殖民统治，获得了独立。

一、澳大利亚

1. 礼节礼貌

他们时间观念强，女性较保守，接触时要谨慎。见面礼节，既有拥抱礼、亲吻礼，也有合十礼、鞠躬礼、握手礼、拱手礼、点头礼。土著居民在见面时所行的勾指礼极具特色。做法是:相见的双方各自伸出手来，令双方的中指紧紧勾住，然后再轻轻地往自己身边一拉，以示相亲、相敬。

在极为正式的场合要穿西装、套裙，平时的一般穿着，大都是T恤、短裤，或者牛仔装、夹克衫。由于阳光强烈，他们在出门之时，通常喜欢戴上一顶棒球帽来遮挡阳光。澳大利亚的土著居民平时习惯于赤身露体，至多是在腰上扎上一块围布遮羞而已。

2. 饮食习惯

澳大利亚人的饮食习惯多种多样。就主流社会而言，人们一般喜欢英式西餐。其特点是口味清淡，不喜油腻，忌食辣味。有不少的澳大利亚人还不吃味道酸的东西。大都爱吃牛、羊肉，对于鸡肉、鱼肉、禽蛋也比较爱吃。他们的主食是面包，爱喝的饮料则有牛奶、咖啡、啤酒与矿泉水等等。在用餐时，澳大利亚人是使用刀、叉的。一般不吃狗肉、猫肉、蛇肉，不吃动物的内脏与头、爪。他们十分厌恶加了味精的食物，认定味精好似“毒药”，令人作呕。澳大利亚土著居民目前大多数尚不会耕种粮食、饲养家畜。他们靠渔猎为生，并且经常采食野果。他们的食物品种繁多，制作方法也各具特色。在进食的时候，经常生食，并且惯于以手抓食。

3. 节庆习俗

国庆日是1月26日。圣诞节时，澳大利亚正处盛夏，商店橱窗里特意装扮的冰雪及圣诞老人和满街的夏装形成鲜明的对照，成为澳大利亚圣诞节的特色圣诞节夜晚，人们带着饮料到森林里举行“正别居”野餐，吃饱喝足后，就跳起“迪斯科”或“袋鼠舞”直到深夜，然后在森林中露宿，迎接圣诞老人的到来。南太平洋艺术节(每隔四年举行一次)，是南太平洋地区的国家为“庆祝太平洋的觉醒”，“鼓励太平洋传统文化的保持和新生”，并在“整个太平洋地区加强团结”的口号下举行的具有浓厚地方色彩的节日。

4. 禁忌

在澳大利亚人眼里，兔子是一种不吉利的动物。他们认为，碰到了兔子，可能是厄运将临的预兆。对于“13”与“星期五”普遍反感至极。在人际交往中，爱好娱乐的澳大利亚人往往有邀请友人一同外出游玩的习惯，他们认为这是密切双方关系的捷径之一。对此类邀请予以拒绝，会被他们理解成不给面子。澳大利亚人不喜欢将本国与英国处处联系在一起。不喜欢听“外国”或“外国人”这一称呼。对公共场合的噪声极其厌恶。在公共场所大声喧哗者，尤其是门外高声喊人的人，是他们最看不起的。

二、新西兰

1. 礼节礼貌

新西兰人的见面礼节主要有三种。其一是握手礼。其二是鞠躬礼。新西兰人在向尊长行礼时，有时会采用此礼。他们行鞠躬礼的具体做法十分独特:与中国人鞠躬时低头弯腰不同，新西兰人鞠躬时是抬着头、挺着胸的。其三是注目礼。路遇他人，包括不相识者时，新西兰人往往会向对方行注目礼。即面含微笑目视对方，同时问候对方:“你好!”称呼新西兰人，直呼其名常受欢迎，称呼官衔却往往令人侧目。土著毛利人善歌舞、讲礼仪，当远方客人来访，致以“碰鼻礼”。碰鼻次数越多，时间越长，说明礼遇规格越高。

新西兰欧洲移民的后裔，在日常生活里通常以穿着欧式服装为主。在服饰方面，看重质量，讲究庄重，偏爱舒适，强调因场合而异。外出参加交际应酬时，新西兰妇女不但要身着盛装，而且一定要化妆。

2. 饮食习惯

在新西兰，欧洲移民的后裔通常习惯于吃英式的西餐。他们的口味比较清淡，对动物蛋白和乳制品的需求量很大。牛肉、羊肉、鸡肉、鱼肉都是他们所爱吃的。在用餐时，他们以刀叉取食，忌讳吃饭时频频与人交谈。除了爱吃瘦肉之外，欧洲移民的后裔们还爱喝浓汤，并且对红茶一日不可或缺。受英国习俗的影响，他们也养成了“一日六饮”的习惯，即每一天要喝六次茶。它们分别被称作早茶、早餐茶、午餐茶、下午茶、晚餐茶和晚茶。新西兰人爱喝酒。不管是威士忌之类的烈性酒，还是啤酒或葡萄酒，都非常喜欢。

3. 节庆习俗

主要节日有:国庆日(怀坦吉日)是2月6日，为纪念1840年签订怀坦吉条约。新年是1月1日。复活节4月14~17日。澳新军团日是4月25日，为纪念澳新军团在加利波利登陆日。女王诞辰日是6月5日。劳动节是10月25日。圣诞节是12月25日。

4. 禁忌

受基督教、天主教的影响，新西兰人讨厌“13”与“星期五”。要是有一天既是13日，又是星期五，那么新西兰人不论干什么事都会提心吊胆。对于在这一天外出赴宴、跳舞、观剧之类的邀请，他们则能推就推。当众闲聊、剔牙、吃东西、喝饮料、嚼口香糖、抓头皮、紧腰带，均被新西兰人看做不文明的行为。奉行所谓“不干涉主义”，即反对干涉他人的个人自由。对于交往对象的政治立场、宗教信仰、职务级别等等，他们一律主张不闻不问。对其国内种族问题，以及将新西兰视为澳大利亚的一部分，他们则更为反感。

第五节　非洲主要国家和地区礼俗礼仪

非洲是世界文明的发源地之一。非洲人勤劳、智慧。过去的几个世纪中，由于长期受葡萄牙、西班牙、英国、法国、荷兰、比利时、德国以及意大利等殖民者的侵入、瓜分和奴役，非洲成了一个贫穷落后的地区。直至20世纪60年代后大部分非洲国家才纷纷独立，加入第三世界发展中国家的行列。非洲文化具有多样性，礼仪习俗相对也复杂多样。

一、埃及

1. 礼节礼貌

在人际交往中，埃及人所采用的见面礼节，主要是握手礼。与跟其他伊斯兰国家的人士打交道时的禁忌相同，同埃及人握手时，最重要的是忌用左手。除握手礼之外，埃及人在某些场合还会使用拥抱礼或亲吻礼。埃及人所采用的亲吻礼，往往会因交往对象的不同，而采用亲吻不同部位的具体方式。其中最常见的形式有三种。一是吻面礼，它一般用于亲友之间，尤其是女性之间。二是吻手礼，它是向尊长表示敬意或是向恩人致谢时所用的。三是飞吻礼，它则多见于情侣之间。埃及人在社交活动中，跟交往对象行过见面礼节后，往往要双方互致问候。“祝你平安”，“真主保佑你”，“早上好”，“晚上好”等等，都是他们常用的问候语。

为了表示亲密或尊敬，埃及人在人际交往中所使用的称呼也有自己的特色。在埃及，老年人将年轻人叫作“儿子”、“女儿”，学生管老师叫“爸爸”、“妈妈”。穆斯林之间互称“兄弟”，往往并不表示二者具有血缘关系，而只是表示尊敬或亲切。跟埃及人打交道时，除了可以采用国际上通行的称呼，倘若能够酌情使用一些阿拉伯语的尊称，通常会令埃及人更加开心。

去埃及人家里做客时，应注意以下三点。其一，事先要预约，并要以主人方便为宜。通常在晚上6点后以及斋月期间不宜进行拜访。其二，按惯例，穆斯林家里的女性，尤其是女主人是不待客的，故切勿对其打听或问候。其三，就坐之后，切勿将足底朝外，更不要朝向对方。

埃及人的穿着主要是长衣、长裤和长裙。又露又短的奇装异服，埃及人通常是不愿问津的。埃及城市里的下层平民，特别是乡村中的农民，平时主要还是穿着阿拉伯民族的传统服装—— 阿拉伯大袍。同时还要头缠长巾，或是罩上面纱。埃及的乡村妇女很喜爱佩戴首饰，尤其是讲究佩戴脚镯。不穿绘有星星、猪、狗、猫以及熊猫图案的衣服。

2. 饮食习惯

在通常情况下，以一种称为“耶素”的不用酵母的平圆形面包为主食，并且喜欢将它同“富尔”、“克布奈”、“摩酪赫亚”一起食用。“富尔”即煮豆，“克布奈”即“白奶酪”，“摩酪赫亚”则为汤类。埃及人很爱吃羊肉、鸡肉、鸭肉、土豆、豌豆、南瓜、洋葱、茄子和胡萝卜。口味较淡，不喜油腻，爱吃又甜又香的东西，尤其喜欢吃甜点。冷菜、带馅的菜以及用奶油烧制的菜，特别是被他们看做是象征着“春天”与勃勃生机的生菜，备受欢迎。在饮料上，埃及人酷爱酸奶、茶和咖啡。埃及人有在街头的咖啡摊上用午餐的习惯。用餐的时候，埃及多以手取食。在正式一些的场合习惯于使用刀、叉和勺子。用餐之后，他们一定要洗手。埃及人在用餐时，忌用左手取食，忌在用餐时与别人交谈。因为他们认为那样会浪费粮食，是对真主的大不敬。埃及人按照伊斯兰教教规，是不喝酒的。他们忌食的东西有：猪肉、狗肉、驴肉、骡肉、龟、鳖、虾、蟹、鳝，动物的内脏，动物的血液，自死之物，未诵安拉之名宰杀之物。整条的鱼和带刺的鱼是不喜欢吃的。

3. 节庆习俗

埃及的国庆节为7月23日。4月下旬(科普特历8月中旬)是埃及传统节日——惠风节，人人都要吃象征春风绿地的生菜，象征生命开始的鸡蛋和有关崇拜的腌鱼。8月，当尼罗河水漫过河堤时，举行泛滥节，欢庆尼罗河定期泛滥带来沃土。众人聚集在尼罗河边进行祈祷，唱宗教赞歌，跳欢快的舞蹈。6月17日或18日是尼罗娶媳妇节，人们纷纷来到尼罗河边载歌载舞。穆斯林在斋月(伊斯兰教历9月)中实行斋戒，从日出到日落均不得进食。斋月结束后举行开斋节，连续三天，举行盛大庆祝活动，到清真寺做礼拜，亲友互相走访。这三天也是举行婚礼的吉祥日子。伊斯兰教历12月10日为宰牲节，也是盛大节日，各家各户根据自己的经济实力，宰牛杀羊，馈赠亲友，招待宾客，送给穷人。

4. 禁忌

埃及人习惯用右手就餐，认为左手不洁净，忌用左手与他人接触或给别人递送食物及其他物品。在正式用餐时，遵守伊斯兰教饮食习惯。忌讳喝酒和交谈，否则会被认为是对神的亵渎行为。

埃及人忌讳针，针是骂人的词。忌蓝色和黄色，遇丧事都穿黄衣服。通常在埃及人面前尽量不要打哈欠或打喷嚏。对于绘有星星、猪、狗、猫以及熊猫图案的衣服，埃及人绝对不会穿，因为有悖其民族习俗。埃及人在工作中对小费极为重视，并且将其作为日常收入的重要组成之一。在埃及不给人小费，往往会举步维艰。

与埃及人交谈时，应注意以下几个问题:一是男士不要主动找妇女攀谈;二是切勿夸奖埃及妇女身材窈窕，因为埃及人以体态丰腴为美;三是不要称道埃及人家中的物品，在埃及这种做法会被人理解为索要此物;四是不要与埃及人讨论宗教纠纷、中东政局以及男女关系。

二、南非

1. 礼节礼貌

见面礼节主要是握手礼，他们对交往对象的称呼则主要是“先生”、“小姐”或“夫人”。西方人所讲究的绅士风度、女士优先、守时践约等等基本礼仪，南非人不仅耳熟能详，而且早已身体力行。在具体称呼上保留自己的传统，即在进行称呼时在姓氏之后加上相应的辈分，以表明双方关系异常亲密。比如，称南非黑人为“乔治爷爷”、“海伦大婶”，往往会令其喜笑颜开。

正式一些的场合，讲究着装端庄、严谨。进行官方交往或商务交往时，最好要穿样式保守、色彩偏深的套装或裙装，不然就会被对方视作失礼。在日常生活中，南非人大多爱穿休闲装。白衬衣、牛仔装、西装短裤，均受其喜爱。南非黑人穿这类服装，不分男女老幼，往往对色彩鲜艳者更为偏爱，尤其爱穿花衬衣。

2. 饮食习惯

在饮食习惯上，当地的白人平日以吃西餐为主，经常吃牛肉、鸡肉、鸡蛋和面包，并且爱喝咖啡与红茶。南非黑人的主食是玉米、薯类、豆类。在肉食方面，他们喜欢吃牛肉和羊肉，但是一般不吃猪肉，也不太吃鱼。不喜欢生食，而是爱吃熟食。“如宝茶”，深受南非各界人士的推崇，与钻石、黄金一道，被称为“南非三宝”。与南非的印度人打交道时，务必要注意：信仰印度教者不吃牛肉，信仰伊斯兰教者不吃猪肉。

3. 节庆习俗

南非节庆活动较多，新年是 1 月 1 日，人权日 3 月 21 日，耶稣受难日为复活节前的星期五，家庭节为复活节后的第二天。自由日 4 月 27 日，全国进行盛大的纪念活动，各种族人民都有不同活动。劳动节 5 月 1 日，举行传统仪式及活动，是典型的宗教节日，有宗教活动，和西方相似。青年节 6 月 16 日，全国适龄青年欢庆活动，是青年迈向成年的仪式。南非的妇女节是 8 月 9 日。南非部分地区有过传统节的习俗，时间是 9 月 24 日，一般举行传统的活动，歌舞、特色饮食等。和解节 12 月 16 日，举行大型纪念仪式及活动，忘怀种族之间的隔离政策。圣诞节 12 月 25 日，友好节 12 月 26 日。

4. 禁忌

信仰基督教的南非人，忌讳数字 13 和星期五；南非黑人非常敬仰自己的祖先，他们特别忌讳外人对自己的祖先言行失敬。跟南非人交谈，有四个话题不宜涉及：(1)不要为白人评功摆好。(2)不要评论不同黑人部族或派别之间的关系及矛盾。(3)不要非议黑人的古老习惯。(4)不要为对方生了男孩表示祝贺。不要说 negro 和 black，强调肤色不同，在非洲是最大的禁忌。因此，称呼非洲人，最好照他们的国籍来称呼。

痛恨拍照，握手要握到痛。人、房屋、家畜一律不准拍摄。如想拍摄，之前最好向对方先打个招呼，获得同意之后再行动，以免挨一顿揍。握手时如果握得有气无力，表示虚情假义，毫无诚心，被称为是“礼貌不周”，他们会生气的。他们认为，用力的程度跟对方好意的程度是成正比的，最好握得他们手都感到麻木叫痛。

服饰保守，喝酒要一饮而尽。进行官方交往或商务交往时，最好穿样式保守、色彩偏深的套装或裙装，不然就会被对方视为失礼。南非著名的饮料是如宝茶。在南非黑人家做客，主人一般送上刚挤出的牛奶或羊奶，有时是自制的啤酒。客人一定要多喝，最好一饮而尽。

南非有关种族肤色的界限和规定极其严格，最好先看一看主人是怎么做的，一般来讲，英国人的后裔比较开明，主张缓和种族对立，而荷兰人的后裔比较保守，他们主张维持种族原有制度。在那里，很难避免谈论当地的政治，特别是种族政策，而当地人在这些问题上却看法各异。

第六节 港澳台地区礼俗礼仪

台湾、香港、澳门是中国不可分割的领土，香港、澳门已回归祖国。在港、澳、台生活的95 %以上的人口是炎黄子孙，是我们的骨肉同胞。居民中华人占绝大多数，继承、保存着籍贯传统礼仪习俗，其姓氏称谓、婚丧礼仪、宗教信仰、节令时尚、饮食习惯等基本与广东、福建相似。同时受西方文化的影响，其节庆的形式与内容是中西合璧。

一、基本概况

（一）台湾概况

台湾省总面积为3.6万平方公里，是我中国最大的岛屿，其中包括台湾本岛、澎湖列岛、钓鱼岛、赤尾屿、兰屿、火烧岛和其他附属岛屿共88个，为中国的“多岛之省”。台湾本岛南北长而东西狭，南北最长达394公里，东西最宽为144公里，成纺锤形。人口近2300万。主要生活着汉族和高山族民族。

台湾自古以来就是我国的神圣领土，在中国古代文献里，被称为：“蓬莱”、“贷奥”、“员峤”、“瀛洲”、“岛夷”、“ 夷洲”、“琉球”等。从三国时候开始，便逐渐开拓、经营台湾，到1885年（清光绪十一年）正式建立行省。

台湾省为中国南北方之间的海上交通要道，是著名的远东海上走廊。它与庙岛群岛、舟山群岛、海南岛，构成一条海上“长城”，为中国东南沿海的天然屏障，素有“东南锁阴”、“七省藩篱”之称，战略位置十分重要。

宜人的气候，肥沃的土地，以及丰富的资源，造就了台湾“山害秀杰之区，丰衍膏腴之地”，使其享有“米仓”、“东方糖库”、“水果之乡”、“森林之海”，“东南盐库”、“兰花王国”、“蝴蝶王国”、“珊瑚王国”、“鱼仓”等美誉。

（二）香港概况

香港位于我国东南端，是发展日渐迅速的东亚地区的枢纽，地理条件优越。香港总面积达1103平方公里，由香港岛、一海之隔的九龙半岛和新界（包括262个离岛）组成，其中郊区多集中在新界。2013年底，香港人口约680万，人口密度为每平方公里6300人。居于香港的外籍人士为数不少，共有约52万人，主要来自菲律宾人，印尼和美国人。

受英国管辖一个半世纪后，在1997年7月1日成为中国香港特别行政区。根据《基本法》，香港现有的经济、法律和社会制度最少保持50年不变。除防务和外交事务外，香港特别行政区享有高度自治权。

香港人辛勤努力，适应力强，教育程度高且富创业精神，使香港成为生产力强、创意无尽的城市，有150多年前的荒芜之地发展成一个国际金融贸易中心，跻身世界大都会之列。香港除了拥有世界上最优良的圣水港外，可说是没有其他天然资源。

中文和英文同属于香港的法定语言。政府机关、法律界、专业人士和商界均广泛使用英文。香港不乏受过良好教育且精通双语甚或三语(英语、粤语和普通话)的专才，而对于与在香港经营或与内地、台湾有贸易往来的企业，这些专才更显重要。

香港属于亚热带气候，但差不多有半年时间带有温带气候性质。冬季的温度可能跌至摄氏10度以下，下级则回升至摄氏31度以上。雨量集中在4月至9月间，约占全年雨量的90%。

香港是全球第十一大贸易体系，第六大外汇市场及第十二大银行中心。香港股票市场规模之大，在亚洲排名第二。香港也是全球输出成衣、中标、玩具、游戏、电子和某些轻工业产品的主要地区。

香港是全球十大服务出口地之一。香港服务贸易主要包括民航、航运、旅游、与贸易有关的服务，以及各类金融及银行服务。不少服务项目的收费都是属于全球最低廉的。

香港提倡举行自由贸易，拥有自由开放的投资制度、不设贸易屏障、对外来投资者一视同仁、资金自由流动、法制体制历史悠久，规章条文透明度高、税率低而明确。

(三)澳门概况

澳门是世界著名的自由港，自古以来就是我国的领土，早在新石器时代，中华民族的祖先就在澳门地区生活。旧属广东香山县(今天的广东中山市)，东北距香港约60公里，背面由一条宽约200米得狭长地带与广东省珠海市相连。由澳门半岛和凼仔岛、路环岛两个离岸小岛组成，总面积不过23平方公里左右，人口为44万，96%以上为华人，葡萄牙人有1.1万，其余为其他国籍的人士。香港人口密度为世界之最，平均每平方公里有人口约2万人，其中澳门半岛的人口密度达每平方公里5万多人。

澳门一直是中国看世界、世界看中国的一扇窗。葡萄牙人登陆澳门有四百多年之久，澳门沦为葡萄牙殖民地已有百多年历史。几百年来，来自大西洋沿岸、南欧之端的葡萄牙人带来的拉丁文化与古老而神秘的炎黄文明在澳门交融相织，形成了独特的中西合璧、华洋协和共处的地域文化，这种文化具有鲜明历史特色并厚厚地积淀了中西文明的精髓。因此，无论对于西方人还是东方人，澳门的独特历史和文化都带有一层神秘的色彩，魅力倍增。

澳门的名胜古迹多与宗教有关。普济禅院、妈祖阁、蓬峰庙被称为澳门三大古刹。天主教的玫瑰堂、望德堂、大堂、板樟堂等亦很有名，著名的大三巴牌坊就是圣保禄教堂火灾后遗留下的前壁，是澳门的标志建筑。在澳门的闹市中，设有不少幽静的公园供市民休憩，二龙喉公园、纪念孙中山市政公园、白鸽巢公园、石排湾郊野公园等都各有特色，而卢廉若公园更以其苏州园林的特点而吸引无数游客。

澳门由一个渔村发展而来，几百年来基本上是按照顺其自然的模式建设的，街道非常复杂，街道的名字也千奇百怪，折射出澳门古老的历史和多元的文化。比如草堆街，姑娘街，正月十五街等，虽未考究其出处，但十足的中国味；而罗理基博士大马路，俾利喇街，高士德大马路等则带有鲜明的葡萄牙特色。这种“洋”名一般有两种情况，一是以人名命名，如前述第一种；二是音译，如高士德大马路，原名叫COST，按我们的翻译应译为“科斯特”或“考斯特”之类，粤语为“高士德”。

澳门的经济结构主要是出口制造业、旅游博彩业、金融业和房地产业等构成。1996年澳门人均国民生产总值为1.7万多元，在亚洲国家和地区排名中名列前5名，被世界银行列为全球高人均收入的国家和地区之一。

澳门每年的外来游客人数800多万，是常住居民的20多倍。澳门有一项旅游资源不能不提:每年11月底或12月初，在澳门举行格林披治三级方程式汽车及东南亚房车大赛，这是格林披治世界巡回赛的其中重要一站。此项赛事名气很大，因为在当今车赛中，用街道当赛道的只有美国、摩纳哥和中国澳门三个赛站。澳门的街道狭窄、急转弯多、对赛车手的技能要求非常之高。比赛过程惊心动魄、刺激万分。每年都有事故发生，甚至有车毁人亡的悲剧。

澳门号称“东方拉斯维加斯”、“东方蒙特卡洛”，即东方赌城，其博彩娱乐业发达。所谓的博彩业，就是赌。澳门是世界上为数不多的可以合法经营赌场的地区之一。据说，博彩公司每年向澳门政府交纳的税金达五六十亿澳门元之巨。澳门共设有十几个赌场，其中以葡京大赌场名气最大，该赌场是一个集五星级酒店、高级商场、餐饮、歌舞表演、赌场为一体的综合性建筑群，外面造型极具特色，从远处看像是一个金色的鸟笼子，顶部是金光闪闪的类似皇冠的球状体，据说寓意深刻，不知真假，但重金请名师设计确有其事。

二、礼节礼貌

台、港、澳地区通行的礼节为握手礼。因有些人参禅信佛，故也有见人行“合十”礼和呼“阿弥陀佛”的。台、港、澳同胞在接受饭店服务员斟酒、倒茶时行“叩指礼”，即把手弯曲，以指尖轻轻叩打桌面以示对人的谢意，这种礼节源于“叩头”礼。台、港、澳同胞一般比较勤勉、守时。与他们交往时要注意做到不能使他们觉得丢面子；与他们谈话入正题前要说些客套话，多表示些祖国大陆人民对他们的热情友好和真诚欢迎。

香港人正式场合下，男士穿西装女士穿套裙。平时穿着追求个性、时尚、飘逸、多姿多彩。澳门人的衣着，除了比国内时髦以外，没有什么奇特的地方，都不穿凉鞋、水鞋，喜欢穿球鞋、皮鞋。除了正规场合西装革履，平时穿着随意，讲究舒适与时尚。近年来，台湾居民的服饰已逐渐西化。上班时整整齐齐，闲暇时舒适随意。在正规场合，男的西装革履，女的裙裾飘飘。闲暇时间人们喜欢穿上各种运动服和休闲服健身娱乐、饮宴应酬，台北女性流行穿旗袍，农村居民则以短衣短裤作日常服装。女子多用金银首饰，尤爱金项链。

三、饮食习惯

台、港、澳同胞的饮食习惯和祖国内地基本相仿。许多人回内地探亲访友、旅游观光时喜欢吃家乡菜和各地传统的风味小吃。一般喜欢品尝有特色的名菜、名点，爱喝“茅台”一类的名酒，以及“龙井”、“铁观音”等名茶。

香港人的饮食特点：讲究菜肴鲜、嫩、爽、滑，注重菜肴营养成分。口味喜清淡，偏爱甜味。以米为主食，也喜欢吃面食。爱吃鱼、虾、蟹等海鲜及鸡、鸭、蛋类、猪肉、牛肉、羊肉等；喜欢茭白、油菜、西红柿、黄瓜、柿子椒等新鲜蔬菜；调料爱用胡椒、花椒、料酒、葱、姜、糖、味精等。对各种烹调技法烹制的菜肴均能适应，偏爱煎、烧、烩、炸等烹调方法制作的菜肴。对国内各种风味菜肴均不陌生，最喜爱粤菜、闽菜。喜欢鸡尾酒、啤酒、果酒等，饮料爱喝矿泉水、可乐、可可、咖啡等，也喜欢乌龙茶、龙井茶等。爱吃香蕉、菠萝、西瓜、柑橘、洋桃、荔枝、龙眼等水果；干果爱吃腰果等。绝大多数人都使用筷子，个别人也使用刀叉用饭。

澳门人饮食方面，“以中为主，中葡结合”。澳门人与珠江三角洲一带的居民差别不大，也由于澳门长期华洋杂处，其生活习俗在有些方面也是中西混合。澳门人的吃文化也是“博大精深”。出于传统习惯和节省时间考虑，澳门人早餐和午餐常用“饮茶”来代替。不过名曰饮茶，事实上澳门喝茶总少不了各类点心和粥粉面饭。澳门还有不少当地出生的葡人喜爱的食品，如“威虾酱”、“喳咋”和“牛油糕”等。

台湾人在吃上讲究清淡，喜甜味，与祖国大陆江浙一带口味相近。但不同地域、不同人群，在饮食上也各有特色。台湾人的饮食很杂，缺少自己独具的特色。但普遍在吃上很讲究，追求精细与营养。在宴席上不劝酒，让客人随意，但主人喝起酒来还是有量的，很豪爽。

四、节庆习俗

香港、澳门和台湾的节庆，注重过中国传统的农历节日，如端午节、春节等。过节时要祭神、祭祖，其形式、规矩讲究较多。当然，由于受西方文化的影响，许多人也习惯过西方的圣诞节等节日。

五、禁忌

台、港、澳同胞，尤其是上了年纪的老一辈人相信迷信的不少，他们忌讳说不吉利的话，而喜欢讨口彩。如：香港人特别忌“4”字，因广东话中“4”与“死”谐音。又如住饭店不愿进“324”房间，因其在广东话里的发音与“生意死”谐音，不吉利。过年时喜欢别人说“恭喜发财”之类的恭维话，不说“新年快乐”，“快乐”音近“快落”不吉利。由于长期受西方的影响，忌“13”、“星期五”等等。忌讳别人打听自己的家庭地址。忌讳询问个人的工资收入、年龄状况等情况。给他们不要送钟，它是死亡的象征；在台湾不要送剪刀或其他锐利的物品，它们象征断绝关系。台湾人禁用手巾赠人，因在台湾是给吊丧者的留念，意为让吊丧者与死者断绝往来，故台湾有“送巾断根”或“送巾离别”之说。禁用扇子送人，有“送扇，无相见”之说。禁用雨伞送人，因在台湾，“伞”与“散”同音，“雨”与“给”同音，“雨伞”与“给散”同音，故拿伞送人，会引起对方误会。禁用甜果送人，因甜果是民间逢年过节祭祖拜神之物，送甜果会使对方有不祥之感。

☆ 本章思考题

1. 韩国的传统民族服装是什么？
2. 西方人厌恶“13”的原因是什么？
3. 在印度、尼泊尔、缅甸等国为什么不能碰黄牛？
4. “日本料理”的基本内容有哪些？
5. 港澳台同胞的饮食特点是什么？
6. 为什么不宜将加拿大土著居民称为“印第安人”或“爱斯基摩人”？
7. 泰国人所行合十礼的具体做法以及规格是什么？
8. 意大利面条的正确食用方法是怎样的？
9. 俄罗斯人的饮食习惯有哪些？

参考文献

1. 金伯阳,刘名俭.旅游礼貌礼仪.南开大学出版社,2000年.
2. 黄海燕,王培英.旅游服务礼仪.南开大学出版社,2006年.
3. 张向荣,贾红文.旅游服务礼仪.北京交通大学出版社,2006年.
4. 张利民,旅游礼仪.机械工业出版社,2004年.
5. 陈刚平,周晓梅.旅游社交礼仪.旅游教育出版社,2005年.
6 王春林.旅游接待礼仪.上海人民出版社,2002年.
7 艾建玲.旅游礼仪教程.湖南大学出版社,2006年.
8. 尹华光.旅游公共关系与礼仪.中南大学出版社,2005年.
9. 陆水庆,王春林.旅游交际礼仪.东北财经大学出版社,2001年.
10 薛建红.旅游服务礼仪.郑州大学出版社,2002年.
11. 王舜良. 高级旅游涉外礼仪.湖南科学技术出版社,2013年.
12 张大.酒店礼仪.华南理工大学出版社,1997年.
13. 李光,达明.酒店礼仪.伊犁人民出版社,2000年.
14. 孙乐中.导游实用礼仪.中国旅游出版社,2005年.
15. 杨海请.会展礼仪实务.对外经济贸易大学出版社,2007年.
16 周国宝,张恢霞.现代国际礼仪.华南理工大学出版社,2006年.
17. 刘玉学,刘根强.涉外礼俗知识必读.中国旅游出版社,2003年.
18. 陈福义.礼仪实训教程.中国旅游出版社,2008年.
19. 周裕新.公关礼仪艺术.同济大学出版社,2013年.
20. 赵关印.中华现代礼仪.气象出版社,2012年.

读者反馈意见

亲爱的读者：

感谢您对《旅游礼仪》的支持和热爱，为了今后为您提供更好的服务，请您抽出宝贵的时间来填写下面的意见反馈表，以便我们更好地对本教材做进一步改进，同时如果您在使用本教材的过程中遇到了什么问题，或者有什么好的建议，也请您来信、来电告诉我们。

地址：北京市丰台区科学城南极星大厦 108 室

电话：010 – 83794590/83794403

电子邮箱：caikai6223@263.net　QQ：649319527　QQ：1694299827

网址：WWW. KFHWH. CN

教材名称：《旅游礼仪》

个人资料：

姓名：__________ 年龄：________ 所在院校/专业____________

文化程度：__________ 通讯地址：________________

联系电话：__________ 电子信箱：________________

您使用本书是作为：□指定教材□选用教材□辅导教材

您对封面设计的满意度：

□很满意□满意□一般□不满意□改进建议________________

您对本书印刷质量的满意度：

□很满意□满意□一般□不满意□改进建议________________

您对本书的总体满意度：

从语言质量角度看□很满意□满意□一般□不满意□

从科技含量角度看□很满意□满意□一般□不满意□

本书最令您满意的是：

□指导明确□内容充实□讲解详尽□实例丰富

您认为本书在哪些地方应进行修改？（可附页）

____

____

您希望本书在哪些方面可进行改进？（可附页）

____

____